La collection REMIF

Le Réseau évangélique des missiologues pour la francophonie (REMIF) a été créé en 2016 pour rassembler des réseaux de missiologues francophones locaux ou régionaux. Le REMIF est une plate-forme de rencontres et d'échanges pour stimuler la réflexion et l'action des missiologues évangéliques dans le monde francophone. Son champ de réflexion et d'action est la « mission » dans le monde (évangélisation, implantation et affermissement des jeunes Églises, témoignage dans le monde, communication transculturelle, multiculturalité, etc.). Parmi ses moyens d'action, il encourage les publications, la promotion d'outils missiologiques, les colloques, les travaux universitaires de recherche en missiologie dans un cadre évangélique. www.missiologie.net.

Ce premier ouvrage de la collection Réseau évangélique des missiologues pour la francophonie est une contribution africaine sans précédent dans le discours missiologique évangélique. L'ouvrage analyse avec lucidité et perspicacité les enjeux et défis de la mission au sein de l'Afrique contemporaine. Hannes Wiher répond à cette analyse avec un plaidoyer pour une missiologie évangélique en Afrique : « une missiologie compétente non seulement en sciences bibliques et théologiques mais aussi en sciences humaines, une missiologie enracinée dans la Bible et ancrée dans une spiritualité évangélique, une foi d'expression africaine, et une vie transformée qui aura un impact sur la société » (p. 189). D'une profondeur académique, pragmatique et contextuelle exceptionnelle, ce livre est un manuel de missiologie vivement recommandé pour tous ceux qui ont à cœur la mission en Afrique.

Georges Pirwoth Atido, Docteur en Théologie
Professeur associé de missiologie,
Recteur de l'Université Shalom de Bunia,
République Démocratique du Congo

Chrétiens, responsables ecclésiastiques, étudiants et chercheurs africains, voilà un livre écrit par des missiologues africains pour les Africains francophones dans le souci de relever les défis de l'Afrique d'aujourd'hui. Son contenu démontre que la contextualisation est un processus dynamique et intégral par lequel l'Évangile est « incarné » à l'image de la vie de Jésus-Christ (Jn 1.14) dans une situation concrète, à la fois historique et culturelle. Le constat est que malgré le passé missionnaire florissant, l'Évangile en Afrique fait face au fond socioreligieux, économique et politique existant. Pour relever ces défis, le lecteur découvrira que ce livre met l'accent sur l'importance d'une spiritualité missionnaire, d'une foi évangélique d'expression africaine, et d'une vie transformée avec un impact dans la société.

Si vous voulez en savoir plus, lisez cet important ouvrage. Puisse Dieu permettre que ce livre contribue à l'enracinement de l'Évangile en Afrique francophone.

Madjibaye DJIMALNGAR, Docteur en Théologie
Professeur de missiologie,
FATEB, Yaoundé, Cameroun, et FATES, N'Djamena, Tchad

Le professeur Hannes Wiher a réussi un pari, celui de coordonner la rédaction d'un ouvrage collectif majeur, né d'un dialogue stimulant pour la réflexion, avec des auteurs talentueux du Réseau évangélique des missiologues pour la francophonie (REMIF). Il met ainsi au bénéfice des chrétiens du Nord et du Sud, sa longue expérience de missionnaire en Afrique et d'enseignant itinérant de missiologue en Afrique, en Europe et en Asie.

L'Afrique est un continent en pleine mutation et les défis qu'elle pose à la missiologie sont multiformes. Une réponse appropriée passe nécessairement par l'élaboration d'une missiologie qui soit pluridisciplinaire, enracinée dans l'Écriture, ancrée dans une spiritualité évangélique d'expression africaine et qui transforme des vies. C'est justement à une telle missiologie évangélique en Afrique que nous conduit l'ouvrage que le lecteur tient entre ses mains. De là, tout son mérite, tout son intérêt.

Noël K. N'Guessan, Docteur en Théologie
Enseignant-Chercheur,
Directeur du Département de Théologie Pratique
Faculté de Théologie Évangélique de l'Alliance Chrétienne,
Abidjan, Côte d'Ivoire

Collection REMIF

L'Afrique d'aujourd'hui et les Églises

Quels défis ?

GLOBAL LIBRARY

Collection REMIF

L'Afrique d'aujourd'hui et les Églises

Quels défis ?

**Sous la direction de
Hannes Wiher**

**Avec la collaboration de
Kalemba Mwambazambi**

GLOBAL LIBRARY

© Réseau de missiologie évangélique pour l'Europe francophone (REMEEF), 2017

Publié en 2017 par Langham Global Library,
Une marque de Langham Creative Projects

Langham Partnership
PO Box 296, Carlisle, Cumbria CA3 9WZ, UK
www.langham.org

ISBNs:
978-1-78368-302-4 Print
978-1-78368-323-9 Mobi
978-1-78368-322-2 ePub
978-1-78368-324-6 PDF

Conformément au "Copyright, Designs and Patents Act, 1988", le REMEEF déclare qu'il est en droit d'être reconnu comme étant l'Auteur de cet Ouvrage.

Tous droits réservés. La reproduction, la transmission ou la saisie informatique du présent ouvrage, en totalité ou en partie, sous quelque forme ou par quelque procédé que ce soit, électronique, mécanique, photographique, est interdite sans l'autorisation préalable de l'Éditeur ou de la Copyright Licensing Agency.

Sauf mentions contraires, les citations bibliques sont extraites de la version Nouvelle Bible Segond, copyright © 2002, Société biblique française. Avec autorisation. Tous droits réservés.

British Library Cataloguing in Publication Data
A catalogue record for this book is available from the British Library

ISBN : 978-1-78368-302-4

Mise en page et couverture: ProjectLuz.com

Langham Partnership soutient activement le dialogue théologique et le droit d'un auteur de publier mais ne soutient pas nécessairement les opinions et avis avancés, et les travaux référencés dans cette publication ni ne garantit sa conformité grammaticale et technique. Langham Partnership se dégage de toute responsabilité auprès de personnes ou biens en conséquence de la lecture, utilisation ou interprétation de son contenu publié.

Sommaire

Avant-propos 1

Première Partie : Aspects théologiques

1 L'Église missionnaire 5

Deuxième Partie : Aspects historiques

2 Arrière-plan historique de l'évangélisation de l'Afrique 25
3 Avancée de l'islam et du christianisme en Afrique francophone 39
4 Les Églises d'initiative africaine 51

Troisième Partie : Constat actuel

5 L'Afrique milliardaire, les Églises, les peuples non atteints
   et la société africaine 69
6 Le mouvement missionnaire évangélique contemporain
   en Afrique francophone 85
7 L'apport des missionnaires africains à la mission mondiale 99

Quatrième Partie : Les défis de la missiologie au XXIe siècle

8   L'implantation d'Églises dans chaque peuple et chaque village 117
9   L'implantation d'Églises dans les centres urbains africains 129
10 Jésus le lundi 139
11 La résurgence des religions traditionnelles 151
12 La corruption 161
13 Le VIH/SIDA 171
14 Déclaration de Lausanne sur l'évangile de la prospérité 181

Conclusion: La réponse de la missiologie à ces défis 189
Annexe: Déclaration de Lausanne 209
Glossaire 219

Bibliographie	227
Liste des auteurs	239
Index des noms de personnes	241
Index des noms géographiques	243
Index des sujets	245

Avant-propos

C'est une joie de pouvoir vous présenter ce premier ouvrage de la collection Réseau évangélique des missiologues pour la francophonie (REMIF). Cet ouvrage collectif est le premier de ce genre pour les missiologues évangéliques de l'Afrique francophone. Plusieurs missiologues ont accepté d'écrire des textes sur des thèmes missiologiques et de recevoir dans un processus d'échange des retours de leurs collègues. Je remercie les auteurs pour leur disponibilité et leur humilité. Ce n'est pas évident de pouvoir accepter une telle démarche. Dans la mise en commun les positions des auteurs ont été respectées. Ainsi, chaque auteur garde la responsabilité de son texte.

Ce document a pu être réalisé avec la collaboration du Réseau de missiologie évangélique pour l'Europe francophone (REMEEF) qui s'est chargé de la mise en page du document. Cet ouvrage est donc un bel exemple de la collaboration Nord-Sud. Je remercie le professeur Kalemba Mwambazambi pour sa participation dans la conception du plan de l'ouvrage. Je remercie également les relecteurs pour leur disponibilité. Il s'agit de Kalemba Mwambazambi, Walter Rapold, Jean-Jacques Streng et Jacques Blandenier. Enfin, je remercie Langham Creative Projects pour la publication.

L'ouvrage comporte quatre parties. Dans une première partie, Daniel Tolno posera les bases théologiques en se demandant quelle est la mission de l'Église et qu'est-ce qu'une Église missionnaire. Dans une deuxième partie historique, il élucidera l'arrière-plan de l'évangélisation de l'Afrique. Moussa Bongoyok étudiera l'avancée de l'islam en la comparant à celle du christianisme. En concluant la deuxième partie, Kalemba Mwambazambi réfléchira sur l'origine et les implications missiologiques de l'émergence des Églises d'initiative africaine. Dans la troisième partie, il s'agira de faire un constat actuel. Fohle Lygunda réfléchira d'abord sur l'attitude que les Églises africaines adoptent envers une Afrique milliardaire avec une démographie galopante, envers les peuples non atteints et les défis de la société africaine. Puis Fohle Lygunda donnera un aperçu du mouvement missionnaire évangélique contemporain en Afrique francophone. Enfin, il discutera de l'apport des missionnaires africains à la mission mondiale. La quatrième partie se penchera sur les défis de la missiologie au XXIe siècle. Dans un premier chapitre Moussa Bongoyok présentera l'implantation d'Églises dans chaque peuple et chaque village en Afrique francophone. Puis Albert Banza discutera des défis missionnaires dans l'urbanisation rapide de l'Afrique francophone. Simon Pierre Gatera parlera de la mise en pratique de la foi chrétienne dans la vie de tous les jours en opposant les méthodes d'éducation de la culture traditionnelle à celles du christianisme. Ensuite Kalemba Mwambazambi abordera les causes et les implications de la résurgence des religions traditionnelles et insistera sur la nécessité d'un christianisme d'expression africaine. Harimenshi Privat-Biber analysera le phénomène de la corruption, montrera ses effets et proposera des pistes de solution. Puis Kalemba Mwambazambi présentera une analyse et des implications missiologiques du VIH/SIDA. Suivra la Déclaration du Groupe de travail théologique africain du Mouvement de Lausanne sur l'évangile de la prospérité. En conclusion, Hannes Wiher présentera un plaidoyer pour une missiologie évangélique en insistant sur l'importance d'une spiritualité missionnaire, d'une foi évangélique d'expression africaine, et d'une vie transformée avec un impact dans la société. Dans les annexes on trouvera un Glossaire avec la définition sous forme de thèses des termes les plus importants, la Déclaration de Lausanne, document fondateur du mouvement évangélique, la liste des auteurs, une bibliographie et les indexes.

Hannes Wiher

Première Partie

Aspects théologiques

1

L'Église missionnaire

Fara Daniel Tolno

La réponse à la question « Qu'est-ce que l'Église missionnaire ? » ne manque pas d'intérêt dans le monde chrétien, parce qu'elle touche à la réalité de l'existence d'une communauté mise à part dont Christ est le chef. Comme toute question pertinente, elle suggère plusieurs réponses. L'objectif de cette analyse n'est pas de présenter toutes les réponses déjà données à ce sujet, mais de présenter les principaux points de vue, catholique, œcuménique et évangélique.

Le point de vue catholique

La conception catholique de « l'Église missionnaire » se trouve consignée dans le décret *Ad Gentes* du Concile Vatican II[1] dans les termes suivants : « De sa nature, l'Église durant son pèlerinage sur terre, est missionnaire, puisqu'elle-même tire son origine dans la mission du Fils et de la mission du Saint-Esprit, selon le dessein de Dieu le Père » (§ 2)[2]. Ian Rutter interprète ce texte en relevant

---

1. Au Concile Vatican II (1962-1965), la manière de parler de la mission était un point de tension entre les Pères. « Un courant souhaitait ne pas en faire un aspect marginal de la vie de l'Église et donc l'intégrer dans la constitution sur l'Église, ce qui fut fait (cf. *Lumen Gentium*). Certains contestaient l'omnipotence de la Congrégation de la Propagande et étaient prêts à la supprimer. La volonté prévalut cependant de considérer les missions *ad extra* comme une activité spécifique, d'où la composition d'un décret assez étoffé, *Ad Gentes*. Ceci veut dire que pour saisir la pensée du Concile sur la mission (ou les missions) il faut lire *Ad Gentes* en lien avec les autres documents conciliaires ». Jean COMBY, *Deux mille ans d'évangélisation. Histoire de l'expansion chrétienne*, Paris, Desclée, 1992, p. 292.
2. « L'activité missionnaire de l'Église, Ad Gentes », in *Concile œcuménique Vatican II. Constitutions, décrets, déclarations, messages*, Paris, Centurion, 1967, p. 540.

que « l'Église reçoit sa mission de la volonté du Père : elle se trouve pèlerine au cœur de l'humanité ; elle est le sacrement et signe de l'unité de tout le genre humain[3] ». En lisant ce décret on comprend que pour l'Église catholique la mission est l'une des activités principales de l'Église qui justifie sa raison d'être. Dans ce cas, l'Église ne peut exister sans être en situation de mission, pour laquelle elle est envoyée par le Père, le Fils et le Saint-Esprit. De ce fait, la mission devient une partie intégrante de l'Église qui s'enracine dans les « processions divines » au sein de la Trinité, la *missio Dei*. Mais au fond, le Concile a opéré une adaptation du concept scolastique de la *missio Dei* et du paradigme traditionnel de la mission vécue comme l'expansion de l'Église aux continents nouvellement découverts.

Le concept de la *missio Dei* est devenu le terme englobant de la vocation missionnaire de l'Église qui, à quelques nuances près, pourrait s'appliquer à d'autres Églises. Hannes Wiher relève en effet qu'on peut parler aujourd'hui d'un consensus de base entre missiologues catholiques, protestants et évangéliques en considérant le concept de la *missio Dei* comme le fondement d'une définition de la mission, même si l'interprétation de cette notion est différente d'un courant théologique à l'autre[4]. Pour éviter toute confusion, il convient de noter que les interprétations du Conseil Œcuménique des Églises (COE) vont dans le même sens que celle de l'Église catholique. À la conférence missionnaire de Willingen en 1952 le COE a déclaré que « la mission trouve son fondement en Dieu lui-même. La mission découle de la nature de Dieu. Elle doit être replacée à sa source même, c'est-à-dire le Dieu trinitaire[5] ». Une telle conception de la *missio Dei* est lourde de conséquences qu'il est impossible de minimiser.

Du côté catholique on assiste au cours du Concile Vatican II à un autre changement dans la réflexion sur la vocation missionnaire de l'Église. Les définitions anciennes de la mission en termes de conquête ou d'expansion de l'Église catholique sont abandonnées en vue d'élaborer une théologie de la

---

3. Ian RUTTER, « L'orientation missionnaire contemporaine des protestants évangéliques, des protestants œcuméniques et des catholiques romains. Aspects comparatifs », in *Actualité des protestantismes évangéliques*, Strasbourg, Presses Universitaires de Strasbourg, 2002, p. 165.
4. Hannes WIHER, « Église et mission », in *Bible et mission. Vers une théologie évangélique de la mission*, sous dir. Hannes WIHER, Charols, Excelsis, 2012, p. 181. Cf. aussi Hannes WIHER, « Qu'est-ce que la mission ? », in *La mission de l'Église au XXIe siècle. Les nouveaux défis*, sous dir. Hannes WIHER, Charols, Excelsis, 2010, p. 12.
5. Jean-François ZORN, « Les conférences universelles des missions de 1947 à 1996. I. Les mutations du monde missionnaire et œcuménique de 1947 à 1963 », *Perspectives missionnaires* 36, 2, 1998, p. 35-49, citation p. 40.

mission fondée sur le dialogue et le partage[6]. À ceci s'ajoute la volonté de l'Église post-conciliaire de mettre en avant les libertés religieuses, l'œcuménisme, les valeurs des religions non-chrétiennes, la prise en compte des grands problèmes de l'humanité, qui pourraient paralyser le zèle missionnaire et détourner les chrétiens vers d'autres tâches qui videraient la mission de l'Église de son contenu[7].

Du côté du COE les conséquences sont plus pointues parce que la notion de *missio Dei* a promu l'idée selon laquelle la mission ne dépend pas de l'Église, mais de Dieu qui envoie. C'est à la conférence missionnaire de Bangkok en 1972 que cette idée a atteint son apogée par la remise en question des motivations, des modalités et de la finalité de la mission[8]. On y reviendra plus loin. À la différence de ces deux premiers courants, la position évangélique, selon Hannes Wiher, « cherche à maintenir un équilibre entre la mission de Dieu et la mission de l'Église, et à conjuguer intimement les deux[9] ». Dans ce cas, la mission de Dieu n'est ni confondue avec la mission de l'Église ni séparée d'elle.

Le point de vue œcuménique

Pour présenter le point de vue œcuménique il semble judicieux de remonter au débat de la première conférence missionnaire mondiale tenue à Édimbourg en 1910. En effet c'est là que pour la première fois dans l'histoire chrétienne européenne fut présentée de façon argumentée une vision de l'Église comme réalité mondiale[10]. Il n'est pas exagéré de noter qu'à Édimbourg, malgré la pertinence des idées exprimées, la question de la relation entre Église et mission n'était pas une préoccupation majeure[11]. Elle deviendra plus explicite lors de la deuxième conférence du Conseil International des Missions (CIM), tenue en

---

6. RUTTER, « L'orientation missionnaire contemporaine », p. 163-176. Cf. aussi David BOSCH, *Dynamique de la mission chrétienne. Histoire et avenir des modèles missionnaires*, Lomé/Paris/Genève, Haho/Karthala/Labor et Fides, 1995, p. 501.
7. COMBY, *Deux mille ans d'évangélisation*, p. 292. Cf. aussi RUTTER, « L'orientation missionnaire contemporaine ».
8. Jacques MATTHEY, « Conférences missionnaires mondiales », in *Dictionnaire œcuménique de missiologie. Cent mots pour la mission*, sous dir. Ion BRIA, *et al.*, Paris/Genève/Yaoundé, Cerf/Labor et Fides/CLÉ, 2001, p. 59-63. Cf. aussi RUTTER, « L'orientation missionnaire contemporaine ».
9. WIHER, « Église et mission », p. 181.
10. Hannes WIHER, « Édimbourg 1910 et son centenaire », *Théologie Évangélique* 10, 1, 2011, p. 70 ; Jean-François ZORN, « La Conférence mondiale d'Édimbourg de 1910. Présentation historique de ses circonstances et de ses enjeux », *Perspectives missionnaires*, 60, 2010, p. 11.
11. BOSCH, *Dynamique de la mission chrétienne*, p. 501.

1928 à Jérusalem. Cette conférence qui avait pour thème principal la relation entre Église ancienne et jeunes Églises[12] a aussi étudié la question de la relation entre le christianisme et les autres religions ainsi que celle de l'interprétation théologique de l'engagement social de l'Église[13]. Il est important de remarquer qu'à Jérusalem, la question de la relation entre Église et mission était seulement ébauchée et manquait de pertinence théologique. Il fallut donc attendre la troisième conférence tenue à Tambaram (Madras) en 1938 pour que la question de la relation entre Église et mission soit abordée de façon plus théologique et plus explicite. Jacques Matthey souligne qu'à Tambaram, les conférenciers auraient mis l'accent « sur le rôle central de l'Église comme porteuse de l'Évangile dans un monde marqué par la recrudescence de paganismes militants[14] ». Notons qu'à partir de la conférence de Tambaram, la question de la relation entre Église et mission est perçue au sein du COE comme un des sujets principaux de la réflexion théologique. Déjà à la conférence missionnaire de Whitby, tenue au Canada en 1947, la nature missionnaire de l'Église est affirmée tout en insistant sur le fait qu'Église et mission ne sont pas des entités théologiques différentes[15].

À la conférence missionnaire de Willingen en 1952, on assiste à un changement significatif de la réflexion missiologique au sein du COE. Celui-ci se traduit par l'influence croissante de l'interprétation dans la perspective de la *missio Dei* caractérisée par son double envoi : « le Père envoie le Fils qui par l'Esprit envoie l'Église porter l'Évangile au monde » séculier et religieux[16]. Signalons que les thèses de Willingen vont au-delà d'une définition ecclésiocentrique de la mission. Car à Willingen, l'autonomie de la mission est abandonnée. Désormais la mission trouve son fondement en Dieu lui-même ; elle découle de la nature de Dieu et est appelée à être centrée sur la source même, c'est-à-dire le Dieu trinitaire[17]. Dans ce cas, la notion de *missio Dei* signifie à la fois que la mission

---

12. *Ibid.*
13. Matthey, « Conférences missionnaires mondiales », p. 60.
14. *Ibid.*
15. Il n'est pas exagéré de remarquer que l'acquis principal de Whitby est d'avoir précisé la nature missionnaire de l'Église. C'est là que la priorité de l'évangélisation est à nouveau revenue à l'ordre du jour. Zorn, « Les conférences universelles des missions de 1947 à 1996 ».
16. Jacques Matthey, « La Conférence mondiale d'Édimbourg de 1910. Continuités et ruptures entre les deux conférences d'Édimbourg 1910 et 2010 », *Perspectives missionnaires* 60, 2, 2010, p. 21-37, citation p. 23.
17. Zorn, « Les conférences universelles des missions de 1947 à 1996 » ; Bosch, *Dynamique de la mission chrétienne*, p. 502.

dépend de Dieu, qu'elle lui appartient de son origine à son terme, et que Dieu lui-même en est l'agent privilégié[18].

Cinq ans plus tard, en 1957-1958, est organisée la conférence d'Achimota au Ghana. Cette conférence avait pour objectif de préparer et d'adopter le principe de l'intégration de la dimension missionnaire dans l'Église, c'est-à-dire du Conseil International des Missions (CIM) dans le Conseil Œcuménique des Églises (COE). C'est ainsi que l'Assemblée générale du COE réunie en 1961 à New-Delhi a décidé à l'unanimité d'intégrer le CIM dans le COE[19]. Cette décision est concrétisée à la conférence missionnaire de Mexico, tenue en 1963 pour évaluer la nouvelle façon de vivre la mission dans un contexte où la disparition de la frontière entre mission et Église est consommée. C'est dans ce contexte que la conférence de Bangkok (1972) a décomposé l'action de Dieu pour le salut de l'humanité en quatre dimensions principales, à savoir : les luttes pour la justice économique, contre l'exploitation ; les luttes pour la dignité humaine, contre l'oppression politique ; les luttes de solidarité, contre l'aliénation de personne à personne ; les luttes pour l'espérance, contre l'angoisse et la résignation[20].

Une lecture attentive des résolutions de cette conférence permet de comprendre qu'à Bangkok le COE a mis en avant l'engagement social au détriment de l'annonce verbale de l'Évangile. Du coup, l'expression *missio Dei* est réduite aux luttes en faveur de la justice et du bien-être de la société. En considérant cela il n'est pas exagéré de conclure que le but de la mission est l'humanisation du monde entier. C'est dans cet ordre d'idée que la mission est comprise comme une action de solidarité et de partage. Elle deviendra pour beaucoup synonyme de développement. Cette conception de la mission rejette le schéma traditionnel de la mission « Dieu – Église – monde », et propose un nouveau schéma : « Dieu –

---

18. Jean-François Zorn, « Mission (*missio dei*) », in *Dictionnaire œcuménique de missiologie*, p. 216-218.
19. Matthey, « Conférences missionnaires mondiales », p. 59-67 ; idem, « Les conférences universelles des missions de 1947 à 1996. II. Jalons de la pensée missionnaire protestante œcuménique des années 1970 aux années 1990 », *Perspectives missionnaires* 36, 2, 1998, p. 50-65.
20. L'un des résultats de la conférence missionnaire de Bangkok est la mise en question des motivations, des modalités et de la finalité de la mission. C'est à ce congrès que les voix se sont levées pour élaborer « un moratoire missionnaire » qui demanderait le retrait des ressources financières et du personnel missionnaire. Car il était souhaitable que « l'Église se retire de la mission pour que la *missio Dei* s'exprime à travers des forces de l'Histoire ». Rutter, « L'orientation missionnaire contemporaine », p. 163-176.

monde – Église »[21]. Ce nouvel ordre a donné naissance au slogan devenu célèbre : « C'est le monde qui fixe l'ordre du jour[22]. »

Tel est l'aboutissement des différentes conférences missionnaires qui retracent la pensée œcuménique sur l'Église missionnaire. Pour éviter tout amalgame théologique, il est important de souligner que la position évangélique sur la question est différente des positions catholique et œcuménique déjà présentées. Elle fera l'objet de la section suivante.

Le point de vue évangélique

D'entrée de jeu, on peut considérer que les conférences œcuméniques mentionnées ci-dessus constituent le contexte théologique de l'élaboration de la position évangélique. Aux congrès de Wheaton (dans l'État d'Illinois aux États-Unis) et de Berlin (Allemagne), tous deux tenus en 1966, la position évangélique se fait connaître sur le plan international. Déjà à Wheaton les voix évangéliques se sont fait entendre pour dénoncer certaines méthodes d'interprétation de l'Écriture qui ont engendré au sein du mouvement œcuménique des tendances universalistes et syncrétistes. Progressivement, les évangéliques se sont organisés autour d'un consensus théologique formulé au Congrès international pour l'évangélisation mondiale à Lausanne en 1974[23]. La « Déclaration de Lausanne » souligne trois points principaux :

Premièrement, elle affirme « l'inspiration divine, la vérité et l'autorité de l'Écriture » : « l'Ancien et le Nouveau Testament dans sa totalité » sont perçus à la fois comme « règle infaillible de foi et de vie », et comme une puissance pour « accomplir le dessein du salut de Dieu » (§ 2 : « autorité et puissance

---

21. John Stott, « Mission » et « Proclamation de l'Évangile », in *Mission chrétienne dans le monde moderne*, Lavigny, Groupes Missionnaires, 1977, p. 17-44, 45-76 ; Rutter, « L'orientation missionnaire contemporaine », p. 165.
22. En anglais : *The world sets the agenda.*
23. Ce consensus est connu sous le nom de « Déclaration de Lausanne » issue du Congrès international pour l'évangélisation mondial (CIPEM) qui s'est tenu à Lausanne en juillet 1974 avec une participation de plus de 4000 chrétiens venus du monde entier. Pour la coordination et le suivi du mouvement évangélique on a mis sur pied le Comité de Lausanne pour l'Évangélisation du Monde (CLEM). Dès lors, on voit se dessiner deux mouvements missionnaires principaux, l'un œcuménique et l'autre évangélique, organisant chacun des congrès mondiaux : ceux de Melbourne (1980), San Antonio (1989), Salvador de Bahia (1996) et Athènes (2005) par la commission « Mission et évangélisation » du COE ; ceux de Pattaya (1980), de Manille (1989) et du Cap (2010) par le CLEM. Pour la « Déclaration de Lausanne » voir, Mouvement de Lausanne, *L'engagement du Cap 2010. Une confession de foi et un appel à l'action*, Marpent, BLF, 2011, p. 101-111. En ligne sur : www.lausanne.org/fr.

de la Bible »). Cet attachement à l'Écriture est considéré comme un principe fondamental pour une compréhension juste de l'identité évangélique et de sa position sur la question de savoir ce qu'est l'Église missionnaire. Contrairement au mouvement œcuménique qui confond la mission de Dieu avec celle de l'Église, les évangéliques considèrent qu'une interprétation de la Bible exige un équilibre entre la mission de Dieu et la mission de l'Église. Dans cette optique, Dieu lui-même est à la fois celui qui envoie et celui qui est envoyé[24]. Si c'est le cas, le Dieu trinitaire de la Bible est un Dieu missionnaire qui dans sa mission a souverainement envoyé les patriarches, les prophètes, les apôtres dans le monde pour que tous les hommes parviennent au salut en Jésus-Christ.

Une étude exégétique des différentes formulations de l'ordre missionnaire dans le Nouveau Testament permettra de comprendre que la mission de Dieu inclut la mission de l'Église (Mt 28.18, 28 ; Jn 20.21). Ceci amène à affirmer que la mission de l'Église procède de la mission de Dieu. Ainsi l'Église dans sa mission dépend du Saint-Esprit (Lc 24.49 ; Jn 20.22 ; Ac 1.8) et s'attelle à proclamer l'Évangile aux différents peuples dans le monde entier. Hannes Wiher résume les mandats missionnaires du Nouveau Testament en affirmant que la mission de l'Église a un aspect géographique : « elle commence dans notre localité et se poursuit jusqu'aux extrémités de la terre ; elle est non seulement progressive, mais aussi locale et globale (Lc 24.47 ; Ac 1.8 ; Mc 16.15) ». Il poursuit sa pensée en notant que « la mission de l'Église vise à atteindre tous les peuples dans leur culture, tout comme Jésus l'a montré par sa venue et sa vie sur terre[25] ». Mais pour atteindre le monde entier par l'Évangile, l'Église est appelée à être à l'écoute de l'Écriture et à s'atteler à la mobilisation, à la formation, à l'envoi et au soutien de l'œuvre missionnaire partout dans le monde. Tout ceci permet d'affirmer que la mission de l'Église est une partie intégrante de la *missio Dei*, et que l'Église et la mission ne peuvent être confondues. Cependant les deux « doivent rester en tension pour que l'Église naisse de la mission et que l'Église à son tour relance la mission jusqu'à la fin des temps[26] ». En d'autres termes on pourrait dire avec Hannes Wiher que la mission est à la fois un aspect de l'Église et une entité à part. Dans ce cas, aucune structure de l'Église ne peut être a priori qualifiée de mission, mais toutes les activités de l'Église doivent posséder une dimension

---

24. Hannes WIHER, « Qu'est-ce que la mission ? », in *La mission de l'Église au XXIe siècle. Les nouveaux défis*, sous dir. Hannes WIHER, Paris, Excelsis, 2010, p. 13 ; idem, « Qu'est-ce que la mission ? » *Théologie Évangélique*, 9, 2, 2010, p. 127.

25. *Ibid.*, p. 127.

26. Marc SPINDLER, « Missiologie anonyme ou missiologie responsable », *La Revue Réformée* 34, 1, 133, 1983, p. 25-36. Cf. aussi idem, « La conception ecclésiocentrique de la mission », in *La mission. Combat pour le salut du monde*, Paris, Delachaux et Niestlé, 1967, p. 42-73.

missionnaire (l'adoration de Dieu, la communion, la prédication, l'enseignement, le service et le témoignage)[27].

Le second point qui détermine la position évangélique se trouve être la priorité accordée à l'évangélisation. À cet effet la Déclaration de Lausanne affirme que « dans sa mission de service sacerdotal, l'Église doit accorder la priorité à l'évangélisation » (§ 6 : « Église et évangélisation »). Elle doit considérer l'évangélisation comme une « proclamation du Christ » (§ 4 : « La nature de l'évangélisation »), comme une « urgence » (§ 9 : « Urgence de l'évangélisation »), et donc comme un devoir non négociable que chaque chrétien est appelé à accomplir dans le monde, et cela « selon les Écritures », qui dénoncent le péché et présentent à l'humanité déchue le projet du salut pour quiconque croit en Jésus-Christ. Mais au fait, en quoi l'évangélisation est-elle une priorité en milieu évangélique ?

Le « Manifeste de Manille » (1989) répond à cette question en relevant que « l'évangélisation est primordiale parce que « notre premier souci est la proclamation de l'Évangile, afin que tout le monde ait l'occasion d'accepter Jésus-Christ comme Seigneur et Sauveur » (§ 4 : « L'Évangile et la responsabilité sociale »). Cela implique que la croix de Jésus-Christ doit être au centre de toutes les dimensions de la mission[28]. C'est dans cet ordre d'idée que la Déclaration de Lausanne (1974) dit clairement que « l'évangélisation et l'action socio-politique font toutes deux partie de notre devoir chrétien » (§ 5 : « Responsabilité sociale du chrétien »). La question qui découle de cette conception est de savoir comment cela peut se faire. Comment peut-on mettre la notion de la croix de Christ au cœur de la dimension sociale de la mission ?

Pour maintenir la croix au centre de notre engagement social, il faut avant tout considérer que l'évangélisation et l'action sociale sont à la fois inséparables et distinctes. Il est donc illégitime de ne pas distinguer évangélisation et action sociale. Notons que le refus de les distinguer est lourd de conséquences théologiques. Ce fut donc pour le COE une démarche fatale de confondre la priorité de l'évangélisation avec l'action socio-politique et de réduire la notion du salut à la lutte pour la paix, la justice, l'indépendance des peuples opprimés et à la transformation d'une société sans espoir[29]. Or, le salut dans son sens biblique

---

27. WIHER, « Qu'est-ce que la mission », p. 137.
28. Christopher J. H. WRIGHT, « La centralité de la croix », in *La mission de Dieu. Fil conducteur du récit biblique*, Charols, Excelsis, 2012, p. 362-376.
29. MATTHEY, « Les conférences universelles des missions de 1947 à 1996 », p. 50-65 ; John STOTT, *Chrétien à l'aube du XXIe siècle. Vivre aujourd'hui la Parole éternelle de Dieu*, vol. II, Québec, La Clairière, 1995, p. 138.

n'est pas une libération politique, économique et sociale, même si ces objectifs sont importants et font partie de la mission de l'Église. Il est vrai que l'Église est envoyée dans le monde pour qu'elle s'engage dans ces différentes tâches, mais ces tâches ne sont pas l'évangélisation qui consiste à proclamer l'Évangile dans le monde et à conduire les hommes à Jésus-Christ[30]. C'est pourquoi ces actions sociales ne doivent être ni confondues avec le salut en Jésus-Christ ni substituées à lui. John Stott affirme cette vérité en disant que « l'action sociale est une partenaire de l'annonce de l'Évangile. En tant que partenaires, elles s'appartiennent mutuellement et restent cependant indépendantes l'une et l'autre. Toutes deux sont l'expression d'un amour sans arrière-pensée[31] ». En d'autres termes, on pourrait dire que l'évangélisation et l'action sociale sont inséparables, et ce sont des partenaires qui se soutiennent mutuellement. Dans cette symbiose l'action sociale prépare la proclamation de l'Évangile, si elle la précède ; et si elle la suit, elle confirme la proclamation de l'Évangile.

Le troisième élément qui caractérise la position évangélique, consiste dans sa définition du dialogue avec les religions non-chrétiennes. Contrairement au COE qui confond dialogue et syncrétisme et qui adopte une position universaliste ou inclusive vis-à-vis des religions, la Déclaration de Lausanne (1974) adopte une position à tendance exclusiviste en affirmant qu'il est impossible à l'homme d'être sauvé s'il ne confesse pas Jésus-Christ comme Sauveur et Seigneur[32]. Dans ce cas, le but d'un vrai dialogue devient une compréhension mutuelle qui conduit au témoignage et à la proclamation de l'Évangile, sans que ce dialogue n'y soit un obstacle.

C'est dans cette perspective que nous proposons un aperçu des « mouvements d'*insider* », que nous pensons être évangéliques, même si leurs approches soulèvent de nombreuses polémiques[33]. Fascinés par l'urgence de la mission et convaincus de la pression sociale dont sont victimes les nouveaux convertis, les mouvements d'*insider* ont jugé utile d'abandonner les notions de communautés chrétiennes visibles pour admettre que les gens peuvent suivre Jésus tout en restant dans leurs religions respectives. Dans son article sur le défi du christianisme « sans Église » Timothy Tennent cite M. M. Thomas qui

---

30. Voir « Déclaration de Lausanne », § 4 ; STOTT, « Mission » et « Proclamation de l'Évangile », p. 17-44, 45-76.
31. STOTT, « Mission », p. 34.
32. « Déclaration de Lausanne », § 4 ; MATTHEY, « Conférences missionnaires mondiales », p. 62 ; idem, « Mission et évangélisation dans l'optique de Lausanne, Rome et Genève », *Perspectives missionnaires*, 10, 1985, p. 36-49.
33. Joshua MASSEY, « God's Amazing Diversity in Drawing Muslims to Christ », *International Journal of Frontier Missions* 17, 1, 2000, p. 1-14.

soutient que l'Église n'a jamais été une communauté exclusivement visible, mais que l'Église a toujours été formée parmi les autres communautés religieuses comme l'hindouisme et l'islam[34]. Phil Parshall renforce cette compréhension en notant qu'on peut être chrétien au milieu des musulmans en vue de gagner les musulmans à Christ[35].

L'enjeu d'une telle conception est de savoir comment éviter le syncrétisme religieux. Dans ce souci, John Travis insiste sur sept points : 1) Les nouveaux croyants doivent croire que Jésus est Seigneur et Sauveur. En dehors de Jésus il n'y a pas de salut ; 2) Ils doivent être baptisés, se rencontrer régulièrement (dans une discrétion absolue) avec les autres croyants et partager la communion ; 3) Ils ont besoin d'étudier la Bible entière ; 4) Ils doivent renoncer à l'occultisme et à certains rites islamiques et en être délivrés (shamanisme, prière des saints, utilisation des amulettes, magie, incantations, etc.) ; 5) Certaines pratiques et traditions (le jeûne, la circoncision, les aumônes, aller à la mosquée, se couvrir la tête, ne pas consommer de la viande de porc ni du vin) doivent désormais être considérées comme expression de l'amour du croyant pour son Dieu, le respect pour ses prochains plutôt que comme des actes méritoires pour recevoir le pardon des péchés ; 6) Le Coran, Muhammad et la théologie musulmane traditionnelle sont examinés, jugés et réinterprétés à la lumière de la Parole de Dieu. Ainsi les pratiques qui sont compatibles avec l'Évangile sont gardées et celles qui sont jugées incompatibles sont rejetées ; 7) Ils doivent enfin montrer leur nouvelle naissance et leur croissance dans la grâce divine (par les fruits de l'Esprit : l'amour, etc.) et désirer chercher les perdus (par exemple par le témoignage verbal et l'intercession)[36].

Cette manière de penser le dialogue semble pertinente parce qu'elle fait de la proclamation de l'Évangile le socle du dialogue. Mais le danger est de produire des « musulmans chrétiens » (dont leur première identité reste musulmane) au lieu de « chrétiens d'arrière-plan musulman », c'est-à-dire des disciples de Jésus qui s'identifient en premier lieu à Lui et qui reconnaissent avoir un arrière-

---

34. Timothy C. Tennent, « The Challenge of Churchless Christianity. An Evangelical Assessment », *International Bulletin of Missionary Research* 29, 4, 2005, p. 171-177.
35. Phil Parshall, « Going Too Far ? », in *Perspectives on the World Christian Movement*, sous dir. Ralph D. Winter et Steven C. Hawthorne, 3ᵉ éd., Pasadena, William Carey Library, 1999, p. 655-659. Cf. aussi les réponses de Dean S. Gilliland, « Context Is Critical. A Response to Phil Parshall's "Going Too Far" », in *Perspectives on the World Christian Movement*, p. 664s, et de Ralph D. Winter, « Going Far Enough », in *Perspectives on the World Christian Movement*, p. 666s.
36. John Travis, « Must All Muslims Leave Islam ? », in *Perspectives on the World Christian Movement*, sous dir. Ralph D. Winter et Steven C. Hawthorne, 3ᵉ éd., Pasadena, William Carey Library, 1999, p. 660-663.

plan musulman. Pour éviter ce danger, les nouveaux croyants doivent gérer la tension entre le culte à la mosquée et celui qu'ils tiennent en cachette avec ceux dont ils partagent la foi en Jésus. Il semble souhaitable qu'ils puissent finir par avoir une communauté à la fois visible et invisible, comme on le constate dans le Nouveau Testament.

Conclusion

Une analyse minutieuse de la théologie de la mission permet de comprendre les clivages qui existent entre l'Église catholique et les mouvements œcuménique et évangélique. Ces clivages ont pour acquis le bouleversement de paradigmes traditionnels et l'émergence de nouvelles orientations missionnaires qui, sur certains points, se rapprochent ou s'excluent l'une l'autre. Aujourd'hui tous s'accordent à fonder la théologie de la mission sur le concept de la *missio Dei*, mais tous ne l'interprètent pas de la même façon. Tous les trois, l'Église catholique, le mouvement œcuménique et les évangéliques, voient la source de la mission de l'Église dans la mission de Dieu. Le courant évangélique considère qu'il existe un équilibre entre la mission de Dieu et la mission de l'Église. La mission occupe donc une place de choix dans l'Église, tout comme l'Église occupe une place de choix dans la mission. La mission ne doit donc pas être subordonnée à l'Église et encore moins l'Église à la mission. Alors l'Église missionnaire est celle qui se reconnaît envoyée par Jésus-Christ et conduite par le Saint-Esprit. Elle est au demeurant une Église qui s'attache à la Bible pour l'accomplissement du dessein de Dieu. Soumise à l'Écriture, elle apporte le message du salut en Jésus-Christ à toute l'humanité. Dans sa vocation missionnaire, l'Église programme la proclamation de l'Évangile et considère l'action sociale comme une partenaire, une conséquence et un pont de communication de l'Évangile dans un monde dépourvu de justice et de paix.

Dans son dialogue avec les religions non chrétiennes, l'Église missionnaire dénonce tout compromis religieux et considère en définitive les autres religions comme le lieu où l'Évangile doit être semé pour qu'il prenne racine dans les cœurs de ceux qui ont soif du salut en Jésus-Christ. Or à cet effet l'Église, par l'action du Saint-Esprit, doit mobiliser, former, envoyer et soutenir les agents missionnaires dans le monde. L'Église missionnaire n'est-elle pas alors celle qui est envoyée et qui, par l'action du Saint-Esprit, mobilise, forme, envoie et soutient ses missionnaires partout dans le monde ?

Pour aller plus loin

Assemblée spéciale pour l'Afrique du synode des évêques, *L'Église en Afrique et la mission évangélisatrice vers l'an 2000. « Vous serez mes témoins (Ac 1.8) »*, Paris, Cerf, 1993.

Bosch, David, *Dynamique de la mission chrétienne. Histoire et avenir des modèles missionnaires*, Lomé/Paris/Genève, Haho/Karthala/Labor et Fides, 1995.

Comby, Jean, *Deux mille ans d'évangélisation. Histoire de l'expansion chrétienne*, Paris, Desclée, 1992.

« Déclaration de Lausanne » (1974), in Mouvement de Lausanne, *L'Engagement du Cap. Une confession de foi et un appel à l'action*, Marpent, BLF, 2011, p. 101-111. Texte en ligne : http://www.lausanne.org/fr.

« Décret sur l'activité missionnaire de l'Église, *Ad Gentes* », in *Concile œcuménique Vatican II. Constituions, décrets, déclarations, messages*, Paris, Centurion, 1967, p. 537-602.

Gadille, Jacques, « Conciles et conciliarité », in *Dictionnaire œcuménique de missiologie. Cents mots pour la mission*, sous dir. Ion Bria et al., Paris/Genève/Yaoundé, Cerf/Labor et Fides/CLÉ, 2001, p. 56-59.

Gilliland, Dean S., « Context Is Critical. A Response to Phil Parshall's "Going Too Far" , in *Perspectives on the World Christian Movement*, sous dir. Ralph D. Winter & Steven C. Hawthorne, 3e éd., Pasadena, William Carey Library, 1999, p. 664-665.

Jean-Paul II, *La vocation missionnaire de l'Église*, collection du Laurier, Paris, Le Laurier, 1995.

Massey, Joshua, « God's Amazing Diversity in Drawing Muslims to Christ », *International Journal of Frontier Missions* 17, 1, 2000, p. 1-14.

Matthey, Jacques, « Conférences missionnaires mondiales », in *Dictionnaire œcuménique de missiologie. Cent mots pour la mission*, sous dir. Ion Bria, et al., Paris/Genève/Yaoundé, Cerf/Labor et Fides/CLÉ, 2001, p. 59-63.

Matthey, Jacques, « Les conférences universelles des missions de 1947 à 1996. II. Jalons de la pensée missionnaire protestante œcuménique des années 1970 aux années 1990 », *Perspectives missionnaires* 36, 2, 1998, p. 50-65.

Matthey, Jacques, « La Conférence mondiale d'Édimbourg de 1910. Continuités et ruptures entre les deux conférences d'Édimbourg 1910 et 2010 », *Perspectives missionnaires* 60, 2, 2010, p. 21-37.

Matthey, Jacques, « Mission et évangélisation dans l'optique de Lausanne, Rome et Genève », *Perspectives missionnaires* 10, 1985, p. 36-49.

Mouvement de Lausanne, *L'engagement du Cap 2010. Une confession de foi et un appel à l'action*, Marpent, BLF, 2011.

PARSHALL, Phil, « Going Too Far ? », in *Perspectives on the World Christian Movement*, sous dir. Ralph D. WINTER & Steven C. HAWTHORNE, 3e éd., Pasadena, William Carey Library, 1999, p. 655-659.

SPINDLER, Marc, « Église », in *Dictionnaire œcuménique de missiologie. Cents mots pour la mission*, sous dir. Ion BRIA *et al.*, Paris/Genève/Yaoundé, Cerf/Labor et Fides/CLÉ, 2001, p. 100-102.

STOTT, John, *Chrétien à l'aube du XXIe siècle. Vivre aujourd'hui la Parole éternelle de Dieu*, vol. II, Québec, La Clairière, 1995.

STOTT, John, *Mission chrétienne dans le monde moderne*, Lavigny, Groupes Missionnaires, 1977.

TENNENT, Timothy C., « The Challenge of Churchless Christianity. An Evangelical Assessment », *International Bulletin of Missionary Research* 29, 4, 2005, p. 171-177.

TRAVIS, John, « Must All Muslims Leave Islam ? », in *Perspectives on the World Christian Movement*, sous dir. Ralph D. WINTER & Steven C. HAWTHORNE, 3e éd., Pasadena, William Carey Library, 1999, p. 660-663.

WIHER, Hannes, sous dir., *Bible et mission. Vers une théologie évangélique de la mission*, Charols, Excelsis, 2012.

WIHER, Hannes, « Édimbourg 1910 et son centenaire », *Théologie Évangélique* 10, 1, 2011, p. 61-84.

WIHER, Hannes, sous dir., *La mission de l'Église au XXIe siècle. Les nouveaux défis*, Charols, Excelsis, 2010, p. 9-21.

WIHER, Hannes, « Qu'est-ce que la mission ? » *Théologie Évangélique* 9, 2, 2010, p. 123-140.

WINTER, Ralph D., « Going Far Enough », in *Perspectives on the World Christian Movement*, sous dir. Ralph D. WINTER & Steven C. HAWTHORNE, 3e éd., Pasadena, William Carey Library, 1999, p. 666-667.

WRIGHT, Christopher J. H., *La mission de Dieu. Fil conducteur du récit biblique*, trad. Alexandre Sarran, Charols, Excelsis, 2012.

ZORN, Jean-François, « La Conférence mondiale d'Édimbourg de 1910. Présentation historique de ses circonstances et de ses enjeux », *Perspectives missionnaires* 60, 2010, p. 6-20.

ZORN, Jean-François, « Les conférences universelles des missions de 1947 à 1996. I. Les mutations du monde missionnaire et œcuménique de 1947 à 1963 », *Perspectives missionnaires* 36, 2, 1998, p. 34-49.

SYNTHÈSE THÉOLOGIQUE

Hannes Wiher

La notion d'« Église missionnaire », en anglais *missional Church*, est devenue une notion en vogue dans le débat missiologique occidental, surtout dans le milieu anglo-saxon[1]. Mais comme certains théologiens et missiologues du Sud le remarquent à juste titre, ce débat semble indiquer un problème de l'Église en Occident qui a évolué pendant près de quinze siècles dans le « paradigme constantinien », c'est-à-dire d'une Église étatique qui ne reconnaissait aucune responsabilité au-delà de son territoire bien délimité. Cette Église d'Occident semble découvrir la dimension missionnaire à nouveau. Les Églises du Sud par contre, fondées en grande partie par les missionnaires étrangers ou leurs collaborateurs autochtones, semblent avoir maintenu pour la plupart cet élan missionnaire dans leur ADN. Toutefois, il faut le concéder, ce ne sont pas toutes les Églises au Sud qui sont effectivement missionnaires. La réflexion de Daniel Tolno est donc bienvenue.

Pour les évangéliques la question « Qu'est-ce que l'Église missionnaire ? » touche aux racines de leur identité. David Bebbington définit les évangéliques par les quatre caractéristiques suivantes que Daniel Tolno a implicitement mentionnées : l'autorité de la Bible, la centralité de la croix, la nécessité de la conversion et de la nouvelle naissance, et l'engagement missionnaire[2]. L'élan missionnaire surgit d'une vie régénérée enracinée dans une spiritualité centrée sur le Christ et ancrée dans l'Écriture. Ainsi, une vie missionnaire d'un disciple de Christ et d'une Église ne peut être pensée sans ce fondement évangélique.

Parler d'« Église missionnaire » nécessite une réflexion sur l'essence de l'Église et de la mission. Le décret *Ad Gentes* (§ 2) définit l'Église comme « missionnaire par nature », une définition reprise par la Commission Mission et Évangélisation du COE dans ses deux affirmations : *La Mission et l'évangélisation* (1982) et *Ensemble vers la vie : Mission et évangélisation dans des contextes en*

---

1. Voir p. ex. Charles E. Van Engen, *God's Missionary People. Rethinking the Purpose of the Local Church*, Grand Rapids, Baker, 1991 ; Lois Y. Barrett, « Defining Missional Church », in *Evangelical, Ecumenical, and Anabaptist Missiologies in Conversation, Essays in Honor of Wilbert R. Shenk*, sous dir. James R. Krabill et al., Maryknoll, Orbis, 2006, p. 177-183 ; Craig Van Gelder, sous dir., *The Missional Church in Context. Helping Congregations Develop Contextual Ministry*, Grand Rapids, Eerdmans, 2007.
2. Plus littéralement : biblicisme, crucicentrisme, conversionnisme, activisme. David Bebbington, *Evangelicalism in Modern Britain. A History from 1730 to the 1980s*, London, Unwin Hyman, 1989, p. 2-3, cité par Alfred Kuen, *Qui sont les évangéliques ? Identité, unité et diversité du mouvement*, Saint-Légier, Emmaüs, 1998, p. 17-22.

évolution (2012)³. Toutefois, un regard superficiel sur l'histoire de l'Église suffit pour montrer que trop peu d'Églises ont suivi l'exemple de l'Église d'Antioche, véritable Église missionnaire (Ac 11-13), pour qu'on puisse dire que l'Église est missionnaire par sa nature même. L'Église n'est missionnaire par nature que dans la mesure où elle est animée par le Saint-Esprit et où elle se perçoit comme « envoyée vers le monde ». En conséquence, l'Église n'est pas « missionnaire par nature », mais « missionnaire par vocation », vocation qui doit être actualisée dans l'obéissance de la foi et la puissance de l'Esprit. Au cours de l'histoire cette vocation missionnaire a rarement été réalisée par des Églises entières, mais en général par des individus particuliers ayant reçu un appel missionnaire de Dieu. L'Église est le corps de Christ, la nouvelle humanité, c'est-à-dire une communauté alternative. Son incorporation dans le ministère de la réconciliation ne fait pas partie de sa nature, mais relève plutôt de sa vocation.

Dans son article Daniel Tolno montre bien comment les missiologues ont passé d'une définition ecclésiocentrique de la mission (la mission comme une fonction et une structure de l'Église), qui a prévalu au XIXᵉ et jusqu'au milieu du XXᵉ siècle[4], à une définition théologique de la mission (la mission qui prend son origine au cœur de Dieu, la *missio Dei*). L'Église catholique a pris ce virage au Concile Vatican II (1962-1965), le mouvement œcuménique à la conférence missionnaire de Willingen (1952). Comme Daniel Tolno l'a bien indiqué, l'essentiel est d'éviter à la fois la séparation de la mission de Dieu de celle de l'Église et leur confusion comme cela a été fait à certaines périodes du débat missiologique.

Pour les évangéliques, le Dieu trinitaire est un Dieu qui est « en mission » (qui envoie pour sauver) et qui désire incorporer l'Église dans sa grande mission. La mission de l'Église se distingue de la mission de Dieu et prend des formes très variées, raison pour laquelle les anglophones parlaient de « missions » au pluriel. Il est important de comprendre Dieu le Père comme initiateur et but de la mission, Jésus-Christ comme initiateur de la nouvelle création, et par son incarnation et son identification avec l'humanité comme exemple type de la

---

3. Commission Mission et Évangélisation du COE, *La Mission et l'évangélisation. Affirmation œcuménique*, Genève, COE, 1982 ; idem, *Ensemble vers la vie : Mission et évangélisation dans des contextes en évolution. Nouvelle Affirmation du COE sur la mission et l'évangélisation*, Genève, COE, 2012, § 64. En ligne sur : http://www.oikoumene.org/fr/resources/documents/commissions/mission-and-evangelism/together-towards-life-mission-and-evangelism-in-changing-landscapes.
4. Pour l'Église catholique c'était le paradigme « planter l'Église » là où elle n'existe pas encore, pour le mouvement missionnaire protestant la notion d'« Église indigène » qui suggérait la « triple autonomie » (autonomie des ressources, autogestion, autopropagation) qui était l'expression d'une définition ecclésiocentrique de la mission.

communication transculturelle, et le Saint-Esprit comme l'agent de la mission et de la nouvelle création[5].

Ayant réfléchi aux définitions des notions d'Église et de mission, il nous reste à nous pencher sur leur relation. Comment faut-il penser Église et mission ensemble ? Évidemment, la dimension missionnaire de l'Église se manifeste tout particulièrement dans la dimension extérieure (le témoignage et le service), quand l'Église se tourne vers le monde. Ce fait a été exprimé dans le mouvement œcuménique par la notion d'« Église pour les autres »[6]. Toutefois, la dimension missionnaire doit également être présente dans les autres dimensions de l'Église : verticale (l'adoration de Dieu) et intérieure (la communion). L'Église locale doit veiller à maintenir la dimension missionnaire dans tous ses ministères et toutes ses structures. Dans ce sens, l'Église est « missionnaire par nature », comme le formule l'encyclique catholique *Ad Gentes* (1965). En même temps, aucune activité ni aucune structure de l'Église ne peut être a priori qualifiée de missionnaire. Mais cette dimension missionnaire présuppose l'activité de l'Esprit de Dieu, initiateur et « animateur » de l'Église et de la mission. Ce dernier fait est particulièrement visible dans le livre des Actes des Apôtres.

Au sujet de structure d'Église et de mission, il n'existe pas d'unanimité sur le nombre de structures dans le règne de Dieu. Pour l'éminent missiologue évangélique George W. Peters il n'y a qu'une structure dans le règne de Dieu qui est divinement chargée de l'envoi : l'Église. Malheureusement, dans l'histoire de l'Église, celle-ci a souvent négligé ce mandat missionnaire. Pour lui la structure missionnaire n'est pas divine comme l'Église, mais liée à l'envoi par l'Église. L'envoi, quant à lui, peut être limité dans le temps et structurellement multiforme. En conséquence, les structures missionnaires sont éphémères. Pour Peters, comme pour l'Église catholique, au fond, il n'y a qu'une structure[7].

Ralph Winter, par contre, discerne dans le Nouveau Testament deux structures au sein du règne de Dieu, dont chacune a sa fonction[8]. Il y a la structure de rassemblement (la communauté locale des croyants, l'Église locale) et la structure d'envoi (les équipes mobiles de l'apôtre Paul). En utilisant la terminologie de

---

5. Voir Timothy C. TENNENT, *Invitation to World Missions. A Trinitarian Missiology for the Twenty-first Century*, Grand Rapids, Kregel, 2010.
6. Voir le résumé dans David J. BOSCH, « La mission comme Église-avec-les-autres », in *Dynamique de la mission chrétienne*, Paris/Lomé/Genève, Karthala/Haho/Labor et Fides, 1995, p. 499-525.
7. George W. PETERS, *A Biblical Theology of Missions*, Chicago, Moody, 1972, ch. 6 : « Church and Mission ».
8. Ralph D. WINTER, « The Two Structures of God's Redemptive Mission », in *Perspectives on the World Christian Movement*, sous dir. Ralph D. WINTER et Steve C. HAWTHORNE, 3e éd., Pasadena, William Carey Library, 1999, p. 220-230.

l'Église catholique, Ralph Winter appelle l'Église locale « modalité » et la structure missionnaire « sodalité »[9].

Patrick Johnstone ajoute une troisième structure : la structure de formation : le « discipulat ». La formation prépare les disciples aux tâches de l'Église et de la mission. Logiquement, il faudrait encore ajouter une quatrième structure : la structure de service : les œuvres diaconales (en anglais *mercy ministries*). Elles s'occupent de l'aspect matériel de l'existence humaine et s'engagent dans des activités sociales et humanitaires : le mandat créationnel (ou culturel). Toutes ces structures, qui évoluent à côté de l'Église locale, sont appelées « para-ecclésiastiques » suivant la tradition catholique qui ne voit qu'une structure dans le règne de Dieu[10].

Comment les mandats créationnel et missionnaire peuvent-ils être articulés ? Pour John Stott la mission comprend « tout ce pourquoi l'Église est envoyée dans le monde[11] ». La mission de l'Église englobe donc les mandats missionnaire et créationnel, évangélisation et action sociale. Pour Ralph Winter, la tâche de la mission est plus étroite que celle de l'Église : la tâche de l'Église englobe le mandat créationnel ; la tâche missionnaire est l'évangélisation, l'implantation et le suivi d'Églises, correspond donc au mandat missionnaire. Dans les débats au sein du mouvement évangélique, les Occidentaux ont plutôt adopté une définition étroite de la mission, suivant la logique d'une vision dichotomique du monde, alors que les représentants du Sud, dans la logique d'une vision intégrale du monde, ont opté pour une définition large de la mission et ont développé la notion de « mission intégrale ».

Que dit la Bible par rapport à ce débat ? Dans leur ministère Jésus-Christ et l'apôtre Paul ont adopté une approche intégrale de l'homme sans toutefois s'engager dans des projets de développement socio-économique. Leur visée était la destinée éternelle de l'homme. L'attitude adoptée dans leur ministère correspondrait le mieux à une définition étroite de la mission sans toutefois éliminer l'aspect holistique du ministère et sans négliger la « primauté » de la

---

9. Du latin *sodalitas* « association », synonyme de *collegium*. Terme qui désignait au temps de la République romaine soit des associations politiques ou des confréries religieuses chargées de célébrer un culte. Dans l'Église catholique le terme désigne des organisations « para-ecclésiastiques », souvent missionnaires, comme des ordres, monastères ou couvents. Le terme analogue désignant l'Église (universelle ou locale) est *modalitas* « modalité ». En français le terme « modalité » a un sens tout différent.
10. Ainsi, dans l'Église catholique, on pouvait appeler sodalités toutes ces structures « para-ecclésiastiques » : les structures d'envoi, de formation et de service.
11. John STOTT, « Une mission holistique », in *Le chrétien à l'aube du XXIe siècle. Vivre aujourd'hui la Parole éternelle de Dieu*, vol. 2, Québec, Clairière, 1995, p. 129.

destinée éternelle de l'homme[12]. En revanche, l'Église en tant que « nouvelle humanité » est appelée à s'engager dans le mandat créationnel ordonné au premier couple et réitéré à Noé dès après le déluge (Gn 1.28 ; 9.1).

On peut conclure que le terme « mission de l'Église » nous induit dans une confusion en ce qu'il mélange deux entités qu'il faut à la fois distinguer et éviter de séparer. Il faudra éviter d'élargir la définition de la mission jusqu'au point où on sera obligé de constater que « plus rien n'est mission quand tout est mission[13] ». Ainsi, on mettra l'accent sur la destinée éternelle de l'homme sans toutefois négliger ses besoins matériels et sociaux. On cherchera à montrer aux Églises leur responsabilité sociale et, par l'élan et le dynamisme du Saint-Esprit, à rendre en même temps les Églises plus missionnaires tout en créant des structures missionnaires spécialisées : donc des Églises missionnaires et des sociétés missionnaires.

---

12. Cf. Christopher J. H. WRIGHT, « Primauté ou ultimité ? », in *La mission de Dieu. Fil conducteur du récit biblique*, trad. Alexandre Sarran, Charols, Excelsis, 2012, p. 367-371.
13. Stephen NEILL, *Creative Tension: The Duff Lectures*, London, Edinburgh House Press, 1959, p. 81.

Deuxième Partie

Aspects historiques

2

Arrière-plan historique de l'évangélisation de l'Afrique

Fara Daniel Tolno

Organisation socio-économique de la société traditionnelle

Avant l'arrivée des Occidentaux en Afrique, la société traditionnelle africaine avait sa propre organisation socio-économique. Elle était fondée sur un système hiérarchique de valeurs morales et économiques dans lequel la famille, le clan et la tribu occupaient une place de choix. Dans une telle société la valeur d'un individu n'est appréciée que par son appartenance à la communauté et par le respect des coutumes, des lois, des règles morales qui la régissent. Cette appartenance à une communauté donnée était considérée comme la valeur suprême de la société car toutes les activités étaient faites par elle et pour elle. Dans ce cas, personne ne pouvait s'arroger un droit de propriété privée en dehors de sa famille, son clan et sa tribu. La terre était considérée à la fois comme un bien social et économique parce qu'elle renforçait le tissu familial et procurait à la famille la fortune. C'est pourquoi ceux qui avaient le droit d'hériter des portions de terres léguées par leurs ancêtres avaient le statut d'autochtone et pouvaient s'en servir pour l'agriculture perçue comme l'activité principale de la société. Il n'est pas exagéré de relever qu'à cette époque, les détenteurs des terres pouvaient avoir plusieurs femmes, et par conséquent de nombreux enfants, considérés comme une source de fierté, de prestige et d'influence dans la société[1]. John Mbiti confirme ceci

---

1. Cheikh Anta Diop, *L'Afrique noire précoloniale*, Paris, Présence Africaine, 1974, p. 146.

lorsqu'il dit que dans la pensée africaine, un homme qui a de nombreuses femmes et donc aussi de nombreux descendants, possède la meilleure garantie de son immortalité. « Plus un homme a d'enfants, plus la force de "l'immortalité" est grande dans sa famille[2]. » Pour élargir leur zone d'influence et de prestige, ils possédaient, en plus des femmes et des enfants, beaucoup d'esclaves. Ce capital humain dans une civilisation, où le régime salarial est inconnu, constituait une main-d'œuvre bon marché.

À cette époque de l'histoire de l'Afrique, la société traditionnelle avait une économie de troc, donc une économie de simple subsistance qui n'a rien de commun avec le capitalisme calqué sur les principes de la propriété privée et de la valeur ajoutée. Dans ce contexte, la société africaine jouissait d'un équilibre socio-économique. Elle n'était ni développée ni sous-développée, mais elle subvenait pleinement à ses besoins vitaux et n'avait besoin d'aucune assistance extérieure pour faire fonctionner ses institutions politiques, économiques, sociales et religieuses. Elle se suffisait à elle-même.

L'Europe connaissait à cette même époque un niveau de développement technique et technologique beaucoup plus avancé. Déjà au XIVe siècle, les innovations en matière de commerce, de navigation, etc. ont permis à l'Europe d'entrer en contact avec les peuples d'Afrique. Plusieurs arguments ont été avancés pour justifier la présence des Occidentaux en Afrique : la recherche de l'or, le besoin d'épices pour agrémenter les sauces en Europe, le manque de mains-d'œuvre pour les plantations de canne à sucre et de café en Amérique, des relents de croisades dans l'idée d'étendre le règne de Dieu, le désir de convertir les indigènes et de trouver de nouveaux débouchés pour ne citer que ceux-là[3].

Deux phénomènes caractérisent alors la rencontre de l'Europe avec l'Afrique. Il s'agit notamment de la traite négrière et de la colonisation qui ne cessent de saigner le continent africain dans son intimité et dans son être le plus profond. Aujourd'hui cela se manifeste par l'exploitation des matières rares et précieuses de l'Afrique, avec la complicité de certains de ses fils corrompus et sans que la majorité du peuple en profite suffisamment.

---

2. John S. MBITI, *Religions et philosophies africaines*, Yaoundé, CLÉ, 1972, cité par Hannes WIHER, *L'Évangile et la culture de la honte en Afrique Occidentale*, Mission Scripts 21, Bonn, VKW, 2003, p. 97.
3. Alphonse QUENUM, *Évangéliser hier, aujourd'hui. Une vision africaine*, Abidjan, ICAO, 1999, p. 107.

La traite négrière aux prises avec la mission

Concernant l'histoire de l'Afrique il n'est pas exagéré de dire qu'il n'existe pas de sujet qui ait fait couler autant d'encre que la traite négrière. Car en « quatre siècles, et sans interruption, l'Europe a capturé, acheté, revendu des dizaines de millions d'êtres humains[4] ». Il faut noter que dans cette tragédie, l'islam, au même titre que le christianisme, est mis en cause par plusieurs témoins. Parmi les ténors on peut citer l'abolitionniste britannique Thomas Fowell Buxton, qui en 1840, a comparé la traite pratiquée par les « mahométans » à celle des chrétiens et est arrivé à conclure que chaque année « 50 000 esclaves étaient vendus d'un côté et 150 000 de l'autre côté[5] ». Alphonse Quenum, pour sa part, dit de la traite transsaharienne que « plus étalée dans le temps et aussi dans l'espace, elle avait déjà créé des habitudes, pour ne pas dire une véritable accoutumance. Aussi destructrice que celle organisée par l'Europe entre le XVe et le XIXe siècle, la traite atlantique eût peut-être trouvé sans elle un terrain moins favorable[6] ». D'autres historiens, et non des moindres, considèrent que « les traites arabo-musulmanes ont duré plus de mille ans. Elles ont précédé dans le temps la traite européenne et elles lui survécurent[7] ». Pis encore, jusqu'à un passé récent, les Fulbé, c'est-à-dire les Peuls islamisés, « dévastaient encore tout l'est du Tchad actuel[8] », et tout le Fouta-Djalon en République de Guinée[9], et s'emparaient de milliers d'esclaves. Ces exemples suffisent pour soutenir que la traite, qu'elle soit chrétienne ou musulmane, est une pratique inhumaine condamnable et constitue un crime contre l'humanité. C'est à ce niveau que la traite négrière atlantique peut être considérée comme une contradiction avec la mission de l'Église dans la mesure où celle-ci « est libération par un message de salut, de fraternité et d'amour du Christ,

---

4. Alphonse Quenum, *Les Églises chrétiennes et la traite atlantique du XVe au XIXe siècle*, Paris, Karthala, 1993, p. 56.
5. Jean-François Zorn, *Le grand siècle d'une mission protestante. La mission de Paris de 1822 à 1914*, Paris, Karthala/Les Bergers les Mages, 1993, p. 31.
6. Quenum, *Les Églises chrétiennes*, p. 60.
7. L'histoire de la traite musulmane remonte au VIIe siècle apr. J.-C. pour s'étendre jusqu'à la fin du XIXe siècle. D'ailleurs, dans certaines zones de l'Afrique, elle prit fin seulement au début du XXe siècle. Bernard Lugan, *Histoire de l'Afrique. Des origines à nos jours*, Paris, Marketing, 2009, p. 374.
8. Lugan, *Histoire de l'Afrique*, p. 377.
9. Anne Leroy & Alpha Oumar Kona Balde, *Parlons Poular. Peul du Fouta Djalon*, Paris, L'Harmattan, 2002, p. 114 ; Al-Hadj Thierno Mouhammadou Balde & Bernard Salvaing, *Une vie au Fouta-Djalon*, Brinon-sur-Sauldre, Granvaux, 1996, p. 22 ; Daniel Fara Tolno, « Défis d'implantation d'Églises parmi les Peuls de la Guinée Conakry », mémoire présenté à la Faculté de Théologie Évangélique de l'Alliance Chrétienne (FATEAC), Abidjan, Côte d'Ivoire, 2005, p. 9.

Sauveur de l'homme, de tout homme[10] ». Cette compréhension de la mission de l'Église a favorisé la naissance des mouvements abolitionnistes chrétiens qui ont déclenché le processus d'arrêt de l'esclavage dans le monde entier.

Les Britanniques prennent le problème en main et organisent des campagnes anti-esclavagistes en insistant sur le caractère ignoble de la traite, incompatible avec les valeurs chrétiennes. Ce fait établi, certains parmi eux ont proposé de « substituer à l'infâme négoce qu'est la traite, un commerce légitime avec l'Afrique qui ferait pénétrer ce continent dans la civilisation, le commerce et le christianisme[11] ». Progressivement ce sentiment anti-esclavagiste gagnera le monde entier et du coup, plusieurs sociétés de lutte contre l'esclavage furent créées. On ne pourra pas donner, dans les limites de ce chapitre, une liste exhaustive de ces sociétés anti-esclavagistes. Retenons-en quelques-unes : la Société des amis des noirs, créée en 1792 par Brisot et Étienne Clavière, la Société française pour l'abolition de l'esclavage, fondée en 1844 par Victor de Broglie, la *Society for the Extinction of Slavery and the Civilisation of Africa* (1837), à laquelle succède la *British and Foreign Anti-Slavery Society* (1839)[12]. Ce souci était bien présent lors de la conférence mondiale de l'Alliance Évangélique qui s'est tenue à Florence le 10 avril 1891. On y affirma que « l'action anti-esclavagiste doit s'unir à l'action missionnaire pour démontrer aux Africains que le christianisme vient à lui, non avec le fer et le feu comme l'Arabe, mais avec l'amour qui relève et conserve[13] ». Cependant l'abolition de la traite des esclaves ne mit pas fin au défi missionnaire en Afrique, car elle fût très vite remplacée par un nouveau défi auquel les agents de la mission doivent faire face : la colonisation.

---

10. QUENUM, *Les Églises chrétiennes*, p. 118.
11. Parmi les ténors, citons le juriste Grandville Sharp, qui en 1772, fonde sur la côte africaine de la Sierra Leone, le premier établissement destiné à recevoir les « *black poor* » libérés en Grande-Bretagne, John Wesley pour sa publication *Thoughts upon Slavery* en 1774 dans laquelle il supplie Dieu de pousser les esclaves à crier à lui dans le pays de leur captivité pour qu'il les affranchisse et les libère, Thomas Clarkson qui le 22 mai 1787 a fondé *l'Anti-Slave Trade Society*. ZORN, *Le grand siècle d'une mission protestante*, p. 24.
12. Cette liste n'est pas exhaustive. Citer toutes ces sociétés dépasserait les limites de ce chapitre. Pour une étude approfondie de ce sujet, voir ZORN, *Le grand siècle d'une mission protestante*, p. 23-30 ; Philippe CHANSON, « Esclavage (mémoire de l') », in *Dictionnaire œcuménique de missiologie. Cents mots pour la mission*, sous dir. Ion BRIA et al., Paris/Genève/Yaoundé, Cerf/Labor et Fides/CLÉ, 2001, p. 114 ; Jean FAURE, *Histoire des Missions et Églises Protestantes en Afrique Occidentale des origines à 1884*, Yaoundé, CLÉ, 1978, p. 81.
13. ZORN, *Le grand siècle d'une mission protestante*, p. 43.

Colonisation et mission

La notion de « colonisation » dans son sens classique a été introduite par « l'arrivée de l'Europe dans d'autres parties du monde, sur des territoires où des puissances de ce continent ont attaqué, vaincu et asservi des peuples entiers avant de s'emparer des terres et d'autres biens matériels, de façon permanente[14] ». Dans cette nouvelle situation désastreuse, les valeurs socioculturelles des peuples asservis sont bouleversées et leur dignité et identité bafouées. La colonisation était cruelle au point d'amener les grandes puissances à se réunir à Berlin en 1885 pour déterminer les règles de comportement auxquelles elles acceptèrent de se soumettre quant à la gestion des colonies en Afrique. C'est alors qu'eut lieu la création de l'État indépendant du Congo et que commença le partage de l'Afrique entre les puissances européennes[15]. Malheureusement pour l'Afrique, ces puissances n'ont pas su se soumettre aux règles fixées et se sont lancées dans le pillage de l'Afrique.

La colonisation, tout comme les traites, a plongé l'Afrique dans un océan de misère qui a bouleversé toutes ses structures sociales, économiques, politiques, religieuses et écologiques[16]. Elle y a pleinement accompli son dessein qui n'est autre que « l'exploitation impitoyable des peuples faibles au profit des puissances étrangères principalement attachées à leur propre développement[17] ».

Le fait colonial, tel qu'il est décrit, a forcément eu un impact négatif sur l'activité missionnaire. Car pendant la colonisation, la relation entre les colons et les missions catholiques était si étroite qu'on pouvait facilement les confondre. Et pourtant ces deux institutions étaient différentes. Elles n'avaient ni la même structure ni la même vocation. Si la colonisation n'est qu'exploitation de l'homme par l'homme, la mission est l'annonce de la Bonne Nouvelle qui procure le salut en Jésus-Christ. Mais dans cette proclamation de l'Évangile aux Africains, les missionnaires étaient sous l'autorité du gouvernement colonial[18]. Par conséquent, les missionnaires ne pouvaient pas entrer dans une colonie

---

14. Charles Pascal TOLNO, *Colonialisme et sous-développement en Afrique*, Conakry, U.P.O., 1991, p. 9.
15. Anne STAMM, *L'Afrique de la colonisation à l'indépendance*, Paris, PUF, 1998, p. 19 ; Jean Maurice DJOSSOU, *L'Afrique le GATT et l'OMC. Entre territoires douaniers et régions commerciales*, Paris, L'Harmattan, 2000, p. 17s.
16. Pour une étude approfondie sur le sujet, voir Jean-Paul HARROY, *Afrique, terre qui meurt. La déclaration des sols africains sous l'influence de la colonisation*, Bruxelles, Imprimerie de l'Académie royale de Belgique, 1944, p. 214.
17. TOLNO, *Colonialisme et sous-développement en Afrique*, p. 10.
18. Jules Kouassi ADJA, *Évangélisation et colonisation au Togo. Conflits et compromissions*, Paris, L'Harmattan, 2009, p. 104.

sans la permission du gouvernement colonial. Et cette permission, malgré sa valeur juridique, ne doit pas être un prétexte pour confondre les colons avec les missionnaires. D'ailleurs, le gouvernement colonial était souvent en conflit avec les missionnaires, parce que ces derniers étaient plus proches des Africains. Ils les visitaient dans leurs maisons, les soignaient quand ils étaient malades, et s'occupaient de la formation des enfants africains. En effet, si on interroge l'histoire de la mission, on peut aisément constater que dans tous les travaux des sociétés missionnaires, la promotion de l'éducation des Africains occupait une place de choix. Les missionnaires avaient la volonté de former les Africains pour qu'ils parviennent à retrouver leur dignité et leur identité longtemps bafouées par le système colonial. Ainsi ces activités missionnaires en faveur des Africains devenaient source de tension entre gouvernement colonial et sociétés de mission.

Historique de l'installation des sociétés missionnaires en Afrique

Pour éviter toute confusion à propos de la conversion des Africains à Christ, il est important de souligner le fait historique suivant : l'annonce de l'Évangile aux Africains a précédé l'arrivée des sociétés missionnaires en Afrique. Cela se vérifie par le témoignage de l'Écriture qui parle clairement « des enfants d'Abraham en Afrique, Joseph en Afrique, Moïse en Afrique, Marie, Joseph et Jésus en Afrique[19] ». L'Écriture cite également les noms de Simon de Cyrène, l'Africain qui a porté la croix derrière Jésus (Lc 23.26), et d'Apollos, originaire d'Alexandrie, qui venait à Éphèse et à Corinthe pour enseigner (Ac 18.24 ; 19.1 ; 1 Co 3.6). Elle mentionne en outre la présence d'Égyptiens et de Libyens à la Pentecôte (Ac 2.10). Ces témoignages textuels suffisent pour dire qu'avant l'introduction des sociétés missionnaires en Afrique, certains Africains avaient déjà cru à l'Évangile, et joué un rôle déterminant dans l'évolution de la pensée chrétienne. S'ajoutent encore les grands théologiens des premiers siècles de notre ère, comme Tertullien et Cyprien de Carthage, Origène et Athanase d'Alexandrie, et Augustin d'Hippone, dont l'autorité dans la définition des termes clefs du christianisme s'impose en Occident comme en Orient[20]. Cela oblige à abandonner les thèses de nombreux théologiens occidentaux et africains qui soutiennent toujours encore l'idée que

---

19. Thomas C. ODEN, *Comment l'Afrique a façonné la pensée chrétienne. La redécouverte du terreau du christianisme occidental*, trad. Alain Bouffartigues, Saint Albain, Publications pour la Jeunesse africaine, 2011, p. 13.
20. ODEN, *Comment l'Afrique a façonné la pensée chrétienne*, p. 15 ; FALK, *La croissance de l'Église en Afrique*, p. 1.

l'évangélisation des Africains a commencé à partir de l'apparition des sociétés missionnaires en Afrique.

En considérant ce qui précède, on comprend aisément que l'Église a été présente en Afrique plus de mille ans avant l'arrivée des sociétés missionnaires. Une telle conception de l'évangélisation des Africains soulève d'autres questions, comme celle-ci : si l'Église a existé en Afrique mille ans avant l'arrivée des sociétés missionnaires, pourquoi celles-ci sont-elles parties évangéliser les Africains ?

La réponse se trouve dans l'histoire de cette Église africaine connue dans le monde antique pour la qualité de ses institutions de formation et la pertinence de sa théologie[21]. Quelques siècles après le début de l'ère chrétienne, l'Église africaine fut affaiblie par les invasions vandales et arabes au point de donner l'impression que l'Évangile n'avait jamais été annoncé aux Africains. Ce fut l'élément déclencheur du mouvement missionnaire vers l'Afrique. Mais il a fallu attendre le début du XVIIIe siècle pour voir l'arrivée de plusieurs mouvements missionnaires en Afrique. L'espace limité de ce chapitre ne permet pas de présenter toutes ces missions. C'est pourquoi on mentionnera[22], de façon sélective : la *London Missionary Society* (LMS, fondée en 1795), la *Church Missionary Society* (CMS, 1799), la Mission de Bâle (1815), la Société des missions évangéliques de Paris (SMEP, 1822), la Mission à l'intérieur du Soudan (SIM, 1893), la Mission à l'intérieur de l'Afrique (AIM, 1895), l'Alliance chrétienne et missionnaire (CMA, 1897), la Mission unie du Soudan (SUM, 1903, plus tard Vision Africa, VIA), la Croisade pour l'évangélisation du monde, devenue l'Alliance Évangélique Mondiale (WEC-AEM, 1913)[23]. C'est dans cette effervescence missionnaire que sont nées plusieurs missions francophones. Parmi elles on peut citer la Mission Philafricaine (aujourd'hui Alliance Missionnaire Évangélique, AME), fondée par le Suisse romand Héli Châtelain (1859-1908), et la Mission biblique en Côte d'Ivoire[24].

---

21. En parlant des institutions de formation, Thomas Oden cite la bibliothèque d'Alexandrie qui était sans égale et qui fut un modèle pour les bibliothèques universitaires de toute l'Europe. Pendant cinq siècles elle est restée sans rivale. Comme institution de formation de l'époque il mentionne également le mouvement monastique qui s'était déjà solidement établi en Afrique bien avant l'époque de Benoît de Nursie (480-550). ODEN, *Comment l'Afrique a façonné la pensée chrétienne*, p. 56.
22. Solomon ANDRIA, *Église et Mission à l'époque contemporaine*, Yaoundé, CLÉ, 2007, p. 27.
23. Hannes WIHER, « Édimbourg 1910 et son centenaire », *Théologie évangélique* 10, 1, 2011, p. 65.
24. Bernard HUCK, « Quelques échos historiques du mouvement missionnaire francophone », in *La mission de l'Église au XXIe siècle. Les nouveaux défis*, sous dir. Hannes WIHER, Paris, Excelsis, 2010, p. 30.

À cette époque, la mission était essentiellement dirigée par les Occidentaux. Cependant, dans plusieurs sociétés missionnaires on rencontrait des métis avec une formation acquise en Occident, comme Thomas Birch Freeman et Jacob Protten[25]. Les missions collaboraient aussi avec des pionniers autochtones. Parmi les plus célèbres on mentionnera William Wade Harris en Côte d'Ivoire, Samuel Ajayi Crowther au Nigéria, et Simon Kimbangu au Congo belge (aujourd'hui Congo RDC)[26]. Tels sont les points saillants de l'évangélisation de l'Afrique à l'époque coloniale.

La mission de l'Église en Afrique au lendemain des indépendances

En considérant les méfaits de la colonisation, les Africains aspiraient à l'indépendance de leurs pays. Ils pensaient retrouver leur dignité et leur identité longtemps confisquées par les puissances coloniales engagées dans un pillage systématique du continent africain. Mais il fallut attendre la période après la deuxième Guerre Mondiale pour voir cet espoir devenir une réalité concrète. C'est avec satisfaction et détermination que les Africains ont accueilli ce soleil des indépendances. Ils ont malheureusement très vite perdu cet enthousiasme et se sont retrouvés en face de dictatures sanglantes qui n'ont que trop duré. Notons que les régimes dictatoriaux en Afrique avaient horreur « des notions comme liberté d'expression et d'association, liberté de penser et de mouvement, démocratie, justice, partis politiques, élections, transparence, orthodoxie financière, budget[27] ». Cela a créé en Afrique un climat de misère, de haine, de violence et de peur, de corruption et d'ethnocentrisme impropre à tout développement.

---

25. Thomas Birch Freeman est considéré comme l'artisan de la Mission Méthodiste en Afrique de l'Ouest. Il était un métis né en Angleterre d'un ancien esclave antillais noir marié à une servante anglaise. Les Frères Moraves, de leur côté, ont initié la première activité missionnaire en Côte d'Or (Ghana) avec un autre métis Jacob Patten. Jean KOULAGNA, *Le christianisme dans l'histoire de l'Afrique*, Yaoundé, CLÉ, 2007, p. 146 ; Jacques BLANDENIER, *L'essor des missions protestantes. Du XIXe siècle au milieu du XXe siècle*, Précis d'histoire des missions vol. 2, Nogent-sur-Marne/Saint-Légier, Institut Biblique/Éditions Emmaüs, 2003, p. 327, 337-340.

26. Pour une étude approfondie de ces trois missionnaires africains voir KOULAGNA, *Le christianisme dans l'histoire de l'Afrique*, p. 146 ; René BUREAU, *Le prophète de la lagune. Les Harris de Côte d'Ivoire*, Paris, Karthala, 1996, p. 7-128 ; Marie-Louise MARTIN, *Église sans Européens (Le Kimbanguisme)*, Genève, Labor et Fides, 1972 ; Jean FAURE, *Histoire des missions et Églises protestantes en Afrique occidentale des origines à 1884*, Yaoundé, CLÉ, 1978 ; BLANDENIER, *L'essor des missions protestantes*, p. 329-337, 355-361.

27. Masumbuko MUMUNGUN, *Pouvoir et espoir en Afrique. 50 ans d'indépendance, et après ?* Paris, L'Harmattan, 2012, p. 67.

Au cours des deux premières décennies des indépendances, les rapports entre Église et État étaient émaillés d'hostilité. Jean Koulagna témoigne de cette triste réalité en notant que « dans les États où les leaders ont pris l'option marxiste, comme au Congo-Brazzaville, l'hostilité à l'égard des Églises a souvent conduit à une sorte de musellement de celles-ci, qui se traduit par l'expulsion ou l'assassinat des missionnaires et par toutes sortes de mesures vexatoires[28] ».

Comme exemple de cette phase historique on prendra la République de Guinée. Après le « non héroïque[29] » du peuple guinéen à l'impérialisme français, le pays fut gouverné par le Parti Démocratique de la Guinée (PDG), avec Sékou Touré à sa tête. Après avoir divorcé d'avec l'entreprise coloniale, Sékou Touré s'attaquera à l'entreprise missionnaire. Dès 1961, le régime de Sékou Touré procéda à la suppression des mouvements catholiques et à la nationalisation des écoles chrétiennes catholiques et protestantes. En 1967, tous les missionnaires expatriés (catholiques et protestants) furent expulsés, à l'exception des cinq missionnaires de la CMA qui étaient enseignants et qui ont eu le droit de rester à l'Institut Biblique de Télékoro. Le maintien de ce droit de résidence fut possible grâce à la médiation du président de l'Église Protestante Évangélique de Guinée (EPEG), Paul Kéita, et du directeur de la mission CMA, Paul Ellenberger. La liberté de ces cinq missionnaires était cependant très limitée. Ils ne pouvaient se déplacer à l'intérieur du pays sans l'avis des autorités administratives. Ce rapatriement des missionnaires a ralenti l'implantation d'Églises en Guinée[30]. Le cas du Cameroun est un autre exemple parlant. Car, « de juillet 1959 à septembre 1960, l'Ouest du Cameroun fut le théâtre d'une succession de violences dirigées contre les prêtres et les religieux de Sacré Cœur[31] ».

Il semble important de relever que les Églises nées des sociétés missionnaires étaient au début dirigées par les missionnaires. Mais après quelques décennies de travail, la plupart des Églises ont obtenu leur autonomie administrative et missionnaire. Ce fut le but d'une importante conférence tenue à Ibadan au Nigéria en 1958 où les Églises africaines ont prouvé qu'elles voulaient aussi prendre en

---

28. Koulagna, *Le christianisme dans l'histoire de l'Afrique*, p. 182.
29. Lanciné Kaba, *Le « non » de la Guinée à De Gaulle*, Paris, Chaka, 1990, p. 147.
30. Daniel Fara Tolno, « Défis d'implantation d'Églises parmi les Peuls du Fouta-Djallon en Guinée Conakry. Essai d'une réflexion missiologique », mémoire présenté à la Faculté de Théologie Évangélique de l'Alliance Chrétienne (FATEAC), Abidjan, Côte d'Ivoire, 2005, p. 30.
31. On se rappelle qu'en août 1959 le père Mussolin fut tué à Bouaberi alors que les frères Bernard de Dschang et Manomi de Bandjoun et le père Albani réussissaient à peine à sauver leur vie dans les principales villes de l'Ouest. En novembre le père Héberlé fut assassiné avec le frère Sarron. Koulagna, *Le christianisme dans l'histoire de l'Afrique*, p. 182.

main leur responsabilité missionnaire[32]. Alors s'ouvre une nouvelle ère : celle de l'évangélisation des Africains par les Africains.

Pourquoi l'évangélisation des Africains par les Africains ?

En évangélisant l'Afrique, les missionnaires expatriés n'ont pas ignoré le rôle prépondérant des chrétiens africains. Partant de cette réalité, les missiologues Rufus Anderson et Henry Venn ont élaboré au XIXe siècle la formule des trois autonomies. Elle signifie que « l'Église indigène » est une communauté chrétienne qui produit ses propres leaders (auto-gouvernance), qui possède ses propres structures et ressources (autosuffisance) et qui est capable de se développer (auto-propagation) sans dépendre des organisations missionnaires qui sont à son origine[33]. En tenant compte de cette formule, il était donc nécessaire, après quelques décennies de travail missionnaire, de passer le flambeau aux Églises naissantes pour la poursuite de la mission. C'est donc l'ère de la nouvelle évangélisation de l'Afrique qui s'ouvre. Désormais « la mission de l'Église n'est plus menée par les missionnaires occidentaux, mais plutôt par des fils et filles du continent africain[34] ». Cette prise de conscience missionnaire indique la maturité de l'Église et la capacité des agents missionnaires africains à s'approprier l'Évangile dans leur propre culture. Cet effort d'appropriation de l'Évangile en tenant compte des catégories culturelles a contribué à l'émergence du thème de la contextualisation. Perçue comme un acte d'amour qui consiste à faire pénétrer l'Évangile dans une culture donnée, celle-ci ne devra pas être vue comme une transplantation de l'Église occidentale en Afrique, mais comme la recherche d'une identité ecclésiale autochtone avec les perspectives de la culture africaine. L'avantage d'une telle méthodologie est d'étudier l'histoire chrétienne locale selon ses propres termes, en vue de permettre aux personnes impliquées de raconter l'histoire du salut selon leur propre point de vue.

L'évangélisation des Africains par les Africains a contribué à la prolifération des Églises autochtones. Cette explosion de l'Église africaine a contribué au fait que « le centre de gravité du christianisme s'est déplacé vers l'hémisphère Sud, et probablement en Afrique », comme l'affirment Andrew Walls et son disciple

---

32. Roger MEHL, *Décolonisation et missions protestantes*, Paris, SMEP, 1964, p. 107.
33. Achiel PEELMAN, *L'inculturation. L'Église et les cultures*, Paris, Desclée/Novalis, 1989, p. 26. Cf. Achiel PEELMAN, *Les nouveaux défis de l'inculturation*, Ottawa/Bruxelles, Novalis/Lumen Vitae, 2007, p. 16.
34. Augustin Germain Mossomo ATEBA, *Enjeux de la seconde évangélisation de l'Afrique noire. Mémoire blessée et l'Église du peuple*, Paris, L'Harmattan, 2005, p. 188.

Kwame Bediako[35]. Cela signifie qu'aujourd'hui la responsabilité d'aller annoncer l'Évangile au monde incombe aux chrétiens des pays du Sud, donc aussi aux Africains[36]. On pourrait dire en d'autres termes que la croissance de l'Église africaine contribue substantiellement à la croissance du christianisme mondial. Selon les estimations de Pew Forum, il y a plus de 400 millions de chrétiens, soit plus de 40 % du milliard de la population africaine, et leur croissance est rapide[37]. De son côté, Hannes Wiher remarque que « l'Afrique est devenue un continent à majorité chrétienne, représentant 22 % des chrétiens[38] ». David Barrett va plus loin dans ses projections. Il considère que « si le taux de croissance actuelle se maintient, il y aura, en 2025, 633 millions de chrétiens en Afrique[39] ». Ce déplacement du centre de gravité du christianisme vers l'hémisphère Sud s'explique aussi par l'ouverture de grands centres de réflexion théologique en Afrique. Il s'agit notamment de Nairobi, Johannesburg, Accra, Kinshasa et Abidjan qui attirent non seulement des Africains, mais aussi des Occidentaux. C'est ainsi que l'Église africaine marque son empreinte dans la pensée chrétienne du XXIe siècle.

Cependant cette évangélisation des Africains par les Africains doit affronter plusieurs difficultés : la corruption, l'injustice, la pauvreté, les guerres civiles, qui saignent davantage l'Afrique et interpellent les Africains, les incitant à se demander si le centre de gravité du christianisme s'est vraiment déplacé en Afrique. À ces innombrables défis s'ajoute la montée des courants islamistes qui sèment la terreur parmi les peuples et donnent l'impression que l'islam est la religion de la majorité des Africains. En dépit de ces constats, la nouvelle évangélisation de l'Afrique ne doit-elle pas faire face à ces multiples défis pour que le centre de gravité du christianisme assume pleinement sa place en Afrique ? Pour y parvenir, l'Église africaine se doit d'approfondir l'étude de l'Écriture afin que, par elle, le plus grand nombre puisse accepter Jésus-Christ comme Sauveur et qu'ainsi leur vie personnelle et la société africaine soient transformées.

---

35. ANDRIA, *Église et Mission à l'époque contemporaine*, p. 25.
36. Si le centre de gravité du christianisme s'est déplacé vers l'hémisphère sud, cela inclut l'Afrique, l'Amérique latine et l'Asie (avec notamment l'Inde, la Chine et la Corée).
37. ODEN, *Comment l'Afrique a façonné la pensée chrétienne*, p. 9.
38. Todd M. JOHNSON et Kenneth R. ROSS, *Atlas of Global Christianity 1910-2010*, Édimbourg, Edinburgh University Press, 2009, p. 8, cité dans WIHER, « Édimbourg 1910 et son centenaire », p. 71. Wiher y constate aussi que l'Asie représente 15 % des chrétiens, l'Amérique latine 24 %, l'Europe 26 %, et l'Amérique du Nord 12 %. En 1910, 93 % des chrétiens habitaient l'hémisphère Nord et seulement 7 % l'hémisphère Sud (66 % d'Européens et 27 % d'Américains). Mais en 2010, 62 % des chrétiens habitent l'hémisphère Sud. *Ibid*.
39. David BARRETT cité dans ODEN, *Comment l'Afrique a façonné la pensée chrétienne*, p. 9.

Conclusion

L'histoire de l'évangélisation de l'Afrique situe ses origines dès le premier siècle de l'ère chrétienne. Au cours de son histoire, cet élan missionnaire fut affaibli par les invasions vandales et musulmanes. Pour voir relancer l'œuvre missionnaire en Afrique, il a fallu attendre le XVIe siècle, et puis le début du XIXe siècle où les sociétés missionnaires viennent s'implanter en Afrique. Cette phase d'évangélisation s'est déroulée dans un contexte d'humiliation et de spoliation du continent africain. C'est donc dans ce contexte mitigé que les sociétés missionnaires ont repris le travail missionnaire qui avait commencé dès le premier siècle de l'ère chrétienne. Pendant cette longue période, l'activité missionnaire en Afrique a été essentiellement l'apanage des Églises et des missions occidentales. Conscients de la maturité de l'Église africaine et de la spécificité de la culture africaine, les missionnaires expatriés dans un système culturel qui n'était pas le leur, ont compris la nécessité que les Africains poursuivent eux-mêmes le travail commencé il y a 2000 ans. C'est le moment où les Africains furent appelés à apporter l'Évangile aux Africains.

Dans cette nouvelle évangélisation des Africains, les agents de la mission devront faire face aux maux qui rongent le continent africain et qui rendent difficile la compréhension de l'impact de l'Évangile en Afrique. Pour éradiquer le mal, l'Église africaine doit toujours renouveler son pouvoir d'attraction par la connaissance de l'Écriture et la proclamation de l'Évangile.

Pour aller plus loin

ADJA, Jules Kouassi, *Évangélisation et colonisation au Togo. Conflits et compromissions*, Paris, L'Harmattan, 2009.

ANDRIA, Solomon, *Église et Mission à l'époque contemporaine*, Yaoundé, CLÉ, 2007.

ATEBA, Augustin Germain Mossomo, *Enjeux de la seconde évangélisation de l'Afrique noire. Mémoire blessée et l'Église du peuple*, Paris, L'Harmattan, 2005.

BLANDENIER, Jacques, *Précis d'histoire des missions, vol. 1 : L'évangélisation du monde. Des origines au XVIIIe siècle, vol. 2 : L'essor des missions protestantes. Du XIXe siècle au milieu du XXe siècle*, Nogent-sur-Marne/Saint-Légier, Institut Biblique/Emmaüs, 1998-2003.

CADIER, Pierre, « Samuel Ajayi Crowther. L'esclave devenu évêque anglican », *Perspectives missionnaires* 49, 1, 2005, p. 62-67.

CHANSON, Philippe, « Esclavage (mémoire de l') », in *Dictionnaire œcuménique de missiologie. Cents mots pour la mission*, sous dir. Ion BRIA *et al.*, Paris/Genève/Yaoundé, Cerf/Labor et Fides/CLÉ, 2001, p. 110-115.
DECORVET, Jeanne, *Samuel Ajayi Crowther. Un père de l'Église en Afrique noire*, Paris/La Côte-aux-Fées, Cerf/Groupes Missionnaires, 1992 ; nouvelle édition augmentée, Saint-Légier, Emmaüs, 2011.
DIOP, Cheikh Anta, *L'Afrique noire précoloniale*, Paris, Présence Africaine, 1974.
DJOSSOU, Jean Maurice, *L'Afrique, le GATT et l'OMC. Entre territoires douaniers et régions commerciales*, Paris, L'Harmattan, 2000.
FALK, Peter, *La croissance de l'Église en Afrique*, Kinshasa, Institut Supérieur Théologique de Kinshasa, 1985.
FAURE, Jean, *Histoire des Missions et Églises Protestantes en Afrique occidentale des origines à 1884*, Yaoundé, CLÉ, 1978.
HARROY, Jean Paul, *Afrique, terre qui meurt. La déclaration des sols africains sous l'influence de la colonisation*, Bruxelles, Imprimerie de l'Académie royale de Belgique, 1944.
HUCK, Bernard, « Quelques échos du mouvement missionnaire francophone », in *La mission de l'Église au XXIe siècle. Les nouveaux défis*, sous dir. Hannes WIHER, Charols, Excelsis, 2010, p. 25-34.
KABA, Lanciné, *Le « non » de la Guinée à De Gaulle*, Paris, Chaka, 1990.
KOULAGNA, Jean, *Le christianisme dans l'histoire de l'Afrique*, Yaoundé, CLÉ, 2007.
MARTIN, Marie-Louise, *Église sans Européens (Le Kimbanguisme)*, Genève, Labor et Fides, 1972.
MUMUNGUN, Masumbuko, *Pouvoir et espoir en Afrique. 50 ans d'indépendance, et après ?* Paris, L'Harmattan, 2012.
ODEN, Thomas C., *Comment l'Afrique a façonné la pensée chrétienne. La redécouverte du terreau du christianisme occidental*, trad. Alain Bouffartigues, Saint Albain, Publications pour la Jeunesse africaine, 2011.
PEELMAN, Achiel, *L'inculturation. L'Église et les cultures*, Paris, Desclée/Novalis, 1989.
QUENUM, Alphonse, *Évangéliser hier, aujourd'hui. Une vision africaine*, Abidjan, ICAO, 1999.
QUENUM, Alphonse, *Les Églises chrétiennes et la traite atlantique du XVe au XIXe siècle*, Paris, Karthala, 1993.
SHANK, David, « Bref résumé de la pensée du prophète William Wade Harris », *Perspectives missionnaires* 5, 1983, p. 34-44.
STAMM, Anne, *L'Afrique de la colonisation à l'indépendance*, Paris, PUF, 1998.
STEFFEN, Tom A., *Passing the Baton. Church Planting that Empowers*, La Habra, Center for Organizational & Ministry Development, 1997.

TOLNO, Charles Pascal, *Colonialisme et sous-développement en Afrique*, Conakry, Imprimerie U.P.O., 1991.

TOLNO, Fara Daniel, « Défis d'implantation d'Églises parmi les Peuls de la Guinée Conakry », mémoire présenté à la Faculté de Théologie Évangélique de l'Alliance Chrétienne, Abidjan, Côte d'Ivoire, 2005.

VELLUT, Jean-Luc, *Simon Kimbangu, 1921. De la prédication à la déportation. Les sources*, vol. 1, Fonds missionnaires protestants/Alliance missionnaire suédoise, Bruxelles, Académie royale des sciences d'outre-mer, 2005.

WIHER, Hannes, « Edimbourg 1910 et son centenaire », *Théologie Évangélique* 10, 1, 2011, p. 61-84.

WIHER, Hannes, *L'Évangile et la culture de honte en Afrique Occidentale*, Mission Scripts 21, Bonn, VKW, 2003.

ZORN, Jean-François, « Colonisation et décolonisation », in *Dictionnaire æcuménique de missiologie. Cents mots pour la mission*, sous dir. Ion BRIA et al., Paris/Genève/Yaoundé, Cerf/Labor et Fides/CLÉ, 2001, p. 53-55.

ZORN, Jean-François, *Le grand siècle d'une mission protestante. La Mission de Paris de 1822 à 1914*, Paris, Karthala/Les Bergers et les Mages, 1993.

3

Avancée de l'islam et du christianisme en Afrique francophone

Moussa Bongoyok

Introduction

L'islam tel qu'il est vécu en Europe n'est pas exactement le même au Proche Orient, en Asie du Sud-Est, en Amérique du Nord ou en Afrique. Chaque contexte semble lui donner une forme particulière. Jean-Claude Froelich est même allé jusqu'à se demander « si, lorsque l'islam convertit les Noirs, ceux-ci à leur tour ne convertissent pas l'islam[1] ». La même remarque est valable pour le christianisme. L'islam et le christianisme en Afrique, et plus précisément en Afrique francophone[2] qui nous intéresse particulièrement, présentent des traits distinctifs qui sont très complexes. À cette complexité culturelle et religieuse vient s'ajouter le dynamisme des deux religions. Entreprendre une étude comparative de l'avancée de ces deux religions en Afrique francophone est manifestement une œuvre de grande envergure. On ne saurait prétendre en faire une étude

---

1. Jean-Claude FROELICH, *Les musulmans d'Afrique Noire*, Paris, Orante, 1962, p. 122. Cf. David ROBINSON, *Muslim Societies in African History*, New York, Cambridge University Press, 2004, p. 42-59.
2. Trente et un pays africains sont membres de l'Organisation Internationale de la Francophonie.

exhaustive en un seul chapitre. Au lieu d'une approche comparative classique, on se limitera à une étude très succincte axée sur l'avancée de l'islam[3].

Le choix de cette méthodologie se justifie d'abord par le fait d'une relative abondance de la littérature sur le christianisme en Afrique francophone comparativement aux rares publications sur l'islam dans la même région. Concrètement, on parlera plus amplement de l'avancée de l'islam en Afrique et on se contentera de faire quelques allusions rapides au christianisme sous chaque rubrique abordée. Ensuite, le christianisme étant traversé par une diversité de courants théologiques, il convient de signaler dès le départ que l'auteur appartient à la sensibilité évangélique. On ne perdra pas non plus de vue que chaque courant théologique comporte des forces et des faiblesses. Toutefois, on s'efforcera d'aborder le sujet avec toute l'objectivité nécessaire.

On traitera de la pénétration de l'islam en Afrique francophone, de son expansion, de ses traits caractéristiques actuels, tout en relevant les grandes similitudes et divergences avec les aspects congénères du développement du christianisme dans le même contexte.

Pénétration de l'islam et du christianisme en Afrique

Pour mieux comprendre l'entrée de l'islam sur le continent africain et ainsi faire une comparaison avec celle du christianisme, on s'intéressera à ses débuts.

Les débuts de l'islam en Afrique

L'islam est entré en Afrique par la porte de l'Est et par celle du Nord. La porte du Nord est cependant la plus importante pour l'étude de l'islam en Afrique francophone d'autant plus que l'Algérie, l'Égypte, le Maroc, la Mauritanie et la Tunisie sont des pays membres de l'Organisation Internationale de la Francophonie (O.I.F.).

Toutefois, pour être fidèle à l'histoire, il convient de souligner que les premiers musulmans à fouler le sol africain vinrent du côté Est en l'an 615 après Jésus-Christ. Ils ne sont pas venus afin de propager leur nouvelle religion, mais pour échapper à la persécution. Ils ont d'ailleurs été chaleureusement accueillis

---

3. L'auteur de ce chapitre a écrit un livre sur l'islam en Afrique qui entrera dans plus de détails : *Islam en Afrique*, à paraître en décembre 2017 aux éditions Presses Universitaires de Mokolo (PUM).

à la cour du royaume d'Axoum (l'actuelle Éthiopie[4]). La position géographique du continent a joué un très grand rôle dans la propagation de l'islam en Afrique[5].

Il a fallu attendre l'an 639, date à laquelle « le général arabe Amr Ibn Al Aç pénètre en Égypte[6] » pour que commencent les véritables conquêtes islamiques sur le sol africain. La conquête de l'Égypte n'a duré que trois ans (639-642). Robert et Marianne Cornevin relèvent que les Arabes ont été accueillis en libérateurs par les chrétiens coptes persécutés depuis le concile de Chalcédoine (451). En effet, « depuis 631, Cyrus avait appliqué une loi répressive à l'égard de l'Église copte[7] ». Ils se réjouissaient alors de voir que les Arabes venaient combattre leurs oppresseurs grecs (les Byzantins[8]) dont ils espéraient le proche départ après une brève razzia[9].

La situation devait malheureusement empirer pour eux. De 642 à 714, les chrétiens ont été tolérés, mais « à partir de 715 les fonctionnaires provinciaux chrétiens furent systématiquement remplacés par des musulmans[10] ». Les coptes se révoltèrent en 725 dans le delta et en 739 en Haute Égypte. Il y a eu bain de sang. En effet, la pression islamique contre les chrétiens coptes était vraiment forte[11]. L'islamisation forcée de l'Égypte « culminera au XIVe et XVe siècles dans les persécutions contre les chrétiens[12] ».

La suite

L'Égypte est donc le premier pays africain à être islamisé. Il joue aussi un rôle de premier plan dans l'éducation religieuse islamique tant en Afrique que dans tout le monde musulman. Le Caire, la capitale d'Égypte, a aussi jusqu'aujourd'hui le statut de capitale intellectuelle de l'islam. C'est là en effet que se trouve l'université islamique d'al-Azhâr fondée en l'an 969 de l'ère chrétienne par le général shi'ite fatimide Jawhar en même temps que la ville du Caire[13]. Si la

---

4. Appelé aussi Abyssinie.
5. Robert CORNEVIN & Marianne CORNEVIN, *Histoire de l'Afrique*, Paris, Payot, 1966, p. 109 ; Roland OLIVIER, *A Short History of Africa*, Victoria, Penguin Books, 1970, p. 66-68.
6. CORNEVIN & CORNEVIN, *Histoire de l'Afrique*, p. 110.
7. Peter FALK, *La croissance de l'Église en Afrique*, Kinshasa, ETK, 1985, p. 35.
8. L'Empire byzantin était un empire chrétien gréco-oriental, héritier de l'empire romain (330-1453).
9. CORNEVIN & CORNEVIN, *Histoire de l'Afrique*, p. 110.
10. *Ibid.*, p. 122.
11. C'est d'ailleurs dans la même période que l'arabisation officielle a été décrétée.
12. Ype SCHAAF, *L'histoire de la Bible en Afrique*, Lavigny, Groupes Missionnaires, 1994, p. 23.
13. Joseph M. CUOQ, *Les musulmans en Afrique*, Paris, Maisonneuve/Larose, 1975, p. 16.

conquête de l'Égypte a été relativement facile, celle du pays berbère (Afrique du Nord) a été plus rude à cause des massifs montagneux et des lisières désertiques où les Berbères trouvaient refuge. Il a fallu soixante-trois ans de guerre sainte (647-710) pour conquérir cette région. Des royaumes autonomes musulmans arabo-berbères furent mis en place, quasiment indépendants du Califat. La totalité du Maghreb a été ainsi conquise.

Après la conquête de la partie septentrionale du continent, l'islam s'est étendu petit à petit au Sud du Sahara. À partir du VIIe siècle l'islam s'est infiltré en Afrique de l'Est par la voie commerciale, depuis des ports de la Mer Rouge tels que Badi, Ayn Dhab et Suakin et depuis l'archipel de Dahlak après 702 ap. J.-C.[14]. Il existe quelques ressemblances entre l'islamisation de l'Afrique de l'Est et celle de l'Afrique australe (et des îles). Les premiers contacts de l'Afrique australe avec les Arabes furent en effet établis dans un domaine essentiellement commercial. Plus tard les comptoirs commerciaux fondés entre les VIIIe et IXe siècles sont devenus de véritables villes.

Quant à l'islamisation de l'Afrique de l'Ouest, elle est plus riche en péripéties. Boer la résume d'une manière intéressante en ces termes :

1. IXe au Xe siècles : islam des commerçants (les Almoravides Berbères de l'Afrique du Nord)
2. X^e au XVIIe siècles : islam des dirigeants (les grands empires)
3. XIIe au XIIIe siècles : islam des érudits (centralisé à Tombouctou)
4. XVIIIe au XIXe siècles :
    a. islam des prédicateurs et des saints (les mouvements Qadiriyya et Tijaniyya)
    b. islam des États théocratiques (non seulement les dirigeants mais l'État devient musulman, notamment l'empire peul).
5. XIXe siècle à la première moitié du XXe siècle : islam de l'époque coloniale (expansion de l'islam surtout parmi les Yoruba)
6. Deuxième moitié du XXe siècle : islam dans les États indépendants[15].

L'Afrique centrale, elle, est d'une manière générale restée longtemps à l'abri de l'islam. Ceci est en partie dû aux conditions géographiques (forêts, savanes arbustives) qui ne facilitaient pas la tâche aux conquérants musulmans. Bien qu'il y ait eu des relations commerciales avec certains pays musulmans, la

---

14. I.M. Lewis, *Islam in Tropical Africa*, Zaria, International Africa Seminar, 1980, p. 4.
15. Harry Boer, *A Brief History of Islam*, Ibadan, Daystar Press, 1968, p. 108.

première influence remarquable de l'islam ne s'est fait sentir qu'au XVIe siècle avec l'avènement des royaumes du Kanem et de Bornou. L'influence s'étendit principalement au Nord du Cameroun et au Tchad actuels. Les royaumes bantous dans la région du Congo sont restés animistes. C'est pratiquement avec les conquêtes peules au XIXe siècle que le Nord du Cameroun sera véritablement islamisé de force par les conquérants venus du Nigéria, dont Adama était le général. Les zones de forêt sont pratiquement restées à l'abri de l'islam jusqu'à la période de la colonisation et des indépendances où, les voies de communication aidant, les centres urbains ont été atteints par l'islam.

Similitudes et divergences entre les débuts de l'islam et la pénétration du christianisme en Afrique

Si la pénétration chrétienne s'est faite par des moyens pacifiques, contrairement à l'islam qui a parfois eu recours à la guerre sainte, il faut noter que dans les deux cas elle ne s'est pas faite sans résistance de la part des populations locales. D'une manière générale, le christianisme était déjà présent en Afrique dès le Ier siècle. Le livre des Actes mentionne d'ailleurs plusieurs noms d'Africains. L'histoire de la mission retient aussi que Jean-Marc fut missionnaire en Afrique du Nord. Mais, dans la grande majorité des pays francophones, l'islam a précédé le christianisme et y a souvent opposé une résistance farouche. La situation était d'autant plus confuse pour les populations locales que, très souvent, les colons et les missionnaires arrivaient à bord d'un même bateau.

Avant de clore cette section sur la pénétration de l'islam en Afrique, force est de relever que si, contrairement à l'Église du pays berbère (Afrique du Nord), celles d'Égypte et d'Éthiopie ont pu mieux résister aux assauts de l'islam, c'est parce que l'Église copte était implantée dans chaque région du pays et touchait à toutes les classes sociales. En outre, l'Écriture était traduite et enseignée dans la langue du peuple. Ceci devrait donner des leçons aux Églises contemporaines d'Afrique et d'ailleurs. Mais, au-delà de ces considérations, le succès et l'expansion de l'islam peuvent s'expliquer par plusieurs facteurs, notamment la multiplicité de ses approches missionnaires.

Facteurs d'expansion de l'islam en Afrique

Cette section mettra en évidence les facteurs qui ont permis la propagation de l'islam en Afrique. À partir de là, il sera aisé de voir en quoi l'expansion chrétienne s'en distingue sur ce point. L'islam a connu une expansion impressionnante en

Afrique. Sans prétendre en faire le tour complet, on évoquera, autant que faire se peut, les principaux facteurs d'expansion de l'islam sur le sol africain.

Les commerçants furent les agents les plus actifs de la propagation de l'islam. La foi musulmane entre partout où se rendent les commerçants qui n'hésitent pas à exploiter leur position sociale, leur influence, leurs moyens financiers et leurs contacts pour faire du prosélytisme. Même la simple réussite matérielle des marchands musulmans a été un facteur d'expansion islamique[16].

À différentes phases de son évolution, l'islam a aussi de temps en temps utilisé les armes pour étendre la foi islamique. Ce n'est donc pas toujours par des moyens pacifiques que la religion musulmane s'est répandue sur le sol africain. Même si la population n'a pas toujours été amenée à choisir entre la mort et l'islam, comme ce fut malheureusement le cas quelquefois, en de nombreuses régions les musulmans ont pris de force le pouvoir et ont favorisé ouvertement ceux qui embrassaient l'islam. Les autres étaient humiliés, soumis à la servitude ou à de lourds impôts. On en arrive ainsi directement sur un terrain plus politique.

En effet, les musulmans « lièrent parti avec les éléments progressistes et mécontents ; si le roi se montrait animiste irréductible, une révolution de palais bien préparée donnait le pouvoir à un usurpateur compréhensif et déclenchait des conversions massives[17] ». Parfois le pays embrassa l'islam parce que son chef en avait décidé ainsi. Cette situation sera malheureusement renforcée sous l'ère coloniale et après les indépendances.

Les nouvelles routes et les moyens de transport introduits par les colons facilitèrent aussi l'accès aux zones jusque-là fermées à l'influence islamique. Les guerres mondiales exposèrent certains soldats africains animistes à l'influence islamique lors de leur séjour en Afrique du Nord et dans d'autres pays musulmans. Ce fut le cas des tirailleurs mossis, par exemple. À cela s'est ajoutée une certaine souplesse islamique qui avait le tact de s'adapter aux coutumes locales.

Les propagateurs de l'islam, généralement des hommes et des femmes ordinaires, étaient très souvent des Africains et vivaient au milieu de la population. Ils se livraient aux mêmes activités que les autres et parlaient la langue locale. Tout cela les rapprocha mieux de la population par rapport aux missionnaires blancs qui n'étaient pas si proches de la masse.

Le nomadisme pastoral a aussi joué et joue encore un rôle non négligeable dans la propagation de l'islam, en ce sens que les nomades islamisés ont apporté avec eux leur religion. C'est particulièrement remarquable pour les Peuls qui

---

16. Cf. René Luc MOREAU, *Africains musulmans*, Paris/Abidjan, Inades, 1982, p. 210.
17. FROELICH, *Les musulmans d'Afrique Noire*, p. 81.

continuent à propager l'islam dans tous les lieux où ils sont conduits par la recherche des pâturages, bien que ceux d'entre eux qui se sédentarisent soient souvent plus attachés à la foi musulmane que les Peuls de brousse.

L'un des traits caractéristiques de l'islam au sein de nombreux peuples musulmans d'Afrique est son attachement aux confréries. Depuis le XVIIIe siècle, l'islamisation de l'Afrique noire a été surtout l'œuvre des confréries religieuses dont les chefs spirituels sont censés détenir des pouvoirs surnaturels[18]. En dehors de l'activisme de ces confréries, les musulmans n'hésitent pas à proposer de l'argent, des biens matériels, des femmes, des postes de responsabilité élevés, des bourses d'études, du travail ou une promotion à ceux qui acceptent de s'islamiser. Ainsi, en Afrique francophone, de nombreux musulmans ne le sont pas par conviction doctrinale, mais par intérêt ou par crainte.

La multiplication biologique n'est pas le moins important des facteurs d'expansion islamique. Quand on considère le nombre de musulmans dans le monde, on peut a priori croire que l'islam gagne beaucoup d'adeptes d'autres religions. Ce n'est pas toujours le cas, car tout enfant qui naît de parents musulmans est automatiquement compté parmi les musulmans. Et comme la polygamie est largement pratiquée, ils se reproduisent biologiquement plus vite que les chrétiens.

Tous ces éléments auxquels s'ajoute une intense imitation musulmane des stratégies missionnaires chrétiennes[19], ont façonné l'islam actuel et nous permettent de mieux comprendre les tendances islamiques de nos jours.

Approches islamiques et chrétiennes comparées

L'islam et le christianisme sont tous deux des religions missionnaires dans le sens où les deux cherchent à diffuser leurs doctrines, à convaincre, à gagner des adeptes, et à implanter des lieux de culte en faveur de leurs groupes religieux. Toutefois, un terrain sur lequel les musulmans se distinguent des chrétiens est l'approche intégrale de l'islam. Contrairement au christianisme, l'islam ne fait aucune distinction entre la religion et la politique. Tous les moyens sont donc

---

18. Pour de plus amples détails sur ces confréries et sur d'autres encore, lire FROELICH, *Les musulmans d'Afrique Noire*, p. 211-263, 335-355 ; Seydou CISSÉ, *L'enseignement islamique*, Paris, L'Harmattan, 1992, p. 34-41 ; Hubert DESCHAMPS, *La religion de l'Afrique noire*, Paris, P.U.F., 1965, p. 87-99 ; Knuts S. VICTOR, « Sufi Brotherhoods in Africa », in *The History of Islam in Africa*, sous dir. Nehemia LEVTZION & Randall L. POUWELS, Athens, OH, Ohio University Press, 2000, p. 441-476.

19. John CHESTWORTH, « Fundamentalism and Outreach Strategies in East Africa », in *Muslim-Christian Encounters in Africa*, sous dir. Benjamin F. SOARES, Leyde, Brill, 2006, p. 159-186.

mis à profit pour valoriser l'islam, et la politique est ainsi mise au service de la religion.

Sans prôner le retour au « césaro-papisme » ou à la création d'États strictement chrétiens avec tous les risques de dérives autoritaires et injustes, il est bon de noter que les évangéliques des pays francophones doivent s'impliquer davantage dans la vie politique de leur pays, tout en imitant l'intégrité et la fidélité de personnages bibliques tels que Daniel et ses trois compagnons, Esther ou Néhémie.

Toutefois, il convient de relever que les mouvements de prière et les œuvres missionnaires se multiplient du côté chrétien, ce qui mérite d'être encouragé. Seulement, le risque de dérives sectaires est omniprésent d'une part et le danger de basculement dans des confrontations charnelles et violentes guette d'autre part. Ceci mérite la vigilance des dirigeants spirituels.

Islam et christianisme contemporains en Afrique francophone

Le développement suivant relève quelques traits saillants de l'islam tel qu'il est pratiqué de nos jours en Afrique francophone, ce qui permettra de faire une comparaison avec la pratique du christianisme.

L'islam contemporain

L'islam est en pleine progression en Afrique francophone. Aujourd'hui les zones les plus fortement islamisées sont l'Afrique du Nord, une grande partie de l'Afrique de l'Ouest, et une partie non négligeable de l'Afrique de l'Est. En Afrique australe et en Afrique centrale, c'est plutôt le christianisme qui est la religion dominante[20]. Deux formes d'islam semblent évoluer côte à côte en Afrique francophone ces dernières années : l'islam populaire et l'islamisme.

Nous entendons par « islam populaire » la symbiose « animisme – islam » observée dans les pratiques religieuses d'une grande partie de musulmans en Afrique francophone et ailleurs. En effet, un regard rapide sur les pratiques de l'islam populaire en Afrique noire permet de mentionner plusieurs aspects qui relèvent plus des traditions locales que du Coran et de la Sunna. Comme l'a si bien relevé Seeti Kwami Sidza, plus de trois principaux facteurs ont modifié « le comportement et l'attitude de l'islam en Afrique ». Ce sont notamment la

---

20. Jason MANDRYK, *Operation World*, Colorado Springs, Biblica, 2010.

tolérance, la notion du bonheur[21] et l'ésotérisme[22]. Ainsi, l'islam tel qu'il est pratiqué en Afrique est largement tolérant, orienté vers la recherche du bien-être physique et matériel de ses adeptes ou sympathisants, et le mysticisme. Un autre aspect qu'il convient d'ajouter, est le syncrétisme qu'on observe dans de nombreuses sociétés africaines où des valeurs islamiques ont été plus ou moins mélangées à d'autres valeurs religieuses africaines ou étrangères.

Contrairement à ce que d'aucuns penseraient, le phénomène de syncrétisme n'est pas l'apanage de l'Afrique noire ; il existe aussi au Maghreb. Voici, par exemple, ce qui a été dit par Abderrazaq Hammami au sujet du Tunisien moyen par exemple : « D'autres confondent avec l'islam la magie, le charlatanisme, la cartomancie, l'horoscope, la chiromancie, la divination, les soins par les amulettes, toutes pratiques venant des sociétés primitives[23] ». Dans son article « Church Planting Among Folk Muslim », Richard Love a relevé un point qu'on ne saurait perdre de vue : « Bien que les pratiques de l'islam populaire contredisent plusieurs aspects de l'islam officiel, ceux qui pratiquent l'islam populaire ne se voient pas comme étant syncrétistes. Ils se considèrent comme de vrais musulmans[24] ».

Si de nombreux musulmans d'Afrique francophone ne pratiquent pas régulièrement l'islam orthodoxe comme on l'a vu plus haut, il faut quand même relever que ces derniers temps, l'islamisme (l'islam radical) prend de l'ampleur. Les islamistes prônent un retour aux enseignements originaux de l'islam et veulent dépouiller l'islam des enseignements et pratiques peu orthodoxes.

L'Afrique du Nord était le champ privilégié de l'islam rigoriste. L'Afrique subsaharienne l'est aussi devenue depuis les années 1990 et semblent s'y enfoncer davantage depuis les attaques du 11 septembre 2001. Le « Printemps arabe » de l'an 2011 aidant, les islamistes gagnent plutôt du terrain en Tunisie, en Égypte, en Libye, en Algérie et au Maroc. Les pays de la zone sahélienne, tels que le Mali et le Niger, en subissent les effets de plein fouet, surtout avec la prise de l'Azawad (Nord-Mali) par le Mouvement National de la Libération de l'Azawad (MNLA) et le groupe islamiste Ansar Dine. À ce phénomène s'ajoutent les activités terroristes d'Al-Qaeda au Maghreb Islamique (AQMI) et de la secte Boko Haram

---

21. Toute pratique religieuse qui procure le bonheur est facilement acceptée dans le contexte africain.
22. Seeti Kwami Sidza, « L'islam en Afrique subsaharienne », in *Islam et christianisme en Afrique*, sous dir. Seeti Kwami Sidza & Komi Dzinyefa Adrake, Yaoundé, CLÉ, 2006, p. 92-95.
23. Abderrazaq Hammami, « L'islam entre la foi et la pratique », in *Vivant Univers* 406, juillet-août 1993, p. 36-37.
24. Richard D. Love, « Church Planting Among Folk Muslin », *International Journal of Frontier Mission* 11, 2, 1994, p. 87.

qui risquent d'éclabousser à court terme des pays tels que le Cameroun, le Tchad, le Benin et le Togo pour ne citer que ceux-là. Les autres pays d'Afrique (qu'ils soient francophones ou non) sont aussi dans le collimateur des islamistes, d'où la nécessité de se pencher sérieusement sur les causes profondes de l'islamisme et les réponses qui s'imposent, objet de la thèse de doctorat de l'auteur[25].

En somme, partout en Afrique francophone, l'islam se radicalise rapidement entraînant au passage d'amères situations et des scènes de violence qui n'épargnent personne. Ce qui se passe au Nord-Mali et au Nigéria en est d'ailleurs révélateur. Les victimes de l'islamisme se comptent parmi les chrétiens, les adeptes des religions traditionnelles africaines et même les musulmans.

Dynamismes actuels comparés de l'islam et du christianisme

S'il convient de noter que l'islam semble mieux s'adapter aux cultures des peuples d'Afrique francophone, avec un plus grand penchant syncrétiste, il faut admettre également que l'islamisme est en plein éveil avec des progrès fulgurants accélérés par le Printemps arabe. Du côté chrétien, le syncrétisme fait également rage au sein de la nouvelle génération de chrétiens (de plus en plus nominaux), en perte de repères. À cela s'ajoutent l'influence des doctrines tendancieuses telle que la théologie de la prospérité et la prolifération des sectes ou Églises à tendance sectaire. L'Afrique francophone vit ainsi une saison particulière de son histoire. L'islam croît rapidement, le christianisme aussi. L'islam et le christianisme sont plus agressifs dans les activités missionnaires. Plus grave : dans les deux religions, les « fondamentalistes » croissent plus vite que les modérés, ce qui fait redouter, à court terme, des risques de confrontations violentes même dans les pays francophones qui sont encore à l'abri du militantisme religieux avec ses regrettables dérives.

Conclusion

Le christianisme et l'islam présentent des similitudes et des divergences tant dans leurs débuts que dans leurs évolutions actuelles. Les deux religions sont solidement enracinées en Afrique francophone et en pleine expansion. Au terme de cette étude, notre regard est tourné vers l'avenir où les phénomènes d'intégrisme religieux et de confrontations violentes observées jusqu'ici en

---

25. Moussa Bongoyok, « The Rise of Islamism among the Sedentary Fulbe of Northern Cameroon. Implications for Theological Responses », Fuller Theological Seminary, Pasadena, février 2006, p. 27-57.

Afrique du Nord, dans le Sahel et dans quelques pays d'Afrique orientale risquent de s'amplifier et de s'exporter dans d'autres régions d'Afrique.

La tentation de pratiquer un « intégrisme chrétien » ou de prendre aussi les armes est très grande dans les pays où les attaques musulmanes se multiplient. C'est le cas du Nigéria (dont les voisins sont francophones) où des chrétiens particulièrement touchés ont dit : « Nous avons tendu la joue gauche, elle a été frappée. Nous avons tendu la joue droite, elle a aussi été frappée. Maintenant, nous n'avons plus de joue à tendre. Il nous faut aussi prendre les armes ». Tout en comprenant le découragement de ces frères et sœurs, l'auteur n'encourage pas la violence interreligieuse. La violence entraîne la violence et ne résout aucun problème. Toutefois, une solution non violente au conflit mérite d'être trouvée par les chrétiens du milieu après la prière et une mûre réflexion, avec le soutien des chrétiens d'autres pays qui peuvent parfois apporter leur appui par des actions diplomatiques, des pressions économiques ou par d'autres moyens.

Là où la cohabitation entre chrétiens et musulmans est encore pacifique, elle doit être sauvegardée. La paix est utile pour l'enracinement des fidèles dans la foi, l'épanouissement de l'Église et l'évangélisation. Autant que faire se peut, les chrétiens devraient se garder de provoquer des conflits islamo-chrétiens et favoriser plutôt la voie de la sagesse dans la conception et la mise en application de stratégies missionnaires adaptées au contexte. Notre devoir n'est pas d'attaquer, de dénigrer ou d'injurier les adeptes des autres religions, mais de prêcher la Bonne Nouvelle de Jésus-Christ dans l'amour tout en étant simples comme des colombes et prudents comme des serpents (Mt 10.16).

Pour aller plus loin

BIERSCHENK, Thomas & STAUTH, Georg (sous dir.), *Islam in Africa*, Münster, LIT, 2002.
BONGOYOK, Moussa, « The Rise of Islamism among the Sedentary Fulbe of Northern Cameroon. Implications for Theological Responses », Fuller Theological Seminary, Pasadena, février 2006.
CHESTWORTH, John, « Fundamentalism and Outreach Strategies in East Africa », in *Muslim-Christian Encounters in Africa*, sous dir. Benjamin F. SOARES, Leyde, Brill, 2006.
CISSÉ, Seydou, *L'enseignement islamique en Afrique noire*, Paris, L'Harmattan, 1992.
CUOQ, Joseph M., *Les musulmans en Afrique*, Paris, Maisonneuve/Larose, 1975.
DESCHAMPS, Hubert, *La religion de l'Afrique noire*, Paris, P.U.F., 1965.
FALK, Peter, *La croissance de l'Église en Afrique*, Kinshasa, ETK, 1985.

FROELICH, Jean-Claude, *Les musulmans d'Afrique noire*, Paris, Orante, 1962.
HAMMAMI, Abderrazaq, « L'islam entre la foi et la pratique », *Vivant Univers* n° 406, juillet-août 1993.
LAPIDUS, Ira M., *A History of Islamic Societies*, Cambridge, Cambridge University Press, 1988.
LEVTZION, Nehemia & POUWELS, Randall L. (sous dir.), *The History of Islam in Africa*, Athens, OH, Ohio University Press, 2000.
MANDRYK, Jason, *Operation World*, Colorado Springs, Biblica, 2010 (à paraître en français).
MOREAU, René Luc, *Africains musulmans*, Paris/Abidjan, Inades, 1982.
ROBINSON, David, *Muslim Societies in African History*, New York, Cambridge University Press, 2004.
SCHAAF, Ype, *L'histoire de la Bible en Afrique*, Lavigny, Groupes Missionnaires, 1994.
SIDZA, Seeti Kwami & ADRAKE, Dzinyefa Komi, *Islam et Christianisme en Afrique*, Yaoundé, CLÉ, 2006.

4

Les Églises d'initiative africaine
Les causes du phénomène et ses implications missiologiques

Kalemba Mwambazambi

Introduction

Le rôle des Églises d'initiative africaine devrait être de redynamiser la mission, de stimuler la renaissance spirituelle africaine et de défendre les pauvres et les opprimés, parce que Dieu est de leur côté. De ce fait, l'homme africain et sa société doivent être au centre de l'engagement missionnaire des Églises d'initiative africaine, pour l'évangélisation comme pour la promotion sociale, parce que l'être humain est un être communautaire. En effet, les Églises d'initiative africaine avec leurs différentes formes de théologie doivent œuvrer dans le contexte d'aujourd'hui, non seulement pour l'évangélisation, mais aussi stimuler la vraie démocratisation des pays africains comme principal enjeu de la pastorale théologique.

Ce chapitre expose la genèse et l'évolution des Églises d'initiative africaine, les causes du phénomène et ses implications missiologiques pour la mission de l'Église du XXIe siècle. Citons un exemple d'une Église d'initiative africaine appelée « le Sep ». Celle-ci a été fondée au Congo RDC dans la province de l'Équateur et notamment dans la ville de Gemena. Cette Église est née au début des années 1980. Commencée comme cellule de prière dans le milieu catholique romain, elle a fini par rompre avec celle-ci, lorsque ses membres ont demandé qu'on enlève les statuettes de toutes les Églises catholiques et qu'on abandonne l'adoration de Marie. Faute d'un consensus entre les deux parties, ces gens quittèrent l'Église catholique en fondant la communauté le Sep. Plus de vingt ans après, cette Église d'initiative africaine s'est épanouie au point d'envoyer plusieurs missionnaires dans des pays africains tels que le Burundi, le Rwanda, la Centrafrique et le Congo-Brazzaville.

Cependant, l'objectif de ce chapitre est d'aider les chrétiens, qui sont en réalité le temple de Dieu, à bien comprendre la genèse et l'évolution de ces Églises, et, avec les outils nécessaires, à bien accomplir leur mission chrétienne selon la vision de Dieu, afin de transformer l'Afrique et le monde. Ce chapitre essaiera donc de répondre aux questions suivantes : Quelles sont les causes qui ont favorisé la naissance des Églises d'initiative africaine ? Comment réorienter la mission chrétienne en Afrique face aux avancées de l'islam et des différents mouvements religieux ?

Évidemment, en tant que missiologue évangélique africain, l'auteur tentera de répondre à ces questions en se fondant sur la Bible et sur certaines réflexions missiologiques d'autres penseurs évangéliques. Il subdivisera ce chapitre en deux points : le premier abordera les causes de ce phénomène et l'évolution des Églises d'initiative africaine, le deuxième s'appuiera sur les implications missiologiques de ces Églises et proposera quelques suggestions.

Les causes de ce phénomène et l'évolution des Églises d'initiative africaine

Décrire la genèse et l'évolution des Églises d'initiative africaine n'est pas facile, car c'est un sujet immense qui ne peut évidemment pas être présenté en détail en quelques pages. Cependant, le nœud du problème qui fut à la base de la naissance de ces Églises est le fait que, pendant « la période coloniale et de la première mission catholique et protestante en Afrique, les Africains en général ont été dépouillés de leur âme culturelle, c'est-à-dire de leur identité[1] ».

Historiquement, ces Églises, au début sans bâtiments, ont été lancées par des Africains : d'abord entre 1682 et 1706 par Kimpa Vita (Dona Beatrice), et à partir de la colonisation dans les environs de 1921 par Simon Kimbangu, Antonien, Simon-Pierre Mpadi et Isaiah Shembe, entre autres, comme mouvement ecclésial de révolte et d'émancipation des Africains vis-à-vis de la colonisation et des premiers missionnaires catholiques et protestants. En effet, les Églises

---

1. N. P. PHASWANA, *Justification by Faith or Justification by Grace*, Pretoria, Unisa, 2000, p. 208.

d'initiative africaine tirent leur origine du travail des Églises missionnaires en Afrique entre 1862 et 1968. Ce phénomène est exceptionnel dans l'histoire de la mission de par son ampleur[2]. Hannes Wiher montre que le mouvement isolé le plus important fut l'Église de Jésus-Christ sur la Terre, fondée en 1921 par le baptiste Simon Kimbangu, en République Démocratique du Congo. En Afrique occidentale, les premières grandes Églises d'initiative africaine sont apparues au Nigéria, avec le mouvement de réveil Aladura qui compte actuellement environ dix millions d'adhérents[3].

Après les indépendances politiques, les Églises d'initiative africaine en République Démocratique du Congo telles que Nzambe Malamu, appelée Fédération de Pentecôtistes au Congo (FEPACO), la Mission Evangélique de la Délivrance (MED), la Cité Béthel, l'Assemblée Chrétienne de Kinshasa (ACK), Zion en Afrique du Sud, Béthanie en Centrafrique, Calvary Ministries (CAPRO) au Nigéria, entre autres, « ont généralement travaillé en rendant la foi chrétienne pertinente pour la vie quotidienne des peuples[4] ».

Comme le montrent les lignes précédentes quant à la genèse de ces Églises, il convient de noter que, selon Hannes Wiher, la plupart des Églises d'initiative africaine se formèrent autour d'un prophète opérant des miracles et entreprirent de contextualiser fortement les formes de croyances. Voilà pourquoi certains affirment que ces Églises ont réussi la contextualisation alors que d'autres les considèrent comme des mouvements sectaires de guérison[5].

Cependant, la plupart de ces Églises ont été fondées pour satisfaire d'abord les besoins socio-économico-politiques et spirituels de l'homme africain, contrairement aux méthodes des Églises missionnaires traditionnelles et elles ont ouvert la voie à la contextualisation de la liturgie chrétienne selon la vision africaine du monde. Bien qu'il y ait différentes tendances en leur sein, ces Églises ont promu la contextualisation de l'Évangile et l'inculturation des valeurs chrétiennes dans la mentalité des Africains. Cependant, les premiers leaders de ces Églises n'ont pas du tout écrit leur propre histoire, mais ils ont consacré leur temps aux activités de leur mouvement y compris pour le salut des âmes, la guérison miraculeuse des malades et la lutte contre la colonisation. Mwene Batende écrit :

---

2. D. B. BARRETT, (sous dir.), *African Initiatives in Religion*, Nairobi, East African Publishing House, 1971, p. 93.
3. Hannes WIHER, *L'Évangile et la culture de la honte en Afrique Occidentale*, Mission scripts 21, Bonn, VKW, 2003, p. 39.
4. J.N.K. MUGAMBI, *Jesus in African Christianity*, Nairobi, Initiatives, 1989, p. 47.
5. WIHER, *L'Évangile et la culture de la honte*, p. 39.

> Les communautés messianiques africaines fonctionnent de nos jours comme des groupements particuliers au sein de diverses sociétés africaines qui se trouvent dans une situation de passage des anciennes formes d'organisation économique et sociale aux nouvelles introduites par la colonisation[6].

Cependant, ces Églises d'initiative africaine se retrouvent actuellement dans plusieurs pays du monde tels que le Brésil, la Belgique, le Canada, la France, les États-Unis, etc. En dehors de leur forte présence en Afrique centrale, comme en République Démocratique du Congo, au Burundi, au Congo Brazzaville, en République Centrafricaine, au Gabon, au Cameroun, au Tchad, au Rwanda, et en Angola, on les trouve aussi en Afrique de l'Est comme par exemple au Kenya, en Tanzanie, en Ouganda, etc. Il en est de même pour l'Afrique Australe et pour l'Afrique de l'Ouest. Ainsi, ces Églises jouent un rôle considérable dans l'implantation de nouvelles Églises en Afrique en comparaison avec les Églises dites traditionnelles.

Dans ces Églises, Jésus-Christ est au centre de la prédication et intégré à la vie des hommes et de la société. Ces Églises d'initiative africaine présentent Jésus-Christ comme ancêtre, libérateur, sauveur, grand maître, vrai Dieu et vrai homme. Ces Églises sont différentes de certaines sectes et mouvements religieux africains tels que : Ebale-Mbonge, Église de noirs, Nzambi wa kabutaka, Dibundu dia Kongo, Tshieba ntshianyi qui ont des enseignements erronés par rapport aux enseignements bibliques. La plupart des Églises d'initiative africaine sont évangéliques et leurs théologies présentent l'Église en général comme peuple de Dieu, comme communauté de frères et sœurs, encore mieux comme famille, toutefois distincte de la famille biologique par sa dimension spirituelle.

Ces Églises d'initiative africaine appellent l'Église en général à être un signe prophétique, une communauté dans laquelle et par laquelle peut s'opérer la transformation positive du monde. Il est évident qu'actuellement en Afrique, ces Églises évangéliques d'initiative africaine constituent une force agissante dans la famille chrétienne, mais elles ne sont pas les seules forces religieuses à occuper l'espace socioreligieux, parce qu'il existe aussi d'autres dynamiques qui fécondent l'imaginaire des peuples et structurent leur perception spirituelle. Ces dynamiques font réellement partie intégrante de la société. Il s'agit entre autres de l'islam et des sectes et mouvements spirituels. De ce fait, la multiplication de sectes et de nouveaux mouvements religieux en Afrique et la déchristianisation en Europe peuvent cesser, si les Églises évangéliques et les différentes sociétés

---

6. Mwene BATENDE, *Les sectes, un signe des temps ?* Kinshasa, CERA, 1994, p. 83.

missionnaires évangéliques décident de travailler ensemble en profondeur et de se donner les moyens de lutte appropriés sans discrimination ni préjugés. En effet le véritable ennemi de la mission chrétienne en Afrique n'est pas l'existence des Églises d'initiative africaine, mais le travail nocif effectué dans ces groupes. Cela signifie, qu'il y a une carence et une déformation dans leur enseignement biblique provoquant un déficit en matière de spiritualité des membres.

Les Églises évangéliques d'initiative africaine ont un grand rôle à jouer dans l'évangélisation en profondeur. Cette mission peut sembler surprenante, mais elle est réelle, parce qu'à vues humaines, actuellement, l'Évangile est annoncé dans le monde, des Églises sont implantées, des liturgies sont célébrées, les sacrements administrés. Des prises de position courageuses sont diffusées par les grandes instances dirigeantes des Églises : les synodes des Églises protestantes, les conférences épiscopales ainsi que les déclarations des organisations ecclésiastiques régionales ou panafricaines. Mais le vrai enjeu réside dans l'impact de l'Évangile dans la vie quotidienne de l'homme et de la femme créés à l'image de Dieu, et dans les défis auxquels le monde actuel est confronté : la misère, les conflits politico-militaires, les maladies, les divisions, les médiocrités, les stérilités, les désespérances, les catastrophes, l'immoralité, les dérélictions, les jalousies, les instincts de destruction et les puissances de mort. Cette lourde mission de transformation positive de l'être humain ne peut s'accomplir efficacement que si ces Églises évangéliques d'initiative africaine qui s'implantent actuellement presque dans tous les pays du monde, savent rester fidèles et attachées à Dieu et sa Parole, œuvrer non seulement pour le bien-être social de l'homme physique, mais surtout pour la transformation profonde de l'homme intérieur, selon la vision de Dieu.

De ce fait, l'Église en Afrique a la mission de prendre une part active dans la nouvelle évangélisation du monde pour libérer l'humanité des méfaits démoniaques et capitalistes fondés sur les intérêts égoïstes et destructeurs. La mission du christianisme africain se situe dans cette logique. C'est pourquoi une réforme profonde des Églises d'Afrique semble nécessaire, urgente et incontournable. C'est pour cette raison que les évangéliques doivent reconnaître et extirper l'ignorance que beaucoup affichent à propos des fondements du christianisme, les théories qui brisent les ressorts de la raison en matière spirituelle, l'aveuglement spirituel et le règne de l'absurdité. Et les Églises évangéliques d'initiative africaine, qui ont cette lourde mission d'aller partout conformément à l'ordre suprême de Jésus-Christ pour faire de toutes les nations des disciples, ne peuvent exécuter cet ordre valablement que si ses missionnaires s'autocritiquent et s'auto-transforment avant de penser à transformer en profondeur les autres continents par l'Évangile.

Les implications missiologiques de ce phénomène

L'émergence des Églises d'initiative africaine et la crise des vieilles chrétientés plaident pour une nouvelle intelligence de la mission chrétienne, parce que le nombre faible des sociétés missionnaires et la diminution progressive de leurs effectifs obligent l'Église à repenser la qualité des rapports de communion entre les chrétiens d'Afrique et d'Occident. En effet, la phase de la mission chrétienne considérée à l'époque coloniale comme domaine réservé aux Occidentaux est bien terminée. La naissance des Églises évangéliques d'initiative africaine a pour conséquence l'envoi de missionnaires africains dans le monde. Or, ces missionnaires manifestent un changement de paradigme et de créativité missionnaires. Cela devient un motif d'engagement missionnaire qui, à partir du sol africain, mobilise pour l'évangélisation des autres peuples. Jean-Marc Éla affirme qu'« il s'agit là d'un véritable service à l'Église universelle[7] ».

Cependant, les corollaires missiologiques de ces Églises d'initiative africaine révèlent qu'elles présentent l'Église comme une famille de Dieu sur la terre qui attend son enlèvement, une communauté de frères et sœurs par sa dimension spirituelle. Son organisation et son fonctionnement se conçoivent mieux à la lumière de la famille traditionnelle africaine, comme l'affirme Mudimbé :

> La hiérarchie des Églises chrétiennes d'Afrique a été très largement africanisée. La philosophie de la mission a essayé de se mettre à jour et a produit des concepts nouveaux : africanisation, indigénisation, etc.[8]

De ce fait, la dynamique missionnaire de ces Églises d'initiative africaine est un réel renouvellement de la conscience missionnaire, qui ne séparera plus le local du global ni le global du local, au vu de la manière dont ces Églises réalisent leur évangélisation du monde.

Un tel renouveau revigorera en même temps la civilisation en visant l'avènement d'un monde guidé par d'autres canons de vie que ceux auxquels l'ordre mondial d'aujourd'hui condamne toute l'humanité. Par la mission évangélisatrice de ces Églises, la mission chrétienne doit élargir l'horizon, afin d'affirmer clairement que le monde actuel, avec ses cultures, ses peuples, ses

---

7. J.-M. Éla, *Ma foi d'Africain*, Paris, Karthala, 1985, p. 185.
8. V.Y. Mudimbe, *L'odeur du Père*, Paris, Présence africaine, 1982, p. 68.

langues et ses civilisations, n'en représente pas moins une seule famille de Dieu. Ainsi, la mission chrétienne peut, à partir de ses enseignements évangéliques, transformer l'actuelle conception capitaliste de la mondialisation et imaginer une autre mondialisation profondément humaine grâce à l'Évangile revisité par le souffle de Dieu, et proposer un nouveau comportement inspiré par la parole de Dieu. Comme le souligne David Bosch :

> Seule une Église qui part de son centre eucharistique, affermie par la parole et les sacrements et ainsi renforcée dans sa propre identité, peut inscrire le monde à son ordre du jour. Jamais le monde, avec toutes ses questions politiques, sociales et économiques, ne cessera de donner à l'Église son ordre du jour[9].

Évidemment, les Églises évangéliques d'initiative africaine doivent chercher dans le contexte de la mondialisation actuelle à bâtir en même temps un nouveau capital symbolique, un nouveau capital mental et un nouveau capital économique que la mission chrétienne doit introduire dans le monde avec une fécondité et crédibilité évangéliques. Or actuellement, une grande partie du peuple de Dieu dans le monde vit dans le désordre et n'établit pas de lien entre sa foi chrétienne et ses engagements dans le monde.

De ce fait, les Églises d'initiative africaine ont la mission de prendre une part active dans la nouvelle évangélisation du monde. C'est pour cette raison qu'il est nécessaire que les Églises évangéliques d'initiative africaine répondent au défi d'envoyer des missionnaires académiquement et spirituellement bien formés dans le monde pour l'évangéliser en profondeur. C'est la réponse à ce gouffre de non-sens qui règne dans le monde actuel, où la violence socio-économico-politique devient la substance de l'enfer journalier pour les pauvres et les faibles. Mais une telle initiative ne peut trouver son équilibre que dans une interaction constante entre l'action et la prière.

En effet, le contexte de la mondialisation actuelle peut être considéré comme favorable pour la mission chrétienne en profondeur. Celle-ci doit actuellement bien former ses missionnaires car, il n'est pas possible de lutter et de vaincre les sectes et les nouveaux mouvements spirituels islamiques si elle ne dispose pas d'une force sociale d'hommes bien formés spirituellement et académiquement pour cette cause. De ce fait, il est nécessaire de frapper l'imagination, de faire souffler une dynamique créative, d'innover sur les champs missionnaires dans

---

9. David J. Bosch, *Dynamique de la mission chrétienne. Histoire et avenir des modèles missionnaires*, Lomé/Paris/Genève, Haho/Karthala/Labor et Fides, 1995, p. 521.

le travail et l'évangélisation en profondeur pour une transformation positive de l'homme et de la société.

Il devient pertinent que les évangéliques africains déploient un christianisme d'amour profond, capable d'unir toutes les familles évangéliques dans une dynamique de l'Église-famille comme cellule de base pour l'accomplissement de la mission chrétienne. Ils se trouvent donc dans l'obligation de démontrer l'importance et l'implication de l'Église dans la recherche d'une transformation positive du village planétaire, conformément aux instructions de Dieu.

Mais si ces Églises évangéliques d'initiative africaine ne s'avisent pas aujourd'hui d'être cet espace de créativité qu'elles doivent être pour le continent africain et pour le monde entier, elles ne seront plus bonnes à rien d'autre qu'à être foulées aux pieds par de nouvelles forces créatrices de sens qui prendront leur place sans état d'âme. Il est vrai que le développement actuel des sectes et de tous les nouveaux mouvements religieux, ne contribue pas au bonheur de tous. Aussi ces Églises doivent-elles motiver les théologiens et chrétiens évangéliques à vivre et à agir comme si la fin du monde était proche.

Suggestions

Il est important de réorganiser, réorienter et redynamiser les Églises d'initiative africaine sur une base missiologique solide, car elles sont missionnaires mais sans ecclésiologie claire. Alors la croissance des sectes et des nouveaux mouvements religieux en Afrique pourra être stoppée. Inspirés par l'amour de Dieu et l'amour de l'autre, les missiologues et théologiens devront donc travailler à intégrer l'éthique chrétienne dans l'économie mondiale sous la forme d'un grand principe de bien-être communautaire et de bonheur pour tous, c'est-à-dire selon une éthique qui vise à vivre ensemble, produire ensemble, échanger en toute justice et partager au profit de tous les résultats du travail de tous. Il est nécessaire de refuser la réduction de l'être humain à l'état de marchandise et de machine de production aveugle, à cause d'intérêts égoïstes et du manque d'amour pour l'autre.

La mission de l'Église nécessite un changement de paradigme de travail et d'enseignement. En effet, une révision des méthodes et des stratégies en fonction du contexte actuel de la mondialisation s'avère indispensable afin de redynamiser la mission et de provoquer une transformation positive de la société africaine. Évidemment l'Église a pour mission de promouvoir l'évangélisation du monde, la paix, la réconciliation des nations, la reconstruction spirituelle et physique du peuple, le développement intégral de l'homme, la défense des pauvres et des opprimés, parce que Dieu est toujours de leur côté. Ainsi, l'être humain sera toujours situé au centre de l'engagement de l'Église, pour l'évangélisation comme pour la promotion sociale. C'est pourquoi l'Église de Jésus-Christ doit assumer sur terre un grand rôle dans la transformation positive du peuple et de son environnement immédiat et plus lointain.

Selon Matthieu 5.13-16, l'Église universelle considérée comme corps du Christ a été chargée par son chef d'être « la lumière du monde et le sel de la terre ». Elle est appelée à entendre les cris de détresse des opprimés et des pauvres. Elle doit souffrir avec les malades, les déplacés de guerre, les exclus de la société, les réfugiés, les prisonniers, sans discrimination politique, ethnique, raciale ou nationale. Elle doit prêcher l'Évangile de la transformation qui libère, et panser les blessures intérieures du peuple. Elle doit également secourir les indigents, étendre ses mains vers l'autre, même non chrétien, dans un esprit d'amour et de réconciliation.

Conclusion

Dans le contexte mondial d'aujourd'hui la mission des Églises évangéliques d'initiative africaine consiste à mettre au cœur de la réflexion quotidienne la recherche de stratégies pour une lutte commune contre les sédimentations mortelles des mentalités qui règnent dans le village planétaire actuel. En d'autres mots, lutter contre l'esprit de destruction des êtres humains et de désorganisation des collectivités et contre la folie économico-politique mondialisée, c'est-à-dire, lutter contre la grande tragédie d'un système global sourd et aveugle aux exigences de l'avenir et aux quêtes profondes de l'humanité. Mais cela exige une nouvelle mentalité, une union des forces et une solidarité chrétienne ayant pour objectif le refus d'être perdant.

Les Églises évangéliques d'initiative africaine, qui ont cette lourde mission d'aller partout conformément au mandat missionnaire de Jésus-Christ pour faire de toutes les nations des disciples, ne peuvent accomplir cet ordre efficacement que si ses missionnaires commencent par s'autocritiquer et s'auto-transformer, avant de penser à transformer en profondeur les autres continents par l'Évangile. Ainsi, l'acte fondateur de l'expérience chrétienne consiste à faire mémoire de Dieu et de son action libératrice dans une Église renouvelée, dominée par le souci de communion fraternelle entre les frères et sœurs en Christ.

Pour aller plus loin

AKINYELE, Y., *Cherubim and Seraphim*, New York, NOK Publishers, 1982.

ANDERSON, Allan H., « African Pentecostalism and the Ancestors », *Missionalia* 21, 1, 1993, p. 26-39.

ANDERSON, Allan H., *African Reformation. African Initiated Christianity in the 20th Century*, Trenton, NJ, Africa World Press, 2001.

ANDERSON, Allan H., « Types and Butterflies. African Initiated Churches and European Typologies », *International Bulletin of Missionary Research* 25, 3, 2001, p. 107-112.

AYEGBOYIN, Deji & ISHOLA, S. Ademola, *African Indigenous Churches*, Lagos, Nigéria, Greater Heights, 1997.

BARRETT, David B., « African Initiated Church Movement », in *Evangelical Dictionary of World Missions*, sous dir. A. Scott MOREAU, Grand Rapids, Baker, 2000, p. 43.

BARRETT, David B., ed., *African Initiatives in Religion*, Nairobi, East African Publishing House, 1971.

BARRETT, David B., *Schism and Renewal in Africa. An Analysis of 6000 Contemporary Religious Movements*, Nairobi, Oxford University Press, 1968.

BOSCH, David J., *Dynamique de la mission chrétienne. Histoire et avenir des modèles missionnaires*, Lomé/Paris/Genève, Haho/Karthala/Labor et Fides, 1995.

« Christianisme céleste » : www.celestialchurch.com.

COX, Harvey, *Fire from Heaven. The Rise of Pentecostal Spirituality and the Reshaping of Religion in the Twenty-first Century*, Cambridge, MA, Da Capo Press, 1995.

EBOUSSI-BOULAGA, F. A., *Contre temps. L'enjeu de Dieu en Afrique*, Paris, Karthala, 1991.

« Église chrétienne des rachetés (Redeemed Christian Church of God) » : www.rccg.org.

« Église kimbanguiste » : www.kimbanguisme.com/e-option2.html.

« Église harriste » : www.Égliseharriste-ongapa.ci.

« Église de Dieu (Aladura) » : www.aladura.de.

ÉLA, Jean-Marc, *Ma foi d'Africain*, Paris, Karthala, 1985.

GILLILAND, Dean S., « Peut-on appeler "chrétiennes" les églises indépendantes d'Afrique ? », *Perspectives missionnaires* 17, 1989, p. 43-63.

KRABILL, James R., « Le ministère des Églises mennonites auprès des Harristes Dida de Côte d'Ivoire », *Perspectives missionnaires* 20, 1990, p. 62-77.

Kuti, Mbuiti, « Étude sur les structure de l'Église de Jésus-Christ sur la terre par le prophète Simon Kimbangu », Mémoire présenté à la Faculté Libre de Théologie Évangélique de Vaux-sur-Seine, 1997.

Martin, Marie-Louise, *Église sans Européens (Le Kimbanguisme)*, Genève, Labor et Fides, 1972.

Mudimbe, V. Y., *L'odeur du Père*, Paris, Présence africaine, 1982.

Mugambi, J. N. K., *Jesus in African Christianity*, Nairobi, Initiatives, 1989.

Mwene-Batende, *Les sectes, un signe des temps ?* Kinshasa, CERA, 1994.

Phaswana, N. P., *Justification by Faith or Justification by Grace ?* Pretoria, UNISA, 2000.

Pobee, John S. & Ositelu, Gabriel II, *African Initiatives in Christianity. The Growth, Gifts and Diversities of Indigenous African Churches. A Challenge to the Ecumenical Movement*, Geneva, WCC, 1998.

Shank, David, « Bref résumé de la pensée du prophète William Wade Harris », *Perspectives missionnaires* 5, 1983, p. 34-44.

Shank, David A., *What Western Christians Can Learn from African-Initiated Churches*, Elkhart, Mennonite Board of Missions, 2000.

Taryor, Nya Kwiawon, Sr., *Impact of the African Tradition on African Christianity*, Chicago, The Struggler's Community Press, 1984.

Turner, Harold W., *History of an African Independent Church. Church of the Lord (Aladura)*, 2 vols., Oxford, Clarendon, 1967.

Wiher, Hannes, *L'Évangile et la culture de la honte en Afrique Occidentale*, Bonn, VKW, 2003.

SYNTHÈSE HISTORIQUE DE LA DEUXIÈME PARTIE

Hannes Wiher

Fara Daniel Tolno signale très justement qu'on oublie souvent que l'Église de l'Afrique du Nord a joué un grand rôle dans le christianisme pendant les premiers siècles de l'ère chrétienne. Il nomme les grands théologiens africains qui ont influencé fortement le développement théologique de l'Église : Tertullien de Carthage qui a formulé la doctrine de la Trinité, Athanase d'Alexandrie qui a fixé le canon du NT dans sa trente-neuvième Lettre pascale (397), et enfin Augustin d'Hippone, l'un des quatre Docteurs latins de l'Église catholique, qui a énormément influencé l'Église médiévale, pour n'en nommer que quelques-uns. Souvent les décisions des conciles nord-africains furent adoptées plus tard par les conciles œcuméniques. Il a aussi été démontré que le mouvement monastique égyptien, soutenu par Athanase, a influencé la règle bénédictine et plus tard le monachisme celte en Irlande. Ce dernier fut plus tard l'instrument de Dieu pour évangéliser l'Europe. Ainsi on peut dire sans exagérer qu'au premier millénaire l'Afrique a fortement influencé l'Europe[1].

La plus grande partie de l'Église maghrébine a été balayée par l'occupation musulmane. C'est seulement l'Église égyptienne qui a résisté à l'islam grâce à un enracinement linguistique, culturel et identitaire profond sur la base de la traduction de la Bible en copte dès le IIe siècle. Il est regrettable de vouloir ancrer l'identité africaine dans l'Égypte noire comme le soutinrent Cheikh Anta Diop[2] et d'autres, et de jumeler la christologie avec le culte égyptien d'Osiris comme le proposa Kä Mana[3]. L'idée que l'Égypte aurait été noire et aurait influencée la Grèce ne peut pas être niée et découle de la théorie anthropologique du « diffusionnisme », qui dit que toute culture influence ses cultures voisines. On peut donc penser que l'Afrique noire a influencé l'Égypte et vice versa, et que l'Égypte a influencé la Grèce et vice versa[4]. Il peut donc sembler logique pour « l'Africain chrétien » de chercher son identité dans une civilisation noire d'envergure internationale. En revanche, il vaudrait mieux pour « le chrétien africain » de trouver son identité en Christ et dans ce passé glorieux de l'Église

---

1. Thomas C. ODEN, *Comment l'Afrique a façonné la pensée chrétienne. La redécouverte du terreau du christianisme occidental*, trad. Alain Bouffartigues, Saint Albain, Publications pour la Jeunesse africaine, 2011.
2. Cheikh Anta DIOP, *L'Afrique noire précoloniale*, Paris, Présence Africaine, 1974.
3. KÄ MANA, « Isis, Osiris et Jésus-Christ », in *Chrétiens et Églises d'Afrique. Penser l'avenir*, Yaoundé, CLÉ, 1999, p. 40-48.
4. Cf. Wim VAN BINSBERGEN (sous dir.), *Black Athena Comes of Age. Towards a Constructive Re-Assessment*, Berlin, Lit, 2011 ; Daniel ORRELLS, Gurminder K. BHAMBRA, Tessa ROYNON (sous dir.), *African Athena. New Agendas*, postface par Martin Bernal, Oxford, Oxford University Press, 2011.

africaine des premiers siècles. Kevin Vanhoozer écrit : « En tant que chrétiens notre identité se trouve d'abord en Christ. Notre enracinement culturel et ethnique est bien sûr important, mais ultimement il ne fait que qualifier notre identité fondamentale... L'ethnicité ne devrait jouer qu'un rôle adjectival plutôt que nominatif[5] ». Le rôle nominatif correspondrait à l'« *Africain* chrétien », le rôle adjectival au « chrétien *africain* ». Si notre identité est premièrement chrétienne, on cherchera à s'identifier à Christ et à nos ancêtres chrétiens des premiers siècles. Kwame Bediako renchérit et regrette que les théologiens africains ne s'intéressent pas aux Pères de l'Église. Il démontre qu'ils furent confrontés à des situations et des questions théologiques similaires à celles des théologiens africains contemporains[6].

Bien que l'essentiel de l'évangélisation de l'Afrique subsaharienne ait eu lieu à partir du début du XIXe siècle, la croissance exponentielle de l'Église d'Afrique est apparue au XXe siècle, principalement après 1960. Alors qu'en 1910 moins de 10 % des Africains étaient chrétiens, en 2010 c'était presque la moitié de la population africaine[7]. Concernant les évangéliques on constate qu'en 1910 il n'y avait qu'un peu plus d'un pour cent en Afrique[8]. En 1960 on compte encore moins de 5 % d'évangéliques, tandis qu'en 2010 il y avait plus de 15 %[9]. La croissance de l'Église d'Afrique a été donc la plus rapide après le départ des pouvoirs coloniaux. Le gros de l'évangélisation de l'Afrique a été opéré par les Africains eux-mêmes comme Daniel Tolno le constate et le sollicite pour l'avenir.

On peut se demander pourquoi cette croissance explosive du christianisme en Afrique a eu lieu, et particulièrement après les indépendances ? Lamin Sanneh et Kwame Bediako nous présentent trois éléments de réponse que Sanneh appelle « le facteur africain »[10] : 1) les cultures et religions traditionnelles africaines

---

5. Kevin J. VANHOOZER, « "One Rule to the All?" Theological Method in an Era of World Christianity », in *Globalizing Theology. Belief and Practice in an Era of World Christianity*, sous dir. Craig OTT & Harold NETLAND, Grand Rapids, Baker, 2006, p. 85-126.
6. Kwame BEDIAKO, « L'Afrique et les pères. L'importance de la théologie chrétienne du début de la période hellénique pour la théologie moderne », in *Jésus en Afrique. L'évangile chrétien dans l'histoire et l'expérience africaines*, Yaoundé, CLÉ, 2000, p. 143-170 ; idem, *Theology and Identity. The Impact of Culture upon Christian Thought in the Second Century and in Modern Africa*, Oxford, Regnum, 1992.
7. Todd M. JOHNSON & Kenneth R. ROSS, *Atlas of Global Christianity 1910-2010*, Édimbourg, Edinburgh University Press, 2009, p. 110.
8. *Ibid.*, p. 99.
9. Patrick JOHNSTONE, *L'Église mondiale. Quel avenir ?*, Nuremberg/Écublens/Charols, VTR/AME/Excelsis, 2013, p. 146 ; Jason MANDRYK, *Operation World*, Colorado Springs/Secunderabad, Biblica, 2010, p. 32-33.
10. Lamin SANNEH, « The Horizontal and the Vertical Mission. An African Perspective », *International Bulletin of Missionary Research* 7, 4, 1983, p. 165-171 ; Kwame BEDIAKO, *Christianity in Africa. The Renewal of a Non-Western Religion*, Édimbourg/

ont rendu l'Africain particulièrement réceptif pour l'Évangile. Dans ce sens on peut parler de « préparation » pour l'Évangile (*praeparatio evangelica*), sans pour autant prétendre que l'enseignement de l'AT ne soit plus nécessaire[11] ; 2) la transmission de l'Évangile par les missionnaires occidentaux aux Africains disponibles et capables, ce qui a enclenché un effet de boule de neige[12] ; et 3) l'assimilation de l'Évangile par les Africains, à partir de la traduction de la Bible dans les langues vernaculaires[13], ce qui a suscité un essor particulièrement grand dans le cadre des Églises d'initiative africaine[14]. Bediako voit derrière ces trois facteurs la providence et la « mission » de Dieu (*missio Dei*)[15].

Un résultat palpable de ce processus historique est que l'islam et le christianisme sont aujourd'hui profondément enracinés en Afrique. Les deux ne sont plus des religions étrangères, mais ont enfoncé leurs racines dans les cultures africaines. D'ailleurs, on a l'impression que l'inculturation de l'islam est en Afrique mieux réussie que celle du christianisme, ce dernier ayant été introduit par des missionnaires originaires de cultures éloignées de la culture africaine. Serait-ce à cause de ce fait qu'on a l'impression que l'islam produit un impact plus fort en Afrique que le christianisme, bien que l'islam représente seulement 41 % de la population africaine par rapport à 48 % pour le christianisme[16] ? Ou serait-ce à cause de la plus grande activité politique de l'islam qui augmenterait

---

Maryknoll, EUP/Orbis, 1995, p. 121. Cf. aussi John S. MBITI, *Bible and Theology in African Christianity*, Oxford, Oxford University Press, 1986, p. 7-11.

11. Bien qu'Eusèbe dans son ouvrage intitulé *Praeparatio evangelica*, cherche à prouver l'excellence du christianisme sur les religions traditionnelles grecques et voit dans les Écritures hébraïques une préparation pour la philosophie grecque (au moins celle de Platon, voir *Praep. ev.* 11-13), le terme dénote le plus souvent l'idée contraire qui voit dans la culture traditionnelle une préparation pour l'Évangile du Christ avant même son arrivée. Cette idée fut soutenue déjà par Clément d'Alexandrie, puis Justin Martyr (voir son *logos spermatikos*), et dernièrement par John Mbiti et Kwame Bediako.

12. Voir les exemples de l'anglican Samuel Ajayi Crowther pour le Nigéria et du méthodiste Thomas Birch Freeman pour le Ghana. Jacques BLANDENIER, *L'essor des missions protestantes. Du XIXe siècle au XXe siècle, vol. 2*, Précis d'histoire des missions, Nogent-sur-Marne/Saint-Légier, Institut Biblique/Emmaüs, 2003, p. 327-340.

13. Cf. Kwame BEDIAKO, *Jésus en Afrique. L'évangile chrétien dans l'histoire et l'expérience africaines*, Yaoundé, CLÉ, 2000.

14. Voir Lamin SANNEH, « The Rise of African Independent Churches », in *West African Christianity. The Religious Impact*, London, Hurst, 1983, p. 168-209.

15. Cf. Timothy C. TENNENT, « Kwame Bediako and the Context of the Trinity », in *Invitation to World Missions. A Trinitarian Missiology for the Twenty-first Century*, Grand Rapids, Kregel, 2010, p. 69-73. Pour la « mission de Dieu », voir Christopher J. H. WRIGHT, *La mission de Dieu. Fil conducteur du récit biblique*, trad. Alexandre Sarran, Charols, Excelsis, 2012.

16. MANDRYK, *Operation World*, p. 32.

sa visibilité ? Moussa Bongoyok nous prévient du risque potentiel de conflits islamo-chrétiens qui se pointent à l'horizon. Il semblerait que c'est le dernier moment pour que les chrétiens s'intéressent plus à l'islam et aux musulmans. S'il y a une branche du christianisme qui est aussi bien enracinée en Afrique que l'islam ce sont les Églises d'initiative africaine. Bediako les appelle des « laboratoires » de contextualisation. Quelles sont les leçons qu'on peut apprendre d'elles ? Kalemba Mwambazambi indique notamment l'engagement englobant tous les besoins de l'être humain, incluant aussi un engagement socio-politique. Cela correspondrait à la perspective de la « mission intégrale »[17].

L'histoire glorieuse de l'évangélisation de l'Afrique subsaharienne a un revers de médaille moins glorieux dans la traite négrière, le colonialisme et le néo-colonialisme économique après les indépendances. Jean-Paul Ngoupandé constate que les cultures européennes et africaines avaient à peu près le même niveau de développement avant le début de la traite[18]. Mais avec le désordre économique et socio-culturel et la désorientation identitaire instituées par la traite, et renforcées par le colonialisme et le néo-colonialisme, le développement des sociétés africaines se serait arrêté. Donnant un nom au résultat qui serait à la racine de la « crise africaine », le jésuite camerounais Engelbert Mveng parle d'une « pauvreté anthropologique » qui se manifesterait par une crise identitaire, sociale, économique et politique[19]. Serait-ce cette crise dans tous les domaines de la vie qui serait responsable du fait qu'on voit peu d'impact de cette évangélisation et de cette « majorité chrétienne » dans les sociétés africaines ? Ou y aurait-il d'autres raisons ?

---

17. Voir « La Déclaration du Réseau Michée sur la Mission Intégrale (2001) », disponible en ligne : http://selfrance.org/uploads/media/Textes_phares.pdf.
18. Jean-Paul NGOUPANDÉ, *Les racines historiques et culturelles de la crise africaine*, Abidjan, UCAO, 2006.
19. Littéralement « l'annihilation et la paupérisation anthropologique ». Engelbert MVENG, *L'Afrique dans l'Église. Paroles d'un croyant*, Paris, L'Harmattan, 1986, p. 205, 207. Cf. Jean-Paul MESSINA, *Engelbert Mveng. La plume et le pinceau. Un message pour l'Afrique du iiie millénaire (1930-1995)*, Yaoundé, UCAC, 2003 ; Léocadie-Aurélie Améyo BILLY, « La libération anthropologique du Négro-Africain selon Engelbert Mveng », Mémoire de licence, Université de Fribourg Suisse, 2007.

Troisième Partie

Constat actuel

5

L'Afrique milliardaire, les Églises, les peuples non atteints et la société africaine

Fohle Lygunda li-M

Qu'est-ce que la mission de l'Église au regard du développement démographique actuel ? Bien que l'Afrique ne soit pas encore tout à fait un continent à majorité chrétienne[1], quelle est la tâche qui reste à achever ? Telles sont les grandes questions que ce chapitre se propose d'analyser. Le survol de quelques données statistiques nous permettra d'évaluer les retombées du développement démographique du continent, avant de déterminer la responsabilité de l'Église dans sa mission vis-à-vis de Dieu, de l'Église et du monde. Face à une Afrique milliardaire, les Églises n'ont plus d'excuse à l'égard de l'engagement missionnaire.

La société africaine face à une Afrique milliardaire : Les réalités actuelles

Selon l'Organisation des Nations Unies (ONU), le monde venait de franchir en octobre 2011 le cap des sept milliards d'habitants contre six milliards en 1999. À cet effet, le plan stratégique du Fonds des Nations Unies pour la

---
1. Selon la projection faite en 2009 par l'*Atlas of Global Christianity*, les chrétiens d'Afrique auraient représenté 47,9 % de la population totale du continent en 2010. Cf. Todd Johnson & Kenneth Ross, *Atlas of Global Christianity*, Édimbourg, Edinburgh University Press, 2009, p. 112.

Population (FNUP) inclut les quatre domaines privilégiés suivants : 1) la santé reproductive, 2) l'égalité des sexes, 3) la démographie et 4) le développement. Pour cette branche de l'ONU, « la dynamique de la population, y compris les taux de croissance, la structure d'âge, la fécondité et la mortalité, la migration, etc., influent sur chaque aspect du développement humain, social et économique[2] ». Il en est de même pour l'Église et sa mission.

Comme on peut le constater, le passage à un milliard n'est pas une simple affaire de chiffre. Il s'agit d'un milliard de personnes à nourrir, à éclairer par une énergie qui ne détruit pas la nature, à qui offrir des emplois et une éducation de valeur, à qui garantir les droits, la liberté d'expression, la liberté de pouvoir élever les enfants en paix et dans la sécurité, etc. Tout ce que chacun souhaite pour soi doit être multiplié par un milliard !

L'Afrique subsaharienne, qui a longtemps passé pour un continent faiblement peuplé et majoritairement rural, est aujourd'hui à l'ordre du jour. Avec le temps qui court, elle essaie de rattraper son retard, mais avec une précarité qui ne cesse d'augmenter et des écarts de revenus de plus en plus grands, inégalement répartis[3]. Or, l'image de l'Afrique a toujours prêté à confusion. Dans la perception collective, l'Afrique est vide, pauvre, animiste et rurale. Dans les couloirs des puissances mondiales, l'Afrique passe pour une réserve stratégique mondiale à sauvegarder et à gérer. Élucidons cette problématique en parcourant trois documents parus entre 2009 et 2010 : un numéro de *Jeune Afrique* sur « l'Afrique milliardaire »[4], *Le temps de l'Afrique* de Jean-Michel Severino & Olivier Ray[5], et l'*Atlas of Global Christianity*, sous la direction de Todd Johnson et Kenneth Ross[6].

---

2. Le site officiel du FNUP en ligne : http://www.unfpa.org/public/home/about/notre-mission (consulté le 24 décembre 2011).
3. Il importe d'observer que le milliard d'habitants annoncé en Afrique ne peut être considéré que comme un ordre de grandeur reposant sur des estimations susceptibles d'être révisées, car nombre de pays d'Afrique subsaharienne n'ont pas organisé de recensement de la population depuis plusieurs décennies et leur nombre d'habitants annoncé repose donc sur des estimations.
4. *Jeune Afrique* n° 2550, 22 au 28 novembre 2009.
5. Jean-Michel SEVERINO & Olivier RAY, *Le Temps de l'Afrique*, Paris, Odile Jacob, 2010.
6. Todd M. JOHNSON & Kenneth R. ROSS (sous dir.), *Atlas of Global Christianity 1910-2010*, Édimbourg, Edinburgh University Press, 2009.

Jeune Afrique *et la démographie africaine : jeunesse, exode rural et urbanisation*

Le journal hebdomadaire *Jeune Afrique* a consacré dix pages au sujet de « l'Afrique milliardaire » dans sa livraison du 22 au 28 novembre 2009 pour annoncer que le continent aurait dépassé la marque d'un milliard d'habitants. L'Afrique aurait une population extrêmement jeune, la couche de moins de quinze ans représentant 41 % de la population totale. Pour le journal, le vrai défi réside autant dans l'extrême jeunesse de ce milliard que dans son intégration dans la société. Le risque est grand que cette jeunesse sera plus consommatrice que productrice. Les jeunes Africains ont souvent rêvé soit « d'émigrer à l'étranger, soit d'accéder à la table du banquet afin d'en faire profiter, en premier lieu, sa famille » au point qu'il n'y ait rien qui fasse d'eux « des modèles positifs de réussite au service du développement »[7]. À cet effet, l'Afrique aurait dû se servir de l'Asie comme un modèle à suivre :

> Si l'Asie […] a pu et su mettre à profit la jeunesse de sa population pour décoller, c'est parce que trois facteurs essentiels étaient réunis ou sur le point de l'être : un système éducatif de qualité, un taux de fécondité en baisse structurelle et un écart d'inégalité dans la distribution des revenus tolérable, si ce n'est tout à fait acceptable. Or, dans la majorité des pays africains, un seul de ces facteurs, celui de la fécondité, est pour l'instant plus ou moins maîtrisé, le niveau scolaire étant aussi bas qu'est élevé celui des inégalités sociales[8].

La croissance démographique d'Afrique pose certainement aussi un réel problème par l'exode rural massif et l'urbanisation désordonnée dans beaucoup de pays. Ce constat conduit le journal à se demander si la croissance démographique de l'Afrique était une bombe à retardement ou une chance pour le développement. Le commentaire suivant décrit la problématique de l'urbanisation en Afrique :

> La question urbaine que l'on dit « *en crise* » préfigure des représentations très souvent erronées. La ville représente pour la plupart des néo-citadins une chance de commencer ou de recommencer une nouvelle vie face à l'absence de réformes agricoles permettant le développement des campagnes. La ville est un lieu où se construit la société car elle est le siège des innovations et de la

---
7. François Soudan *et al.*, « Un milliard d'Africains », *Jeune Afrique* n° 2550, 22 au 28 novembre 2009, p. 26.
8. *Ibid.*

> diffusion des savoirs. De plus, elle observe des solidarités familiales et ethniques conséquentes à une proximité spatiale forte. Certes la ville est aussi le lieu d'une ségrégation spatiale et sociale dont l'accès au logement, aux équipements et au travail est restreint. Cependant, elle est un lieu de diffusion de la démocratie, de solidarités et de construction de dynamiques identitaires. Les villes africaines connaissent les mêmes maux que les villes occidentales, à la différence qu'elles génèrent et entretiennent des solidarités fortes entre les habitants ce qui est de moins en moins le cas dans les villes occidentales[9].

Les données statistiques seraient alarmantes en raison d'une disparité criante entre le développement démographique de l'Afrique et son développement économique. Selon les estimations de l'ONU, l'Afrique sera peuplée de 1,8 milliards d'habitants en 2050, ce qui représentera alors 19 % de la population mondiale. Pour que l'Afrique ne dépasse pas le scénario qui l'amènerait à 1,8 milliards d'habitants en 2050, l'on proposerait que la fécondité africaine passe progressivement de 5,5 enfants par femme actuellement à 2 enfants en 2050. Pour certains observateurs, les religions auraient joué un rôle important dans l'explosion démographique en Afrique.

> Les religions présentes en Afrique sont pour la plupart natalistes… L'Église catholique… a toujours été conservatrice vis-à-vis de la contraception et du préservatif, même si les évêques du continent n'ont pas forcément la même position. L'islam et les courants évangélistes [sic !] sont aussi dans cette optique nataliste… Les religions animistes encouragent également un fort taux de fécondité[10].

Les religions, communautés chrétiennes y comprises, se retrouvent ainsi sur le banc des accusés. S'agissant des Églises évangéliques notamment, le défi leur est lancé de revisiter leur conception de la mission chrétienne, car les dangers évoqués par l'ONU et par le journal *Jeune Afrique* ne leur sont pas épargnés. Les Églises évangéliques œuvrant parmi ce milliard d'habitants ne peuvent se dérober de l'appel du Seigneur de « leur donner à manger » (Mt 14.16).

---

9. Sylvain BLANC, « L'Afrique milliardaire », in *Coopération Concept*, posté le 4 décembre 2009, en ligne sur : http://cooperation-concept.net/?p=826 (consulté le 24 décembre 2011).
10. SOUDAN, « Un milliard d'Africains », p. 29.

Le temps de l'Afrique *et la démographie africaine : avenir économique et politique*

Le deuxième document à mentionner est l'ouvrage de Jean-Michel Severino et Olivier Ray intitulé *Le temps de l'Afrique*, paru en mars 2010[11], pour « pointer l'écart qui existe entre notre représentation de l'Afrique et de sa (non) évolution, et la croissance exponentielle qu'elle va pourtant connaître d'ici à 2040[12] ». Les auteurs démontrent que l'Afrique a un avenir prometteur et que plusieurs décennies à venir seront « africaines ». Pour étayer leur thèse, les auteurs indiquent en substance que :

> L'Afrique concentre d'énormes capacités énergétiques. En plus d'être le plus grand réservoir de carbone de la planète, elle est le dernier continent à fournir encore un tel potentiel de terres agricoles. Ce potentiel de croissance justifie d'autant plus la nécessité de fonder une politique de développement adaptée en matière d'agriculture et d'exploitation des ressources naturelles. Le monde témoigne un intérêt grandissant à l'Afrique, ce qui se lit d'ailleurs par une réintégration de l'Afrique sur la scène géopolitique internationale par des acteurs différenciés... La politique extérieure menée par la Chine confirme l'importance à accorder à l'Afrique sur la scène internationale : ce « parrainage », vidé de tout passé colonialiste (mais pas pour autant de tout soupçon) se pense sur le long terme. La Chine n'est d'ailleurs pas la seule à sourire au continent noir : l'Inde, le Brésil, l'Amérique du Nord figurent parmi les principaux courtisans[13].

Si l'Afrique est décrite comme un pôle d'attraction à venir dans les différents domaines politiques et économiques, il faut en même temps reconnaître les enjeux spirituels qui accompagneront cette attraction. Si par le passé, les Occidentaux ont influencé le christianisme africain par leurs cultures religieuses, il n'y a pas de doute que les nouveaux partenaires susmentionnés viendront avec l'islam, le bouddhisme, l'hindouisme, le taoïsme, l'occultisme, etc. Les Églises évangéliques devraient donc saisir ces différentes opportunités qui s'offrent à elles en accueillant des milliers de Chinois et d'Indiens en terre africaine. Au lieu de voir l'évolution actuelle du monde du point de vue politique et économique

---

11. Jean-Michel Severino & Olivier Ray, *Le Temps de l'Afrique*, Paris, Odile Jacob, 2010.
12. Rapporté en ligne sur : http://www.letempsdelafrique.com/index.php/lelivre.html (consulté le 24 décembre 2011).
13. *Ibid.*

seulement, les Églises évangéliques devraient reconnaître qu'à défaut d'aller en mission centrifuge en Chine et en Inde, faute de moyens financiers et en raison de barrières linguistique ou politique, l'occasion leur est accordée de s'engager en mission centripète. Aujourd'hui, les Chinois et d'autres peuples, répondant à l'invitation des gouvernements africains dans le cadre de la coopération, habitent nos villes et nos campagnes. Ils apprennent nos langues et ils nous enseignent les leurs. Parce que la mission est ainsi facilitée, aucune excuse ne peut être avancée.

L'Atlas of Global Christianity *et la démographie africaine : urbanisation, émigration et immigration*

Le troisième document est l'*Atlas of Global Christianity* (dorénavant abrégé en l'*Atlas*), publié en 2009 en prévision de la célébration du centenaire de la Conférence missionnaire mondiale d'Édimbourg 1910[14]. Bien que publié en 2009, ce document présente des données statistiques de 1910 à 2010 avec des projections à 2050. Les données statistiques présentées dans les lignes qui suivent émanent de ce document qui traite des indicateurs socio-économiques, sanitaires, culturels et religieux. Dans le cadre précis du présent chapitre, nous nous intéressons aux indicateurs portant sur 1) l'urbanisation et la présence chrétienne en Afrique, 2) la migration et ses conséquences sur le christianisme africain, et 3) la disparité entre chrétiens et non-chrétiens en Afrique.

Les statistiques montrent que le taux d'urbanisation en Afrique est parti de 4 % en 1910 à 40 % en 2010. Le tableau suivant montre les pourcentages des Africains habitant dans des villes (39,9 %) et des chrétiens africains résidant dans des villes (36,9 %)[15].

Régions de l'Afrique	Population urbaine	Population urbaine chrétienne
Afrique de l'Est	23,7 %	22,6 %
Afrique Centrale	42,9 %	42,9 %
Afrique du Nord	52,0 %	44,5 %
Afrique Australe	58,8 %	58,5 %
Afrique de l'Ouest	44,6 %	48,7 %
Total	39,9 %	36,9 %

Tableau 1 : L'urbanisation de l'Afrique et la présence chrétienne

---

14. JOHNSON & ROSS, *Atlas of Global Christianity*.
15. *Ibid.*, p. 244. Le tableau 1 a été élaboré à partir de deux tableaux de l'*Atlas of Global Christianity*, p. 244.

Le tableau 1 indique que le taux de la présence chrétienne en ville est presque identique au taux de l'urbanisation. En Afrique occidentale le taux de la présence chrétienne est légèrement supérieur à celui de l'urbanisation. En Afrique orientale et septentrionale la tendance est inverse. En Afrique centrale et australe le taux de la présence chrétienne va de pair avec l'urbanisation. D'une manière générale, la tendance est qu'en Afrique les chrétiens, tout comme la population générale, habiteront de plus en plus en milieu urbain.

L'Afrique n'est pas seulement caractérisée par l'exode rural. Les mouvements migratoires font également partie des changements démographiques de l'Afrique, avec incidence sur la présence chrétienne[16] :

	Perte en population chrétienne			Gain en population chrétienne par		
	Décès	Défection	Émigration	Naissance	Conversion	Immigration
Afrique	71,1 %	16,3 %	12,6 %	84,0 %	15,5 %	0,6 %
Asie	54,7 %	30,2 %	15,1 %	58,1 %	41,6 %	0,4 %
Europe	61,9 %	36,9 %	1,2 %	52,1 %	25,6 %	22,3 %
Amérique Latine	39,7 %	33,9 %	26,4 %	73,3 %	26,6 %	0,1 %
États-Unis	56,0 %	43,7 %	0,3 %	59,8 %	20,5 %	19,7 %
Océanie	47,8 %	49,7 %	2,5 %	68,4 %	13,8 %	17,8 %
Total	58,0 %	31,0 %	11,0 %	69,2 %	24,5 %	6,3 %

Source : JOHNSON & ROSS, *Atlas of Global Christianity*, p. 65.

Tableau 2 : La migration et ses conséquences sur le christianisme africain

Le tableau 2 montre que l'Asie, l'Europe, l'Amérique latine, les États-Unis et l'Océanie connaissent un taux élevé de perte en population chrétienne par défection. Les gens décident de quitter leurs Églises. L'*Atlas* ne donne pas les raisons de ces défections. Ces personnes, en abandonnant leurs Églises, restent-elles toujours dans leurs pays ? De plus, tous ces continents, l'Amérique latine et l'Asie connaissent un taux plus ou moins élevé d'émigration. Or, la plupart des employés des organismes internationaux et ceux des affaires privées proviennent de tous ces autres continents susmentionnés. Si les Églises d'Afrique ne gagnent

---

16. *Ibid.*, p. 65.

de nouveaux chrétiens par immigration qu'à un taux très faible de 0,6 %, cela veut dire que la plupart des immigrés asiatiques, européens, américains et océaniens vivant en Afrique seraient généralement des non-chrétiens. Ils se seraient retrouvés dans cette condition soit parce que certains d'entre eux auraient fait défection de leurs Églises, soit parce qu'ils n'auraient pas encore entendu parler de Jésus, soit parce qu'ils seraient adhérents des religions et idéologies non-chrétiennes. Le tableau 3 ci-dessous montre la religion des immigrants internationaux qui viennent en Afrique pour telle ou telle raison. Les pays sont classés dans l'ordre de leur population. Il reste à savoir quelle influence ces religions et idéologies pourraient avoir sur l'avenir de la foi chrétienne en Afrique et sur la jeunesse africaine.

Musulmans	Hindous	Bouddhistes	Animistes	Agnostiques	Athées
Indonésie	Inde	Chine	Chine	Chine	Chine
Inde	Népal	Japon	Inde	Etats-Unis	Viet Nam
Pakistan	Bangladesh	Thaïlande	Nigéria	Allemagne	Corée du Nord
Bangladesh	Indonésie	Viet Nam	Madagascar	Inde	Japon
Turquie	Sri Lanka	Birmanie	Viet Nam	Corée du Nord	France
Iran	Pakistan	Sri Lanka	Corée du Sud	Japon	Italie
Nigéria	Malaisie	Cambodge	Côte d'Ivoire	Viet Nam	Allemagne
Égypte	États-Unis	Inde	Mozambique	France	Inde
Algérie	Afrique du Sud	Corée du Sud	Ethiopie	Grande Bretagne	Russie
Maroc	Birmanie	Taiwan	Indonésie	Italie	Kazakhstan

Tableau 3 : Les pays ayant la plus grande population de religions non chrétiennes en 2010[17]

L'Atlas donne aussi des informations intéressantes concernant la tâche de l'évangélisation du monde en général et de l'Afrique en particulier. Nous nous intéressons au deuxième aspect, celui de la disparité entre les chrétiens et les

---

17. Tableau rassemblant les données de plusieurs tableaux dans JOHNSON & ROSS, *Atlas of Global Christianity*, p. 10-30.

non-chrétiens en Afrique. À l'aide des concepts de « monde non chrétien non évangélisé » (Monde A), « monde non chrétien évangélisé » (Monde B), et « monde chrétien » (Monde C), l'*Atlas* donne les chiffres suivants :

Régions de l'Afrique	Population	**Monde A** **Non-chrétiens non évangélisés**	**Monde B** **Non-chrétiens évangélisés**	Monde C Chrétiens
Afrique de l'Est	332 107 000	42 787 000	74 478 000	214 842 000
Afrique centrale	129 583 000	11 330 000	12 423 000	105 830 000
Afrique du Nord	206 295 000	101 455 000	87 348 000	17 492 000
Afrique australe	56 592 000	1 288 000	8 885 000	46 419 000
Afrique de l'Ouest	307 436 000	93 033 000	104 319 000	110 084 000
Total	1 032 012 000	249 893 000	287 451 000	494 668 000
%	100		52,1	47,9

Source : JOHNSON & ROSS, *Atlas of Global Christianity*, p. 313.

Tableau 4 : Les chrétiens et les non-chrétiens en Afrique en 2010

Il ressort du tableau 4 qu'il y a deux grands ensembles : les non-chrétiens (52,1 %) d'une part, et les chrétiens (47,9 %) d'autre part. Selon ce tableau, les chrétiens ne sont pas majoritaires en Afrique. Comme nous l'avons démontré ailleurs[18], une recherche fouillée montrera que même les 47,9 % de chrétiens peuvent être répartis entre « chrétiens-dans-l'Église » et « chrétiens-sans-Église ». De la même manière, les 52,1 % de non-chrétiens peuvent être répartis entre « non-chrétiens-dans-l'Église » et « non-chrétiens-sans-Église ». Certaines recherches supplémentaires doivent être faites dans ce sens pour faciliter la stratégie d'évangélisation.

---

18. Fohle LYGUNDA, *Mission aujourd'hui. Tendances théologiques et enjeux stratégiques dans le contexte africain*, Bruxelles/Kinshasa, Mabiki, 2011, p. 31-42.

Le développement démographique et la responsabilité de l'Église

Face au développement démographique de l'Afrique, la responsabilité de l'Église n'est plus à démontrer. Les implications indiquées ci-dessus font entrevoir que l'Église devrait s'engager dans la dynamique de la transformation du monde au sein duquel elle accomplit sa mission.

Jésus n'a pas hésité à démontrer aux disciples que le monde était leur champ d'action. Plusieurs fois, il indiqua aux disciples que leur mission devait s'exercer dans le monde à la suite de ce qu'il avait lui-même inauguré : « Car Dieu a tant aimé le *monde* qu'il a donné son Fils unique » (Jn 3.16). La destination de la mission des disciples se dégage clairement de sa prière : « Comme tu m'as envoyé dans le *monde*, moi aussi je les ai aussi envoyés dans le *monde* » (Jn 17.18). Pour Jésus, « le champ, c'est le *monde* » (Mt 13.38). Le monde est plus qu'un espace géographique. Il s'agit de tout ce qui caractérise la vie des gens disséminés à travers la terre habitée. « Le *monde* les a détestés, parce qu'ils ne sont pas du *monde*, comme moi je ne suis pas du *monde*. Je ne te demande pas de les enlever du *monde*, mais de les garder du Mauvais » (Jn 17.14-15). Devant la déception (Lc 24.21), le doute (Mt 28.17) et la peur des disciples (Jn 20.19) suite à la mort de celui qui constituait leur unique espoir, Jésus insista sur la portée de la mission de ses envoyés (*apostoloi*) : « Allez, faites des gens de toutes les nations [*les gens de différentes cultures*] des disciples [*qui s'identifient à Jésus et qui obéissent à ses prescriptions*] » (Mt 28.19). « Comme le Père m'a envoyé [dans le *monde*], moi aussi je vous envoie [dans le *monde*] » (Jn 20.21). « …Vous serez mes témoins à Jérusalem, dans toute la Judée et en Samarie, et jusqu'aux extrémités de la terre » (Ac 1.8). Quels que soient l'effectif et le lieu d'habitation, la mission de l'Église doit s'exercer en faveur de cette population « jusqu'à la fin du *monde* » (Mt 28.20b). La mission de l'Église s'étend alors dans l'espace (*oikoumene*) et dans le temps (*aïon*). Le monde est le champ de mission de l'Église. Ce monde créé parfait par Dieu (Gn 1.31), malheureusement tombé sous la malédiction à cause du péché (Gn 3.17), et actuellement surexploité par les actions de l'homme, doit « être affranchi de la servitude de la corruption » (Rm 8.19-21, LSG).

Cette esquisse théologique de la mission de l'Église est plus que nécessaire dans le contexte actuel du développement démographique d'un monde brisé, où les tendances humaines essaient de limiter le rôle de l'Église dans la transformation de la société. Pour les uns, la mission ne doit s'occuper que du salut spirituel par la proclamation de l'Évangile, sans s'immiscer dans les aspects socio-économiques du monde. Pour d'autres, la mission de l'Église devrait évoluer pour se focaliser sur le bien-être socio-économique de l'homme créé à l'image de Dieu. Ce débat entre les évangéliques et les œcuméniques date de longtemps et semble trouver un terrain d'entente depuis le Congrès de Lausanne en 1974[19]. Cependant, avec l'évolution du monde et de ses réalités, les débats et tensions théologiques sur la mission de l'Église ne finiront jamais[20]. La situation démographique actuelle du monde soulèvera plusieurs problèmes qui risqueront de remettre en cause ou de réduire la mission selon Jésus. Les débats sur ces différents faits de société seront parfois très ardents au point de créer des divisions entre les personnalités et communautés chrétiennes, même entre celles se réclamant du mouvement évangélique ou œcuménique.

Parmi ces faits de société, nous pouvons déjà anticiper ceux liés aux conséquences de l'explosion démographique dont nous venons de rendre compte ci-dessus. La responsabilité de l'Église doit être bien définie.

1. *L'exode rural.* L'Église peut-elle encore viser les villages et les campagnes qui deviennent de plus en plus déserts ? Si oui, quelle sera la nature de l'activité missionnaire pour une population qui se sentira laissée pour compte, sans instruction et sans moyen matériel ? Quel sera le profil du missionnaire qui devra s'y déployer ?

2. *L'urbanisation.* Selon les prévisions, l'Afrique deviendra de plus en plus « urbaine » avec toutes les réalités socio-économiques et spirituelles qui en résultent. Sera-ce la fin de la mission étrangère pour les Églises d'Afrique ? Sinon, quelle sera la nature de l'activité missionnaire pour une population qui sera exposée à toutes les valeurs culturelles du monde ? Quel sera le profil du missionnaire qui devra s'y déployer ?

3. *La jeunesse.* L'Afrique est reconnue comme un des continents qui compte le taux d'habitants de moins de quinze ans le plus élevé (plus de 45 %). Entre temps, l'explosion démographique marquée par la pauvreté jette la plupart d'entre eux dans la rue. Au même moment, la richesse se concentre entre les mains d'un petit groupe de personnes qui s'improvisent « partenaires financiers de l'Église ». Devant la tentation de beaucoup d'Églises africaines de miser sur la présence de ces pourvoyeurs, quelle sera la place de la jeunesse démunie à la fois dans l'Église et dans sa mission ?

4. *La migration.* Il est évident que les mouvements migratoires s'intensifieront davantage à travers le continent et vers d'autres

---

19. Cf. Lygunda, *Mission aujourd'hui*, p. 53-62.
20. A. Scott Moreau et al., *Introducing World Missions. A Biblical, Historical, and Practical Survey*, Grand Rapids, Baker Academic, 2004, p. 311.

continents. Beaucoup d'Africains saisiront les occasions offertes par la technologie et la facilité de déplacement pour aller à la recherche de la sécurité sociale. Les familles seront disloquées, les identités culturelles hybridées, les mœurs brouillées, la cartographie mondiale reconfigurée. De plus en plus, l'Afrique passera pour un terrain vierge abandonné par les autochtones, un terrain à récupérer et à exploiter par les nouveaux venus. Quelle sera la mission de l'Église à la fois pour les émigrés (les Africains qui se déplacent) et pour les immigrés (les nouveaux venus) ? Quelle sera la mission de l'Église auprès d'une population immigrée imbibée d'une culture religieuse, séculière et matérialiste difficile à abandonner ? Quel sera le message approprié ?

5. *La justice sociale.* Dans ce mélimélo, la question de la justice sociale s'invitera à l'ordre du jour de différentes rencontres de l'Église, notamment en ce qui concerne la liberté individuelle en matière de religion et de mœurs, les droits de l'homme, l'égalité ethnique, raciale et sexuelle, la justice distributive des revenus de nos nations, etc. Quelle sera la position de l'Église face à certaines pratiques contextuelles qui pourraient peut-être compromettre l'éthique chrétienne ? Quelle sera la mission principale de l'Église dans un tel contexte ?

6. *La cohabitation interreligieuse.* Les religions autrefois lointaines et minoritaires deviendront de plus en plus présentes en raison d'un quelconque bien-être social qu'elles prétendraient apporter dans ce continent. Déjà aujourd'hui, les grandes villes africaines bouillonnent de ces groupes religieux ésotériques et mystiques, au point d'attirer la majorité de décideurs sociaux de nos pays. Dans ce lot se classent les universitaires et les hommes et femmes d'affaires ainsi que les leaders politiques. Quel sens aura le dialogue interreligieux en Afrique ? Quelle sera la nature de la mission de l'Église dans un tel contexte ?

Loin de nous l'idée de nous éterniser dans l'énumération de questions qui n'est d'ailleurs pas exhaustive[21]. L'essentiel était d'attirer l'attention sur les faits des sociétés africaines qui risqueront de surprendre l'Église d'Afrique. En

---

21. La plupart de ces questions sont aussi discutées par les missiologues en dehors de l'Afrique. Leurs analyses peuvent servir de lignes de conduite à contextualiser. Voir à cet effet : J. Andrew KIRK, *What is Mission ? Theological Explorations*, Minneapolis, Fortress Press, 2000 ; MOREAU et al., *Introducing World Missions* ; Peter COTTERELL, *Mission and Meaninglessness. The Good News in a World of Suffering and Disorder*, London, SPCK, 1996 ; Bryant L. MYERS, *Walking With the Poor*, Maryknoll, Orbis, 2004 ; Craig OTT, *Encountering Theology of Mission*, Grand Rapids, Baker Academic, 2010.

effet, beaucoup d'entre elles agissent au jour le jour, sans un examen critique et objectif de la situation à laquelle sont confrontées les nations au sein desquelles elles fonctionnent. Pour rendre l'Église d'Afrique plus responsable, les actions suivantes s'imposent.

Le développement démographique et la tâche inachevée

Face aux différents défis et opportunités décrits ci-dessus, et pour être équilibrée, la tâche inachevée devra se centrer sur la mission intégrale de l'Église. D'une manière simple et pratique, nous pouvons dire que la mission de l'Église a trait à Dieu, à l'Église elle-même, et à ceux qui ne sont pas de l'Église[22].

1. *La mission de l'Église envers Dieu par l'adoration* (*spiritualité et culte*). Dieu qui est Esprit cherche ceux qui veulent l'adorer en esprit et en vérité (Jn 4.24). Dieu ne peut donc être bien adoré que si les membres d'Églises vivent et entretiennent un climat de spiritualité. Une chose est de vivre la spiritualité individuellement, et une autre est de rendre un culte à Dieu collectivement. Le culte à Dieu dans une assemblée est en réalité le résultat de la vie spirituelle de chaque membre individuel. L'adoration implique une responsabilité à la fois individuelle et collective. Les réalités de l'explosion démographique posent et continueront à poser des problèmes à l'Église par rapport à son adoration de Dieu.

2. *La mission de l'Église à l'intérieur de l'Église en vue de l'édification des membres* (*affermissement et fraternité*). Le Saint-Esprit accorde des dons spirituels à chaque membre d'Église pour que chacun soit utile à l'ensemble du corps de Christ. Mais, des ministères (apôtres, prophètes, évangélistes, pasteurs, docteurs) sont donnés à l'Église pour édifier les membres de sorte que ceux-ci soient bien affermis pour mieux exercer leurs dons spirituels dans le cadre du corps de Christ (Ép 4.11-13). C'est une chose d'être affermis individuellement, mais une autre est de vivre une vie de communion fraternelle. La communion fraternelle doit être le résultat de l'affermissement de chaque membre. L'édification implique une responsabilité à la fois d'apprentissage et de fraternité. Les effets de la croissance démographique posent et continueront à poser des problèmes à l'Église par rapport à sa mission d'édification.

---

22. Lygunda, *Mission aujourd'hui*, p. 79-87.

3. **La mission de l'Église vers l'extérieur de l'Église par l'évangélisation** (*témoignage et service*). Les quatre évangiles montrent que toute personne sauvée d'une vie de péché ou des conséquences du péché, ou toute personne qui a rencontré le Christ a un témoignage à partager avec d'autres (Jn 1.29 ; 4.29 ; 5.15). Il peut s'agir d'un témoignage lié à son expérience de guérison ou de délivrance. Il peut aussi s'agir du témoignage général sur la personne et l'œuvre du Christ. Toutefois, c'est une chose de partager un témoignage verbal, et une autre de rendre des services à autrui. Les services chrétiens ne peuvent être rendus que si chaque membre est convaincu de ce que le Seigneur lui a fait. L'évangélisation implique une responsabilité exprimée à la fois en paroles et en actes. Les conséquences de la montée démographique posent et continueront à poser des problèmes à l'Église par rapport à sa mission d'évangélisation.

Qu'est-ce qui représente la tâche inachevée pour les Églises évangéliques en matière d'adoration, d'édification et d'évangélisation ? *Flashes sur le monde* répond à cette question sans toutefois suivre notre classification (adoration, édification, évangélisation)[23]. Tout ce que *Flashes sur le monde* énumère sous les rubriques « les points chauds de l'Afrique », « les tendances à observer », « l'Église en Afrique », « les peuples non atteints en Afrique », et « les défis majeurs » constitue la tâche inachevée en rapport avec l'adoration, avec l'édification et avec l'évangélisation. Les faits des sociétés africaines suscités par le développement démographique de l'Afrique que nous avons relevés ci-dessus constituent également la tâche inachevée pour les Églises évangéliques d'Afrique. Comme nous l'avons dit au début, pour cette Afrique milliardaire, les Églises évangéliques n'ont plus d'excuse à l'égard d'un engagement missionnaire total et responsable.

Pour aller plus loin

COTTERELL, Peter, *Mission and Meaninglessness. The Good News in a World of Suffering and Disorder*, London, SPCK, 1996.

JOHNSON, Todd & Ross, Kenneth, *Atlas of Global Christianity 1910-2010*, Édimbourg, Edinburgh University Press, 2009.

KIRK, J. Andrew, *What is Mission ? Theological Explorations*, Minneapolis, Fortress Press, 2000.

---

23. Jason MANDRYK, *Operation World*, Professional Edition DVD-ROM, GMI, 2010, p. 34-40 (à paraître en français sous le titre *Flashes sur le monde*, aux éditions Excelsis).

Lygunda, Fohle, *Mission aujourd'hui. Tendances théologiques et enjeux stratégiques dans le contexte africain*, Bruxelles/Kinshasa, Mabiki, 2011.

Mandryk, Jason, *Operation World*, Professional Edition DVD-ROM, GMI, 2010 (à paraître en français sous le titre *Flashes sur le monde*, aux éditions Excelsis).

Moreau, A. Scott *et al.* (sous dir.), *Introducing World Missions. A Biblical, Historical, and Practical Survey*, Grand Rapids, Baker Academic, 2004.

Myers, Bryant L., *Walking With the Poor*, Maryknoll, Orbis, 2004.

Ott, Craig *et al.*, *Encountering Theology of Mission*, Grand Rapids, Baker Academic, 2010.

Severino, Jean-Michel & Ray, Olivier, *Le Temps de l'Afrique*, Paris, Odile Jacob, 2010.

Soudan, François *et al.*, « Un milliard d'Africains », *Jeune Afrique* n° 2550, 22 au 28 novembre 2009, p. 24-30.

6

Le mouvement missionnaire évangélique contemporain en Afrique francophone

Fohle Lygunda li-M

L'Afrique francophone aurait représenté une force potentielle pour la mission mondiale et intégrale[1], mais une force qui s'ignore et qui a besoin d'être entretenue de peur que les réalités actuelles du monde ne jouent en sa défaveur. Pour comprendre les enjeux d'une telle mise en garde, on partira de l'histoire biblique et moderne avant de présenter quelques données statistiques qui permettront d'amorcer une analyse objective des faits afin de suggérer quelques recommandations pratiques en vue d'un engagement missionnaire responsable.

Arrière-plan historique du mouvement missionnaire

La compréhension des défis et des possibilités du mouvement missionnaire évangélique contemporain en Afrique francophone peut être facilitée par la reconsidération de ce mouvement dans le cadre général de l'utilisation de l'Afrique par Dieu telle qu'elle s'est présentée dans l'histoire de sa mission mondiale. L'Afrique a été impliquée dans le processus du salut, celui de « délivrer l'homme

---

1. La mission mondiale signifie que Dieu s'engage dans le salut de tous les hommes où qu'ils puissent habiter dans le monde (cf. 1 Tm 2.4). La mission intégrale indique que Dieu s'intéresse à tout l'homme dans ses trois composantes que sont le corps, l'âme et l'esprit (cf. 1 Th 5.23).

de la puissance du péché et de ses effets[2] ». L'apôtre Paul décrit l'avènement du Sauveur en termes d'accomplissement prophétique : « Lorsque les temps furent accomplis, Dieu a envoyé son Fils, né d'une femme » (Ga 4.4). Pour Paul, tous ceux qui sont en Christ, Juifs ou Grecs, esclaves ou libres, hommes ou femmes, sont « la descendance d'Abraham » (Ga 3.29). Or, en un temps de crise dans les premières heures de sa vocation, c'est en Afrique qu'Abraham a trouvé refuge, lui qui avait reçu la grâce de devenir un canal de bénédictions pour toutes les familles de la terre (Gn 12.10, 16, 20 ; 13.1-7). Le peuple d'Israël, peuple élu par Dieu pour servir de lumière aux nations, a échappé à la grande famine en déménageant en Afrique (Gn 45.5-11, 17-28) et en est sorti « avec de grandes richesses » (Gn 15.14 ; Ex 3.22 ; 11.2 ; 12.35-36).

Jésus-Christ, le grand roi nouveau-né et le Messie promis, n'eut la vie sauve qu'en s'exilant en terre africaine sous l'ordre personnel et explicite de Dieu (Mt 2.13-15). Lorsque Jésus fut épuisé dans sa marche vers Golgotha, un résident d'origine africaine, Simon de Cyrène, porta sa croix (Mc 15.21). Des communautés chrétiennes africaines auraient déjà existé au cours de l'époque apostolique, principalement grâce à la présence de disciples de Jésus originaires de Cyrène se trouvant à Jérusalem (Ac 2.10), à Antioche (Ac 11.20-26 ; 13.1) et à Rome (Rm 16.13). Après Jérusalem, la Judée et la Samarie, l'Église a touché les « extrémités de la terre » dans sa mission centrifuge en commençant par l'eunuque éthiopien, un Africain (Ac 8.27-39). La Bible rapporte que ce ministre de Candace, la reine d'Éthiopie, poursuivait sa route tout *joyeux* (Ac 8.39), contrairement au jeune homme riche juif du temps de Jésus qui devint tout *triste*, lorsque le Seigneur lui parla du Règne de Dieu (Lc 18.24). La joie de l'Africain vient de sa découverte du trésor éternel, sachant que Dieu qui est à l'œuvre, est plus important que tout ce qu'un homme aura amassé[3]. Il y a plus de joie d'être un instrument entre les mains du Seigneur que de vivre pour soi-même, mais loin de Dieu. Il faut aussi ajouter le fait de la présence d'une communauté de disciples à Alexandrie, c'est-à-dire en Égypte, dès les premières années de l'Église chrétienne. Une telle communauté aurait résulté du ministère d'Apollos (Ac 18.24-28) avant que ce dernier eût décidé d'aller à Éphèse (Turquie) et à Corinthe (Grèce) pour soutenir Paul dans son ministère de prouver à partir des Écritures que Jésus est le Messie.

L'Afrique n'a pas seulement été utilisée par Dieu dans le passé biblique. En dépit de sa situation marquée par la pauvreté, les calamités, les guerres et

---

2. R.E.O. WHITE, « Salvation », in *Evangelical Dictionary of Theology*, sous dir. Walter A. ELWELL, Grand Rapids, Baker, 1984, p. 967.

3. Voir la parabole du trésor où l'homme, dans sa *joie* de découvrir le trésor caché, vendit tout ce qu'il avait pour acheter le champ (Mt 13.43-44).

les maladies, l'Afrique a également servi de canal de bénédiction aux peuples du monde aussi bien pendant l'Antiquité qu'au cours de l'histoire et dans l'ère moderne. Après la période néotestamentaire, les premières écoles de théologie qui ont défini et défendu la foi chrétienne d'une manière systématique, furent implantées sur le sol africain, principalement à Alexandrie et à Carthage. Les martyrs (Félicité et Perpétue), les Pères de l'Église et les écrivains ecclésiastiques ont émergé en Afrique du Nord, notamment Origène, Cyprien, Athanase, Tertullien, Clément d'Alexandrie, Augustin, etc. C'est Tertullien qui a élaboré la doctrine de la « Trinité ». Carthage III est reconnu comme le plus remarquable de tous les conciles africains pour avoir confirmé la liste canonique des Écritures Saintes en 397 apr. J.-C. La liste des actions de Dieu par l'Afrique et sur son sol, dans l'histoire de l'Église, est longue. Quelques historiens ont fait une étude intéressante là-dessus. Il est surprenant que les meilleures études et les plus approfondies soient de la plume d'Occidentaux[4].

Ce qui précède corrobore l'idée que tous les déplacements d'élus de Dieu vers l'Afrique eurent lieu soit sur l'initiative de Dieu, soit sur celle des hommes, mais furent encouragés par Dieu. Ces mouvements furent liés au projet de Dieu de sauver toute l'humanité. Mais Dieu a également fait intervenir l'Afrique dans les trois domaines des besoins de l'homme : besoins physiques (corps), besoins psychiques (âme) et besoins spirituels (esprit). De ce fait, l'Afrique qui est l'un des lieux stratégiques de Dieu, ne peut qu'être la cible du diable. Le péché vient du diable, et les conséquences du péché sont la souffrance, la famine, les maladies, les guerres et la mort. Et pourtant Dieu qui permet ces expériences n'est pas absent de l'Afrique.

Un mouvement missionnaire dans une Afrique plurielle

Tout observateur averti peut néanmoins reconnaître que l'Afrique n'est pas uniforme. Elle englobe en son sein plusieurs races (blanche et noire) et nombre de cultures métissées, influencées par la diversité des puissances coloniales (anglaise, française, belge, portugaise, espagnole, arabe, italienne, allemande). Les réalités socioculturelles et économiques de la partie occidentale de l'Afrique ne sont pas nécessairement identiques à celles de la partie centrale. Les deux

---

4. Par exemple Thomas C. ODEN, *Comment l'Afrique a façonné la pensée chrétienne. La redécouverte du terreau du christianisme occidental*, trad. Alain Bouffartigues, Saint Albain, Publications pour la Jeunesse africaine, 2011 ; Jonathan HILDEBRANDT, *History of the Church in Africa*, Achimota, African Christian Press, 1981, p. 5-6 ; pour une démonstration plus éloquente du Ier au XVe siècle, cf. Elizabeth ISICHEI, *A History of Christianity in Africa*, Londres, SPCK, 1995, p. 1-44.

régions susmentionnées ne sont pas pareilles à la partie connue sous le nom de Maghreb, ni à celle dite de la corne de l'Afrique (Éthiopie, Somalie et Érythrée), ni aux pays où l'on parle swahili (Kenya, Tanzanie et la partie Nord de Mozambique), encore moins à la partie australe[5]. Comme l'a dit John Mbiti dans l'introduction à son ouvrage *Religions et philosophies africaines*[6], l'héritage africain est riche, et non uniforme. Cet héritage a des similarités, mais souvent aussi des différences d'un lieu à l'autre et d'un peuple à l'autre. Il y a donc lieu de dire avec McNulty que l'Afrique est un continent de contrastes et de diversité[7]. Dans un tel contexte, l'honnêteté intellectuelle et scientifique exige que la généralisation des théories soit faite avec prudence et seulement en cas d'évidence.

Cette observation vaut également pour le mouvement missionnaire évangélique contemporain en Afrique francophone. Le terme de *francophonie* apparut à la fin du XIXe siècle, lorsque le géographe français Onésime Reclus s'en servit pour désigner les espaces géographiques où la langue française était parlée[8]. Par la *francophonie* il faut entendre l'ensemble des populations réparties sur la planète, qui se servent partiellement ou totalement de la langue française dans leur vie et communication quotidiennes[9]. La partie francophone de l'Afrique comprend les pays issus de la colonisation française et belge, répartis entre l'Afrique centrale, l'Afrique occidentale, l'Afrique septentrionale connue sous le label de Maghreb, et l'Afrique orientale comprenant la corne de l'Afrique et les îles de l'Océan Indien. Tout en reconnaissant certaines similarités de défis et de possibilités pour le mouvement missionnaire dans les différentes aires francophones, il convient également de relever que ces défis et possibilités

---

5. Yale RICHMOND & Phyllis GESTRIN, *Into African Intercultural Insights*, Yarmouth, Intercultural Press, 1998, p. 75-213.

6. John S. MBITI, *Religions et philosophies africaines*, Yaoundé, CLÉ, 1972, cité par RICHMOND & GESTRIN, *Into African Intercultural Insights*, p. 175.

7. L. M. MCNULTY, « The Contemporary Map of Africa », in *Africa*, sous dir. P. M. MARTIN & P. O'MEARA, London, Indiana University Press, 1995, p. 10-48, mention p. 13.

8. Pascal BONNAZ, *Flashes sur le monde francophone*, Dijon, Éditions missionnaires francophones, 2006, p. 8.

9. Pour la francophonie, voir www.francophonie.org. Pour l'« Afrique francophone », voir http://fr.wikipedia.org/wiki/Afrique_francophone (consulté le 29 décembre 2011). L'Afrique francophone est normalement divisée en trois catégories. La première est constituée des pays ayant le français comme première langue officielle. Le Burundi et le Rwanda, autrefois francophones de l'Afrique centrale, ont basculé vers la communauté est-africaine (*East African Community*) en adoptant l'anglais comme la langue officielle. La deuxième catégorie comprend les pays qui optent pour le français comme deuxième langue officielle (Mauritanie, Maroc, Algérie, Tunisie, Île Maurice). La troisième catégorie regroupe les pays ayant adhéré à l'Organisation Internationale de la Francophonie, bien qu'étant essentiellement non-francophones (Cap-Vert, Égypte, Ghana, Guinée-Bissau, Mozambique, Sao Tomé-et-Principe). Nous ne retenons que les pays des deux premières catégories.

diffèrent d'une région à l'autre. Discutant de l'état du christianisme en Afrique de 1910 à 2010, Joseph Mugambi décrit la diversité du christianisme africain en termes d'identité culturelle, de point de vue doctrinal, d'intérêt social, d'approche pastorale, de stratégie missionnaire, et d'engagement œcuménique[10].

S'agissant particulièrement du mouvement missionnaire évangélique en Afrique francophone, une telle diversité éclate au grand jour. Les lignes qui suivent tentent de clarifier cette diversité de l'Afrique francophone par des données statistiques officielles[11]. Une manière simple d'évaluer le mouvement missionnaire d'un pays consisterait à comparer certaines données statistiques relatives à la population chrétienne et à la population du pays, au gain ou à la perte en population chrétienne, au nombre de missionnaires envoyés et à celui de missionnaires reçus[12]. Les rapports statistiques ci-dessous (tableaux 1 à 5) font état de la situation actuelle de l'Afrique francophone. De ces rapports chiffrés ressortent les défis de l'engagement missionnaire, un engagement quelque peu mitigé.

Plutôt que d'analyser en détail chaque tableau se rapportant à telle ou telle région de l'Afrique francophone, on sélectionnera et présentera simplement les résultats publiés par des chercheurs accrédités. Le lecteur aura ainsi le loisir d'observer à sa guise les chiffres qui lui sauteront aux yeux. On fera toutefois un petit commentaire évaluatif dans une analyse synthétique amorcé à partir du tableau 5.

Mouvement missionnaire évangélique en Afrique centrale francophone

Le tableau 1 indique que pour un total de 87 863 000 chrétiens de l'Afrique centrale francophone, 1 920 missionnaires furent envoyés. Il en ressort que sur un groupe de 45 761 chrétiens, un seul chrétien fut envoyé comme missionnaire.

---

10. J. N. K. MUGAMBI, « Christianity in Africa, 1910-2010 », in *Atlas of Global Christianity*, sous dir. Todd JOHNSON & Kenneth ROSS, Édimbourg, Edinburgh University Press, 2009, p. 111.
11. Alors que les données statistiques proviennent de l'*Atlas of Global Christianity*, la liste des pays de l'Afrique francophone est tirée de Wikipédia. Les détails par pays sont publiés par Jason MANDRYK, *Operation World*, Professional Edition DVD-ROM, 2010.
12. Ces données statistiques sont extraites de JOHNSON & ROSS, *Atlas*, p. 267.

Pays	Population générale (2010)	Population chrétienne (2010)	Perte en population chrétienne (2010)	Gain en population chrétienne (2010)	Missionnaires envoyés (2010)	Missionnaires reçus (2010)
Cameroun	19 662 000	11 161 000	199 200	422 900	440	3 500
Centrafrique	4 592 000	3 048 000	78 400	137 800	90	1 200
Congo	4 011 000	3 607 000	75 800	149 000	140	890
R.D. Congo	69 010 000	65 803 000	1 497 000	3 453 000	1 200	15 000
Gabon	1 390 000	1 258 000	17 600	35 600	20	440
Tchad	11 715 000	2 986 000	58 100	143 600	30	830
Total	106 280 000	87 863 000	1 926 100	4 341 900	1 920	21 860
%		82,6 %	2,1 %	4,9 %		

Source : JOHNSON & ROSS, *Atlas of Global Christianity*, p. 267.

Tableau 1 : L'Afrique Centrale francophone en chiffres

Mouvement missionnaire évangélique en Afrique occidentale francophone

Le tableau 2 montre que pour un total de 15 867 700 chrétiens de l'Afrique occidentale francophone 557 missionnaires furent envoyés. Il en résulte que sur un groupe de 28 487 chrétiens, un seul chrétien fut envoyé comme missionnaire.

Pays	Population générale (2010)	Population chrétienne (2010)	Perte en population chrétienne (2010)	Gain en population chrétienne (2010)	Missionnaires envoyés (2010)	Missionnaires reçus (2010)
Bénin	9 872 000	3 872 000	46 900	170 400	55	660
Burkina-Faso	16 097 000	3 401 000	53 800	172 200	40	1 000

Côte-d'Ivoire	20 375 000	7 119 000	142 400	306 100	340	1 900
Rép. de Guinée	10 028 000	362 000	4 770	14 800	2	120
Mali	13 506 000	384 000	7 910	18 900	10	500
Mauritanie	3 363 000	8 600	180	280	0	60
Niger	15 791 000	57 100	1 930	2 840	10	510
Sénégal	13 311 000	664 000	8 800	22 620	100	1 200
Total	102 343 000	15 867 700	266 690	708 140	557	5 950
%		15,5 %	1,6 %	4,4 %		

Source : JOHNSON & ROSS, *Atlas of Global Christianity*, p. 267.

Tableau 2 : L'Afrique occidentale francophone en chiffres

Mouvement missionnaire évangélique en Afrique du Nord francophone

Le tableau 3 montre que pour un total de 142 600 chrétiens de l'Afrique du Nord, 39 missionnaires furent envoyés. Il en découle que sur un groupe de 3 656 chrétiens, un seul chrétien fut envoyé comme missionnaire.

Pays	Population générale (2010)	Population chrétienne (2010)	Perte en population chrétienne (2010)	Gain en population chrétienne (2010)	Missionnaires envoyés (2010)	Missionnaires reçus (2010)
Algérie	35 423 000	64 000	1 500	2 600	20	560
Maroc	32 247 000	54 100	1 180	1 200	15	1 000
Tunisie	10 684 000	23 900	520	560	4	220
Total	78 354 000	142 600	3 200	4 360	39	1 780
%		0,1%	2,2%	3,0%		

Source : JOHNSON & ROSS, *Atlas of Global Christianity*, p. 267.

Tableau 3 : L'Afrique du Nord francophone en chiffres

Mouvement missionnaire évangélique en Afrique orientale francophone

Le tableau 4 montre que pour un total de 28 401 200 chrétiens de l'Afrique orientale francophone 672 missionnaires furent envoyés. Il s'ensuit que sur un groupe de 42 263 chrétiens, un seul chrétien fut envoyé comme missionnaire.

Pays	Population générale (2010)	Population chrétienne (2010)	Perte en population chrétienne (2010)	Gain en population chrétienne (2010)	Missionnaires envoyés (2010)	Missionnaires reçus (2010)
Djibouti	773 000	14 100	400	420	5	85
Comores	773 000	3 800	70	130	2	40
Madagascar	21 299 000	11 030 000	123 000	433 700	340	2 000
Seychelles	87 600	84 300	900	1 210	15	170
Burundi	9 553 000	8 879 000	141 100	483 000	170	1 200
Rwanda	10 601 000	8 390 000	179 600	415 200	140	1 300
Total	43 086 600	28 401 200	445 070	1 333 660	672	4 795
%		65,9 %	1,5 %	4,6 %		

Source : JOHNSON & ROSS, *Atlas of Global Christianity*, p. 267.

Tableau 4 : L'Afrique orientale francophone en chiffres

Synthèse

Les données présentées ci-dessus remettent en cause toute allégation selon laquelle l'Afrique francophone serait une force proactive pour la mission. La synthèse du tableau 5 ci-dessous montre que l'effectif des chrétiens de l'Afrique francophone se chiffrerait à 132 274 500 en 2010, soit 40 % de la population totale de l'espace francophone de l'Afrique. Par rapport à toute l'Afrique qui aurait hébergé 494 668 000 chrétiens en 2010[13], l'Afrique francophone représenterait 26,7 % de chrétiens. Toutefois, les recherches démontrent que le christianisme aurait connu une perte de 2 641 060 chrétiens en Afrique francophone en 2010, soit 1,9 %. Cette perte en population chrétienne est causée par des décès,

---

13. JOHNSON & ROSS, *Atlas*, p. 267.

défections et l'émigration[14]. Par contre, le christianisme aurait gagné 6 388 060 chrétiens en Afrique francophone au cours de la même année, soit 4,8 %. Le gain en population chrétienne se fait par naissance, conversion et immigration.

Régions de l'Afrique francophone	Population (2010)	Population chrétienne (2010)	Perte en population chrétienne (2010)	Gain en population chrétienne (2010)	Missionnaires envoyés (2010)	Missionnaires reçus (2010)
Afrique centrale	106 280 000	87 863 000	1 926 100	4 341 900	1 920	21 860
Afrique de l'Ouest	102 343 000	15 867 700	266 690	708 140	557	5 950
Afrique du Nord	78 354 000	142 600	3 200	4 360	39	1 780
Afrique de l'Est	43 086 600	28 401 200	445 070	1 333 660	672	4 795
Total	330 063 600	132 274 500	2 641 060	6 388 060	3 188	34 385
%		40,0 %	1,9 %	4,8 %		

Source : JOHNSON & ROSS, *Atlas of Global Christianity*, p. 267.

Tableau 5 : L'Afrique francophone en chiffres

Sur 20 700 missionnaires africains envoyés en 2010[15], 3 188 seulement auraient été envoyés par l'Afrique francophone, soit 15,4 %. Autant dire que l'Afrique francophone n'est pas tellement missionnaire. Si pour un total de 132 274 500 chrétiens de l'Afrique francophone, 3 188 missionnaires furent envoyés, il s'ensuit que sur un groupe de 41 492 chrétiens, un seul chrétien fut envoyé comme missionnaire.

Sur 93 700 missionnaires reçus en Afrique en 2010[16], 34 385 auraient œuvré en Afrique francophone, soit 36,6 %. L'Afrique francophone aurait alors reçu deux fois plus de missionnaires qu'elle n'en aurait envoyés. Si pour un total de 132 274 500 chrétiens de l'Afrique francophone, 93 700 missionnaires étrangers y

---

14. *Ibid.*, p. 60.
15. *Ibid.*, p. 267.
16. *Ibid.*

œuvrent, il en ressort qu'un missionnaire étranger s'occupe de 1 412 chrétiens de l'Afrique francophone. À cet effet, l'Afrique francophone aurait été plus réceptrice qu'expéditrice de missionnaires.

Le tableau 6 présente des informations à prendre au sérieux. Alors que le taux du christianisme en Afrique francophone est relativement élevé au centre (82,6 %) et à l'Est (65,9 %), la présence chrétienne à l'Ouest (15,5 %) et au Nord (0,1 %) laisse encore à désirer. Cependant, il y a plus de perte de population chrétienne au centre (2,1 %) et au Nord (2,2 %) qu'à l'Est (1,3 %) et à l'Ouest (1,6 %). Au regard de ces chiffres et tenant compte des rapports démographiques récents qui font état du taux de croissance démographique élevé en Afrique, on est en droit d'affirmer que l'Afrique francophone serait encore un champ de mission. Si le taux des chrétiens francophones d'Afrique est de 40 %, les non-chrétiens représenteraient 60 %. Un grand champ missionnaire !

Régions de l'Afrique francophone	Population chrétienne (2010)	Perte en population chrétienne (2010)	Gain en population chrétienne (2010)	Missionnaires envoyés (2010)
Afrique centrale	82,6 %	2,1 %	4,9 %	1 920
Afrique de l'Est	65,9 %	1,5 %	4,6 %	672
Afrique de l'Ouest	15,5 %	1,6 %	4,4 %	557
Afrique du Nord	0,1 %	2,2 %	3,0 %	39
Total				3 188

Tableau 6 : L'Afrique francophone moins active pour la mission

Ces différents chiffres montrent de façon suffisante que l'Afrique francophone est une aire géographique où l'Évangile est annoncé, mais que, d'une manière générale, cet Évangile serait reçu soit difficilement, soit d'une manière superficielle, soit qu'il n'est pas transmis par un grand nombre de membres d'Église. Ces chiffres constitueraient également une preuve que les Églises d'Afrique francophone auraient été moins actives dans la mission transculturelle à la fois au près et au loin, c'est-à-dire en dehors de l'espace francophone d'Afrique, ainsi qu'en dehors du continent. Seule une recherche fouillée au cas par cas pourrait prouver le contraire. L'orientation pour une telle recherche porterait sur l'analyse de chacun des tableaux ci-dessus pour indiquer les différents endroits où les missionnaires francophones d'Afrique se sont déployés, combien y sont envoyés, ce qu'ils font exactement en termes d'actions missionnaires, comment ils ont été sélectionnés, formés, envoyés et soutenus. Ces données ne sont pas encore disponibles.

Conclusion et recommandations

Le mouvement missionnaire n'est pas un simple fait d'annonce. Il ne se décrète pas non plus. C'est une expérience à vivre et on peut en constater les fruits. D'une manière générale et à la lumière de ce qui précède, l'Afrique francophone a encore besoin d'être bien mobilisée pour un engagement responsable et collectif dans la mission mondiale et intégrale de Dieu. Le commentaire éloquent de Daniel Bourdanné fait état de la situation actuelle :

> L'Afrique francophone a souvent été considérée comme la fille pauvre du monde évangélique, du fait de son passé colonial caractérisé par une faible vitalité du protestantisme en France et en Belgique, pays colonisateurs. Au plan missiologique, l'Afrique francophone a été souvent négligée, parce que culturellement difficile et peu connue du monde évangélique mondial, dominé par la culture américaine et la tradition anglo-saxonne[17].

Le cri d'alarme de Bourdanné ne devrait pourtant pas faire porter à d'autres la responsabilité de continuer à être « fille pauvre souvent négligée ». Après plus d'un siècle de présence chrétienne, ce cri n'aura sa raison d'être que s'il devient un cri d'éveil. En cherchant à engager l'Afrique francophone dans la mission, il conviendra également de l'aider à considérer les défis et possibilités suivants :

1. *Créer des structures de mobilisation pour la mission, de formation pour la mission et d'envoi en mission* à tous les niveaux : dans chaque Église, dans chaque pays et dans chaque région (Centre, Nord, Ouest, Est). Ces structures peuvent fonctionner au sein d'une communauté chrétienne (mission dénominationnelle) ou dans le cadre d'une association de communautés chrétiennes (mission interdénominationnelle). Les congrès et consultations missionnaires doivent se tenir régulièrement[18]. Ces forums auront néanmoins besoin

---

17. Daniel K. BOURDANNÉ, « The Rising Mission Force in French-speaking Africa », in *Lausanne Movement Newsletter*, décembre 2011.
18. Un exemple édifiant est fourni par le Mouvement pour les Initiatives Nationales Africaines (le sigle anglais MANI signifie *Movement for African National Initiatives*). MANI a déjà tenu trois consultations au niveau international : en 2001 à Jérusalem, en 2006 à Nairobi au Kenya et en 2011 à Abuja au Nigéria.

de participants résolus à vulgariser et à appliquer le résultat de leurs échanges. Les écoles, instituts, facultés et universités où l'on peut étudier la missiologie doivent se multiplier. Toutefois, ces différentes institutions de formation feront bien de préparer les étudiants à une missiologie appliquée qui tiendra compte d'une réflexion biblique contextualisée et d'une pratique missionnaire appropriée[19].

2. *Lancer des programmes missionnaires pour apporter l'Évangile entier à l'homme entier (corps, âme et esprit).* À la lumière de l'histoire biblique que nous avons explorée plus haut, Dieu a fait intervenir l'Afrique dans les trois domaines des besoins de l'homme : besoins physiques (corps), besoins psychiques (âme) et besoins spirituels (esprit). Le mouvement missionnaire évangélique contemporain en Afrique francophone ne jouera pleinement son rôle que lorsqu'il s'inscrira dans la stratégie missionnaire de Jésus qui s'occupait de l'homme tout entier : de son corps, de son âme et de son esprit[20]. Pour assurer un mouvement missionnaire responsable et fructueux, les missionnaires d'Afrique francophone devront être recrutés parmi les serviteurs de Dieu à plein temps et parmi les laïcs, c'est-à-dire les pasteurs, les évangélistes, les prophètes, les enseignants, les hommes et femmes d'affaires, les professeurs, les infirmiers, les médecins, les juristes, les agronomes, les vétérinaires, les ingénieurs de différentes spécialités, les journalistes, les animateurs socioculturels, etc. Un des défis à ce niveau est celui de susciter, d'identifier, de sélectionner, de former, de déployer, de soutenir et d'évaluer ces missionnaires potentiels pour la mission transculturelle.

3. *Lancer des programmes missionnaires au sein même de l'espace francophone d'Afrique* où 60 % des habitants sont encore sans Christ, avec un accent particulier sur l'Afrique de l'Ouest et l'Afrique du Nord[21]. Les grandes villes de toutes les régions d'Afrique francophone doivent intéresser le mouvement missionnaire africain en raison du taux d'urbanisation qui ne cesse de croître. Il faudra aussi porter une attention particulière à la mission parmi les enfants et les jeunes dont

---

19. Cf. Fohle Lygunda, *Missiologie appliquée. Identité, formation et recherche dans le contexte africain*, Bruxelles/Kinshasa, Mabiki, 2011, p. 86-105.
20. Cf. Fohle Lygunda, *Mission aujourd'hui. Tendances théologiques et enjeux stratégiques dans le contexte africain*, Bruxelles/Kinshasa, Mabiki, 2011, p. 146-149.
21. Mandryk, *Operation World*, p. 38-40.

le nombre ne cesse de croître. Des milliers de pygmées, créés à l'image de Dieu, mais souvent laissés pour compte dans les jungles de huit pays d'Afrique francophone représentent un défi majeur. Des efforts particuliers devront se conjuguer en leur faveur par une approche de mission intégrale.

4. *Lancer des programmes missionnaires au sein de l'Afrique, mais dans les régions non-francophones*[22]. Dans un continent où les non-chrétiens représentent 52,1 % de la population[23], les chrétiens francophones d'Afrique devront se déployer plus que ne le feraient les missionnaires venus d'autres continents. Il faudra alors surmonter les barrières linguistiques en cherchant à apprendre l'arabe, l'anglais, le portugais, l'espagnol, le swahili, etc. Les missionnaires francophones d'Afrique devront se préparer à témoigner dans le contexte de l'islam, de l'animisme, du sécularisme et de l'occultisme.

5. *Lancer des programmes missionnaires en direction d'autres continents (Amérique, Europe, Asie, Océanie)* où le sécularisme, le matérialisme et les religions orientales maintiennent les gens dans la servitude[24]. Plusieurs barrières doivent être franchies par les missionnaires francophones d'Afrique : barrières géographiques, économiques, culturelles, linguistiques, spirituelles. Pour les surmonter, le leadership transformationnel, le partenariat en mission, la gestion des ressources et la planification des activités s'imposent à la fois au niveau local, national, continental et international. Les Églises d'Afrique francophone doivent être proactives dans ce sens.

Pour aller plus loin

BONNAZ, Pascal, *Flashes sur le monde francophone*, Dijon, Éditions missionnaires francophones, 2006.
BOURDANNÉ, Daniel K., « The Rising Mission Force in French-speaking Africa » in *Lausanne Movement Newsletter*, décembre 2011.
HILDEBRANDT, Jonathan, *History of the Church in Africa*, Achimota, African Christian Press, 1981.
ISICHEI, Elizabeth, *A History of Christianity in Africa*, Londres, SPCK, 1995.

---

22. *Ibid.*
23. JOHNSON & ROSS, *Atlas*, p. 112.
24. MANDRYK, *Operation World*, donne des détails.

JOHNSON, Todd & ROSS, Kenneth, *Atlas of Global Christianity 1910-2010*, Édimbourg, Edinburgh University Press, 2009.

LYGUNDA, Fohle, *Missiologie appliquée. Identité, formation et recherche dans le contexte africain*, Bruxelles/Kinshasa, Mabiki, 2011.

LYGUNDA, Fohle, *Mission aujourd'hui. Tendances théologiques et enjeux stratégiques dans le contexte africain*, Bruxelles/Kinshasa, Mabiki, 2011.

MANDRYK, Jason, *Operation World*, Professional Edition DVD-ROM, GMI, 2010 (à paraître en français sous le titre de *Flashes sur le monde*, dans les éditions Excelsis).

McNULTY, L. M., « The Contemporary Map of Africa », in *Africa*, sous dir. P. M. MARTIN & P. O'MEARA, London, Indiana University Press, 1995, p. 10-48.

MUGAMBI, J. N. K., « Christianity in Africa, 1910-2010 », in *Atlas of Global Christianity*, sous dir. Todd JOHNSON & Kenneth ROSS, Édimbourg, Edinburgh University Press, 2009, p. 110-111.

ODEN, Thomas C., *Comment l'Afrique a façonné la pensée chrétienne. La redécouverte du terreau du christianisme occidental*, trad. Alain Bouffartigues, Saint Albain, Publications pour la Jeunesse africaine, 2011.

RICHMOND, Yale & GESTRIN, Phyllis, *Into African Intercultural Insights*, Yarmouth, Intercultural Press, 1998.

7

L'apport des missionnaires africains à la mission mondiale

Fohle Lygunda li-M

Tandis que la population d'Afrique représente 15 % de la population mondiale et les chrétiens africains 21 % de la population chrétienne mondiale, les missionnaires envoyés par les Églises d'Afrique représenteraient 5 % de tous les missionnaires déployés par les Églises du monde[1]. Face à ces statistiques on est en droit de se poser un certain nombre de questions sur la vraie nature et les enjeux réels de l'apport des missionnaires africains à la mission mondiale. Outre la question de savoir si les statistiques relatives aux missionnaires africains sont fiables, il importe d'insister sur les questions suivantes : Qu'entend-on par « missionnaires africains » ? Selon quel processus ont-ils été mobilisés, identifiés, sélectionnés, formés, commissionnés, déployés, soutenus et évalués ? Où sont-ils à l'œuvre actuellement et pourquoi ? Si, comme l'indique Dana Robert[2], les différents contextes du monde ont forgé les particularités de l'identité et de la tâche missionnaires à travers le monde, qu'en est-il des missionnaires africains ?

L'objectif de ce chapitre n'étant pas de répondre systématiquement à toutes ces questions qui nécessitent un travail collectif et approfondi d'investigation, et eu égard à la limitation de l'espace imparti, on rendra compte de quelques faits

---

1. Todd JOHNSON & Kenneth ROSS, *Atlas of Global Christianity*, Édimbourg, Edinburgh University Press, 2009, p. 261.
2. Dana L. ROBERT, « Missionaries Sent and Received, Worldwide, 1910-2010 », in *Atlas of Global Christianity*, sous dir. Todd JOHNSON & Kenneth ROSS, Édimbourg, Edinburgh University Press, 2009, p. 258.

historiques et des statistiques concernant l'engagement missionnaire africain, afin de faciliter l'évaluation de l'action missionnaire africaine de par le monde. Une synthèse en forme de propositions sera présentée en vue d'élucider la tâche qui reste à accomplir à la fois par les Églises d'Afrique et par les missionnaires africains en matière d'engagement missionnaire dans le monde.

Les raisons de la présence de missionnaires africains à travers le monde

La présence de chrétiens africains dans tous les autres continents du monde n'est plus à démontrer. Elle se justifie par plusieurs raisons dont celles de la recherche du bonheur, par les études et les affaires, par le besoin de sécurité et d'asile politique suite aux guerres dans plusieurs nations d'Afrique, par la participation aux activités des organismes internationaux comme fonctionnaires diplomatiques et humanitaires, etc. Ces diverses raisons ont fait que des fils et des filles du continent se dispersent à travers le monde. Ils sont communément connus sous le label d'« Africains de la diaspora ». Pour les uns, cette diaspora est volontaire et planifiée, pour les autres elle est involontaire et non planifiée. Elle peut être volontaire parce que nombre de ces frères et sœurs ont personnellement accepté d'émigrer vers d'autres cieux. Parmi eux il en est qui ont planifié ce projet d'émigration avec des objectifs précis. D'autres, faute de mieux, ont simplement résolu de quitter le continent avec l'espoir de s'accommoder aux nouvelles réalités de la terre étrangère où couleraient le lait et le miel.

Pour d'autres, la vie en diaspora n'a pas été volontaire. Dans l'histoire de l'Afrique, deux situations sont à la base du déplacement des Africains. D'abord, la douloureuse expérience de la traite négrière entre le xve et le xixe siècle. Même au xxe siècle, certains Africains auraient été déportés sous plusieurs formes : celui des *ngulu* « porcs », « le commerce des enfants », et « le trafic des femmes prostituées ». La deuxième expérience qui a entraîné le déplacement des Africains, de gré ou de force, vers d'autres continents, résulte des différentes guerres civiles. Sous l'escorte du Haut-commissariat aux Réfugiés (HCR), beaucoup d'individus et de familles ont été, parfois manu militari et souvent sans choix, déplacés d'un pays à l'autre à l'intérieur du continent, avant de traverser les océans et les mers, par avion, par bateau, ou en pirogue. Beaucoup d'Africains l'auraient même payé de leur vie. Aussi bien par l'expérience de la traite négrière que par celle de guerres, de nombreux Africains en voie de déportation ont succombé avant même d'arriver à destination.

Dans ces différentes expériences d'émigration, volontaires ou involontaires, certains drames ont été vécus. Pour les uns les familles se sont disloquées, pour les autres l'espoir d'un retour en Afrique s'est évanoui, pour d'autres encore le lien avec le continent s'est simplement rompu. Il faut cependant appuyer sur une note positive en relevant le fait que beaucoup d'Africains de la diaspora maintiennent le contact avec le continent par l'assistance financière et les visites. Beaucoup d'entre eux investissent dans leur pays, voire dans d'autres pays dont ils ne sont pas originaires.

En rapport avec les « missionnaires africains » actuellement à l'œuvre en Europe, en Amérique, en Asie et en Océanie, les raisons de leur présence peuvent se rapporter à l'une ou l'autre des expériences citées plus haut. Certains ont quitté l'Afrique d'une manière volontaire avec ou sans objectif missionnaire, un objectif qui s'est développé sur le terrain de la diaspora. D'autres ont quitté le continent contre leur volonté et sans objectif missionnaire, mais les possibilités du nouveau milieu ont suggéré un objectif. Pour les uns, le contact avec l'Église en Afrique est maintenu, tandis que pour beaucoup d'autres il n'est plus question de contact avec l'Église-mère en Afrique. Pour d'autres, c'est seulement après avoir commencé une Église ou un ministère en terre étrangère que les contacts s'improvisent avec n'importe quelle Église parmi celles laissées en Afrique.

Dans un tel contexte, les questions posées au début de ce chapitre deviennent d'actualité. Qu'entend-on par « missionnaires africains » ? Quel a été le processus de leur mobilisation, de leur identification, de leur sélection, de leur formation, de leur commissionnement, de leur déploiement, de leur soutien et de leur évaluation ? Où sont-ils à l'œuvre actuellement et pourquoi ? Dans quel sens et pour quel objectif sont-ils présentés comme « missionnaires africains » ?

Avant de suggérer quelques pistes de réflexion pour un engagement missionnaire responsable dans le contexte africain, voyons d'abord ce que rapportent les recherches déjà faites sur la mission par les Africains.

L'engagement actuel des Africains dans la mission

On se référera à l'*Atlas of Global Christianity* (dorénavant abrégé en l'*Atlas*) pour faire le point sur l'engagement missionnaire des Africains. Dans l'histoire de la mission, l'engagement missionnaire a souvent été assimilé au franchissement de barrières culturelles et/ou géographiques, soit pour y annoncer l'Évangile en vue de l'implantation d'Églises, soit pour simplement y rendre des services sociaux, soit en termes de ministère itinérant ou de voyages missionnaires d'une à trois semaines³. La question reste de savoir si les itinérances et les « voyages-missionnaires » font de leurs acteurs des missionnaires⁴. Tout en reconnaissant que la foi chrétienne se propage en Afrique et en Asie par l'entremise des autochtones qui franchissent des barrières culturelles à l'intérieur de leurs propres pays, pour l'*Atlas*, les données publiées concernent essentiellement les missionnaires étrangers, ceux qui quittent leur pays d'origine pour servir dans d'autres pays, à l'intérieur ou à l'extérieur du continent d'origine⁵. Par exemple, un Burundais, qui sert au Rwanda ou dans un pays hors d'Afrique, est classé comme missionnaire. L'*Atlas* fait la comparaison entre le nombre de missionnaires envoyés en 1910 et celui de ceux envoyés en 2010 au niveau mondial, tout en spécifiant combien étaient déployés par continent⁶. Malheureusement, ce document ne fait pas état du nombre de missionnaires africains qui sont à classer dans l'une ou l'autre catégorie relevée ci-dessus (évangélisation, implantation d'Églises, services sociaux, etc.).

	1910		2010	
	Population chrétienne	Missionnaires envoyés	Population chrétienne	Missionnaires envoyés
Afrique	11 663 000	350	494 668 000	20 700
Asie	25 123 000	300	352 239 000	47 100
Europe	403 687 000	39 500	585 739 000	132 800
Amérique latine	74 477 000	400	548 958 000	58 400
Amérique du Nord	91 429 000	20 400	283 002 000	135 000
Océanie	5 650 000	600	27 848 000	6 000
Total	612 028 000	62 000	2 292 454 000	400 000

Source : JOHNSON & ROSS, *Atlas of Global Christianity*, p. 261.

Tableau 1 : La présence missionnaire africaine en 1910 et en 2010

---

3. James WONG et al., « Missions from the Third World », in *Crucial Dimensions in World Evangelization*, sous dir. Arthur F. GLASSER et al., Pasadena, William Carey Library, 1978.
4. Avec ROBERT, « Missionaries Sent and Received », p. 259.
5. JOHNSON & ROSS, *Atlas of Global Christianity*, p. 260.
6. *Ibid.*, p. 261.

Quelques observations se dégagent du tableau 1. Comme les éditeurs de l'*Atlas* le reconnaissent, ces données statistiques sont approximatives et tendent à donner une vue générale à partir de laquelle d'autres détails peuvent se dégager[7]. Ils ont raison car, pour l'Afrique par exemple, l'absence d'une bonne administration des Églises ne permet pas de jauger la réalité de ce qui se fait vraiment sur le terrain. Même à l'époque des missionnaires occidentaux (depuis 1910 jusqu'aux indépendances des États africains vers 1960), leurs rapports n'incluaient souvent pas ce que faisaient les autochtones, et parfois certains rapports étaient conçus en dehors de la stricte réalité pour susciter le financement de leurs œuvres missionnaires. Qu'à cela ne tienne, il importe de reconnaître tout de même l'utilité des statistiques que l'*Atlas* présente, non seulement parce qu'elles fournissent des éléments d'appréciation du mouvement missionnaire mondial, mais aussi parce que les déductions qui s'en dégagent émanent d'une méthodologie de recherche scientifique éprouvée[8].

À la lumière du tableau 1, la présence chrétienne africaine sur l'échiquier mondial n'est pas à négliger. Si en 1910, sur 11 663 000 chrétiens que comptait le continent, 350 missionnaires africains étaient envoyés, il s'en suit que pour 33 333 chrétiens, un seul missionnaire était envoyé. En d'autres termes, il fallait une communauté chrétienne de 33 333 membres pour envoyer un missionnaire. En suivant la même logique de calcul pour les missionnaires africains envoyés en 2010 comme il ressort du tableau 1, il fallait une communauté chrétienne de 23 897 membres pour envoyer un seul missionnaire. Une conclusion hâtive est claire : les Églises africaines ne sont pas vraiment missionnaires. Un fait est pourtant indéniable : aujourd'hui la grande majorité de ceux qu'on peut appeler « missionnaires africains » œuvrent dans différents pays à l'intérieur du continent. Beaucoup de missionnaires nigérians travaillent dans au moins quarante pays d'Afrique. Des missionnaires de la République démocratique du Congo (RDC) servent Dieu dans plusieurs pays en Afrique. Moi-même je suis missionnaire du Congo RDC au Burundi après avoir servi en Centrafrique. On peut trouver des cas semblables à travers le continent. Malheureusement, faute d'une organisation administrative, le rapport de ces différents mouvements missionnaires n'est pas formellement et objectivement porté à la connaissance du monde par les canaux conventionnels.

---

7. *Ibid.*, p. 342.
8. *Ibid.*, p. 348-352.

La dernière observation porte sur la répartition des missionnaires africains par région. D'où viennent ces missionnaires ? L'*Atlas* rapporte les chiffres présentés dans le tableau 2 sur la page suivante[9].

L'Afrique australe a toujours été la région ayant envoyé le plus de missionnaires africains, la majorité venant de l'Afrique du Sud (8 000 missionnaires en 2010) ; l'Afrique de l'Ouest vient en deuxième lieu, avec le Nigéria en tête (3 700 missionnaires en 2010) ; l'Afrique de l'Est occupe la troisième position, derrière le Kenya comme leader (1 000 missionnaires envoyés en 2010)[10]. L'Afrique centrale, malgré sa position en termes de nombre de chrétiens, vient en quatrième position, avec le Congo RDC en tête (1 200 missionnaires envoyés en 2010)[11]. L'Afrique du Nord clôture la liste. En dépit de toutes ces classifications, le problème de l'engagement missionnaire se pose toujours avec acuité. Par exemple pour l'Afrique du Sud, le Nigéria et le Congo RDC, qui ont envoyé le plus grand nombre de missionnaires, il fallait une communauté chrétienne de 5 033 membres, de 19 541 membres et de 54 836 membres respectivement pour envoyer un missionnaire[12].

	1910		2010	
	Population chrétienne	Missionnaires envoyés	Population chrétienne	Missionnaires envoyés
Afrique de l'Est	5 266 000	50	214 842 000	4 400
Afrique centrale	207 000	30	105 830 000	2 400
Afrique du Nord	3 107 000	20	17 492 000	510
Afrique australe	2 526 000	200	46 419 000	8 300
Afrique de l'Ouest	557 000	50	110 084 000	5 200
Total	11 663 000	350	494 668 000	20 700

Source : JOHNSON & ROSS, *Atlas of Global Christianity*, p. 261.

Tableau 2 : Les régions d'origine des missionnaires africains

---

9. *Ibid.*, p. 261.
10. *Ibid.*, p. 265-267.
11. *Ibid.* Le Congo RDC est le troisième pays africain à envoyer des missionnaires, après l'Afrique du Sud et le Nigéria.
12. Avec 40 600 000 chrétiens en 2010, l'Afrique du Sud a envoyé 8 000 missionnaires. Avec 72 302 000 chrétiens en 2010, le Nigéria a envoyé 3 800 missionnaires. Avec 65 803 000 chrétiens en 2010, le Congo RDC a envoyé 1 200 missionnaires. Voir *ibid.*, p. 267.

Ces observations conduisent aux clarifications suivantes : Au Nigéria, ce sont surtout des agences missionnaires interdénominationnelles qui sont à l'origine du déploiement de missionnaires en grand nombre. Ce sont avant tout Calvary Ministries (CAPRO) et Christian Missionary Fellowship (CMF), la grande majorité des sociétés missionnaires étant réunies dans la Nigérian Evangelical Missionary Association (NEMA)[13]. Parce que beaucoup d'Églises locales n'ont pas facilement l'effectif de 5 033 membres, ou de 19 541 membres, ou encore de 54 836 membres pour envoyer ne fut-ce qu'un missionnaire (d'après la déduction qu'on vient de tirer concernant l'Afrique du Sud, le Nigéria et le Congo RDC), il y a lieu de suggérer deux possibilités de partenariat.

La première peut se faire au sein même d'une communauté (ou dénomination) qui aura implanté beaucoup d'Églises locales. Ainsi la communauté au sein de laquelle j'ai été baptisé et reçu au ministère pastoral, la Communauté Evangélique de l'Ubangi-Mongala (CEUM) en Congo RDC, avait, en 1999, 150 000 membres répartis en 1 200 Églises locales. Si chaque membre contribuait avec un dollar pour toute l'année, ma communauté réunirait 150 000 dollars pour les œuvres missionnaires. De plus, si chaque Église locale versait un dollar par semaine défalqué des offrandes du culte de dimanche, cette même communauté réunirait 62 400 dollars par an pour son programme missionnaire. À la fin de l'année, une somme totale d'au moins 212 000 dollars serait mobilisée et encaissée pour soutenir la mission. Ce serait alors une mission dénominationnelle.

La seconde possibilité de partenariat pour la mission peut se faire entre plusieurs communautés chrétiennes, mais qui consentiraient à former une association missionnaire. C'est le cas de CAPRO et CMF mentionnés plus haut. Ce serait ainsi une mission interdénominationnelle. Toutes ces propositions sont conditionnées par une compréhension lucide de l'engagement missionnaire.

Les Églises d'Afrique ont besoin de clarifier leur conception de la mission[14]

Les missiologues anglophones se servent de « *mission* » (au singulier) et de « *missions* » (au pluriel) à cause de la difficulté d'opérer une distinction

---

13. MANDRYK, *Operation World*, p. 38 ; cf. aussi Steve Heung Chan KIM, « A New Missions Paradigm and the Growth of Missions from the Majority World », in *Missions From the Majority World. Progress, Challenges, and Case Studies*, sous dir. Enoch WAN & Michael POCOCK, Pasadena, William Carey Library, 2009, p. 11.
14. Les lignes qui suivent sont extraites de Fohle LYGUNDA, *Missiologie. Identité, formation et recherche dans le contexte africain*, Bruxelles/Kinshasa, Mabiki, 2011, p. 86-90.

entre la part de Dieu (*mission*) et celle des hommes (*missions*) dans l'œuvre missionnaire[15]. Le débat mené dans le milieu œcuménique autour du titre de la revue missiologique *International Review of Missions* créée en 1912 et devenue *International Review of Mission* en 1969 en est un signe évocateur[16]. Du côté évangélique, le débat qui a porté sur l'intitulé du cours de « théologie des missions » soutenu par 46 institutions et « théologie de la mission » soutenu par 31 institutions est également révélateur[17]. C'est ainsi que d'une manière conventionnelle, les missiologues anglophones se servent de *mission* pour désigner l'unique mission de Dieu, et de *missions* pour parler des initiatives missionnaires menées par les différentes Églises. De quoi les Églises d'Afrique ont-elles alors besoin aujourd'hui ?

Le besoin de bien saisir la « mission de Dieu »

Il suffit de lire les écrits publiés par les missiologues catholiques, orthodoxes, œcuméniques, évangéliques et pentecôtistes pour se retrouver dans une réelle confusion. Les uns et les autres se servent d'un même terme, par exemple « mission » ou « *missio Dei* », sans pourtant lui donner le même contenu. Le théologien argentin René Padilla[18] et le théologien péruvien Samuel Escobar[19] ont, quant à eux, décelé sept positions : 1) la position dite de la proclamation seule, 2) la position évangélique traditionnelle, 3) la position évangélique pragmatique, 4) la position dite de la mission intégrale à laquelle appartiennent Padilla et Escobar, 5) la position œcuménique pragmatique, 6) la position œcuménique traditionnelle, 7) la position dite de la théologie de la libération.

Parce que la pratique découle de la théorie, la conséquence d'une telle cacophonie joue sur la façon de penser et de faire la mission chrétienne. Or,

---

15. N.d.l.r. : C'est ce qu'on appelle la « mission de Dieu » (*missio Dei*). Pour un développement de la notion dans une perspective biblique voir Christopher J. H. WRIGHT, *La mission de Dieu. Fil conducteur du récit biblique*, trad. Alexandre SARRAN, Charols, Excelsis, 2012. Pour les équilibres à maintenir voir Hannes WIHER, « Évangile, mission et règne de Dieu », in idem (sous dir.), *Bible et mission. Vers une théologie évangélique de la mission*, Charols, Excelsis, 2012, p. 151-172.
16. Noter l'omission de s dans la deuxième dénomination. Cf. Nicholas LOSSKY *et al.* (sous dir.), *Dictionary of the Ecumenical Movement*, Genève, COE, 1991, p. 689-696.
17. A. Scott MOREAU, « Mission and Missions », in *Evangelical Dictionary of World Missions*, Grand Rapids, Baker, 2000, p. 636-638.
18. René PADILLA, « Integral Mission and its Historical Development » in *Justice, Mercy and Humility. Integral Mission and the Poor*, sous dir. Tim CHESTER, Carlisle, Paternoster, 2002.
19. Samuel ESCOBAR, *La mission à l'heure de la mondialisation du christianisme*, Marne-la-Vallée, Farel, 2005.

un examen judicieux du dialogue missiologique aujourd'hui montre que la cacophonie provient à la fois de la théologie de la mission, de la vision du monde, et du besoin ressenti dans le contexte où une missiologie donnée est formulée. Lorsqu'ils sont poussés à l'extrême, ces trois facteurs produisent des missiologies et des pratiques missionnaires apparemment inconciliables. Pendant que les uns insistent sur l'aspect spirituel, d'autres s'occupent de l'aspect humanitaire. Ceux qui focalisent leur théorie et leur action sur l'aspect spirituel se voient ainsi tentés de traiter la mission essentiellement comme une activité à visée spirituelle. De même, ceux qui focalisent leur théorie et leur action sur l'aspect social, sont tentés de traiter la mission essentiellement comme une activité à visée humanitaire. Il y a besoin d'une recherche fouillée pour identifier la théologie missiologique pratiquée par les missionnaires africains. L'Afrique a besoin d'une mission menée sur le modèle du Christ qui s'occupait de tout homme et de tout l'homme. La mission dont les Églises d'Afrique ont besoin est celle qui les poussera à aller partout dans le monde, pour s'occuper de tout l'homme. C'est dans ce cadre qu'il est nécessaire de promouvoir le partenariat dans la mission, un partenariat qui fait que la faiblesse des uns soit compensée par la force des autres.

Le besoin de faire émerger des sociétés missionnaires africaines

L'Afrique est reconnue aujourd'hui comme faisant partie de la nouvelle force de la mission mondiale. Les études statistiques publiées à partir d'une recherche scientifique bien menée prouvent que l'Afrique représente une force non négligeable pour l'accomplissement de la mission de Dieu à travers le monde. La seule crainte des observateurs avertis est que l'Afrique donne l'impression d'une société mal organisée, assise sur des richesses naturelles, sans que ses habitants en profitent. Une autre caractéristique repérée est celle qui décrit l'Afrique comme une société sans paix ou dépourvue de l'esprit de complémentarité. D'aucuns ajoutent que l'Afrique souffre aussi de la peur de prendre des initiatives à grande échelle et de se lancer dans des activités préalablement et méticuleusement planifiées. Ces caractéristiques influent tellement sur l'imaginaire africain que les Églises en viennent à leur donner raison. Les Églises d'Afrique ont besoin de mettre en place des sociétés missionnaires organisées et planifiées. À l'instar des sociétés missionnaires européennes et américaines, les sociétés missionnaires africaines peuvent être dénominationnelles (organisées par des communautés chrétiennes séparément) ou interdénominationnelles (organisées par un groupe de communautés chrétiennes réunies dans une association).

Le besoin d'une mission vraiment transculturelle

Les Églises créées par les Africains en dehors de l'Afrique, voire d'un pays à l'autre à l'intérieur de l'Afrique, sont connues comme des Églises qui vont en mission pour récupérer les compatriotes. Par exemple, une Église lancée par des Congolais vivant à Londres réunit essentiellement des Congolais ou d'autres Africains habitant cette ville. Ce serait un effort à encourager, si ces Congolais et ces autres Africains étaient avant des non-chrétiens sans Église, des non-chrétiens avec Église, ou des chrétiens sans Église. Au-delà de cette mission « monoculturelle », les Églises d'Afrique ont besoin de s'engager dans la mission de transformer tout homme quelle que soit sa race.

Le besoin d'une mission intégrale

Parce que la mission de Dieu s'occupe de tout l'homme, de son corps, de son âme et de son esprit, les missionnaires africains recherchés devraient être suscités, formés et déployés pour les différents besoins de l'être humain. Alors que les uns sont recherchés pour la prise en charge des besoins physiques, d'autres sont désirés pour les besoins psychiques, et d'autres encore pour les besoins spirituels. Par conséquent, l'Afrique a besoin de missionnaires, hommes et femmes, avec diverses compétences professionnelles : évangélistes, pasteurs, médecins, infirmiers ou infirmières, enseignants, commerçants, ingénieurs, agronomes, juristes, etc. Ces candidats missionnaires, formés préalablement dans leurs domaines spécifiques, devront d'abord répondre à l'exigence primordiale de la nouvelle naissance. Les missionnaires doivent d'abord être des chrétiens, convertis et exercés au discipulat avant de se faire former pour la mission. Les missionnaires africains ont besoin d'une formation missionnaire adéquate, d'une formation formelle, non formelle ou informelle, touchant leur savoir (connaissance), leur savoir-être (caractère) et leur savoir-faire (compétence)[20].

Le besoin de centres de formation missionnaire

À part de centres de formation missiologique, où les étudiants seront immergés dans une profonde réflexion missiologique académique ou appliquée, les Églises d'Afrique ont aussi besoin d'écoles, d'instituts ou de centres de

---

20. Fohle Lygunda, « A Model of Missional Leadership Training in a Context of Brokenness. A Case Study of the Restoration Missionary Church in the Democratic Republic of Congo », thèse de doctorat, Asbury Theological Seminary, Wilmore, 2009, p. 50-63.

formation qui focaliseront leurs activités pédagogiques sur la pratique de la mission. Une telle formation aura l'avantage d'être de courte durée et menée selon une approche contextuelle. Si le missionnaire est marié, le couple fera bien d'apprendre ensemble, ou, en cas de niveaux d'études différents, la formation devra être orientée et adaptée au niveau d'études de chacun. Il en est de même de l'épouse qui bénéficie la première de la vocation missionnaire.

Conclusion

Bien que faisant partie d'un continent reconnu comme l'une des entités émergeantes en population chrétienne, les Églises d'Afrique sont appelées à clarifier le sens de leur engagement pour la mission mondiale, et à s'organiser afin de faire entendre leurs voix, avec références à l'appui, au sujet de leur contribution à la mission mondiale. Aujourd'hui, surtout avec l'émergence des Églises dites de réveil, désignées souvent à tort comme « Églises africaines indépendantes » (*African Independent Churches* ou *African Indigenous Churches*)[21], il n'est pas facile de rendre compte, avec objectivité, de l'apport des Églises d'Afrique à la mission mondiale. En raison du caractère souvent opportuniste de leur mission, la présence des missionnaires africains à travers le monde n'a cessé de susciter des interrogations, des suspicions, voire du dénigrement[22]. Le manque d'organisation a parfois bloqué ce que Dieu accomplit par les Églises d'Afrique en matière de mission mondiale. Pour *Operation World*[23], le mouvement missionnaire africain a la responsabilité de revitaliser les Églises mortes d'Europe, de défendre la foi biblique, d'assurer une lecture traditionnelle des Écritures contre les tendances récurrentes de relativisme et de libéralisme qui caractérisent les Églises d'Occident, d'être à l'avant-garde de l'évangélisation des musulmans,

---

21. Elles devraient plutôt être comprises comme « Églises d'initiative africaine » dont la plupart sont d'orientation charismatique, pentecôtiste ou évangélique. Ce sont des Églises initiées par les Africains en Afrique et partout à travers le monde. Il ne s'agit pas de l'ancienne conception soutenue par Harold Turner : Églises initiées par les Africains en Afrique pour les Africains. Cité par Dana L. Robert, « Missionaries Sent and Received », p. 259. [N.d.l.r. : voir aussi le chap. 4 : « Les Églises d'initiative africaine ».]
22. Voir par exemple D. Larry Pate, *From Every People*, Monrovia, MARC, 1989, p. 39 ; Hannes Wiher, (sous dir.), *La mission de l'Église au XXIe siècle*, Charols, Excelsis, 2010 ; Douglas L. Rutt, « Global Mission Partnership. Missiological Reflections After Ten Years of Experience », in *Missions from the Majority World*, sous dir. Wan & Pocock, Pasadena, William Carey Library, 2009, p. 59-73.
23. Mandryk, *Operation World*, p. 38 ; cf. Kwabena Assamoah-Gyadu, « African-led Christianity in Europe. Migration and Diaspora Evangelism », *Lausanne World Pulse* ; Jehu Hanciles, « Missionaries Sent and Received, Africa, 1910-2010 », in *Atlas*, sous dir. Johnson & Ross, p. 264-265.

et d'influencer l'éthique morale au sein des Églises. À partir de son expérience missionnaire de formateur au Kenya, Paul Lee fait part des forces et faiblesses des missionnaires africains ainsi que de leur contribution à la mission mondiale[24]. Comme faiblesse, il souligne le fait que le missionnaire africain manque de sens des responsabilités et de fidélité. Cette généralisation, qu'il faudrait relativiser, peut malheureusement se justifier dans bien des endroits.

Les Églises d'Afrique doivent s'organiser à partir de la base, de différentes entités au sein d'un même pays, au niveau régional, continental et international. Plutôt qu'à être « missionnaires dépendants » ou « missionnaires indépendants », les missionnaires africains auraient plutôt intérêt à être des « missionnaires interdépendants » qui s'intégreraient dans la mission mondiale de Dieu en œuvrant en synergie avec le reste du corps du Christ. Ils ont également intérêt à clairement s'identifier en termes conventionnels de « missionnaires dénominationnels », « missionnaires interdénominationnels » ou encore de « missionnaires non-dénominationnels ». C'est cet effort qui leur permettra d'orienter leurs actions missionnaires et de faire plus clairement entendre ce que Dieu accomplit par leur action.

Les instituts de formation comprenant une section de missiologie pourraient s'organiser et mobiliser les enseignants et les étudiants pour produire une banque de données susceptible de clarifier l'apport des missionnaires africains à la mission mondiale. Une équipe de chercheurs par pays, par région et par continent pourrait se mettre en place pour entreprendre et coordonner la recherche[25]. Avec une telle équipe (*task force*), les réponses aux questions suivantes seront objectivement fournies et actualisées : Qu'entend-on par « missionnaires africains » ? Quel a été le processus de leur mobilisation, de leur identification, de leur sélection, de leur formation, de leur commissionnement, de leur déploiement, de leur soutien et de leur évaluation ? Où sont-ils à l'œuvre actuellement et pourquoi ? Dans quel sens et pour quel objectif se présentent-ils comme « missionnaires africains » ? Le présent chapitre a tenté d'expliciter et de suggérer les éléments de réponse à ces questions dans le contexte africain. Mais la vraie nature et les enjeux réels de l'apport des missionnaires africains à la mission mondiale restent encore à élucider.

---

24. Paul Lee, « Forces et faiblesses de missionnaire africaine [*sic !*] » in *Missionary Candidate Training*, Nairobi, École de Missions EAPTC, 2009, en ligne sur : www.eaptc.org.
25. Le modèle de la recherche entamée au sein de l'école de Fuller en 1972, encore valable pour une telle recherche, servira d'outil de travail à contextualiser. Voir Wong et al., « Missions from the Third World », p. 348-354.

Pour aller plus loin

ESCOBAR, Samuel, *La mission à l'heure de la mondialisation du christianisme*, Marne-la-Vallée, Farel, 2005.

HANCILES, Jehu, « Missionaries Sent and Received, Africa, 1910-2010 », in *Atlas of Global Christianity*, sous dir. Todd JOHNSON & Kenneth ROSS, Édimbourg, Edinburgh University Press, 2009, p. 264-265.

KIM, Steve Heung Chan, « A New Missions Paradigm and the Growth of Missions from the Majority World », in *Missions from the Majority World. Progress, Challenges, and Case Studies*, sous dir. Enoch WAN & Michael POCOCK, Pasadena, William Carey Library, 2009, p. 1-34.

LEE, Paul, « Forces et faiblesses de missionnaire africaine [sic] », in *Missionary Candidate Training*, Nairobi, École de Missions EAPTC, 2009. En ligne sur : www.eaptc.org.

LYGUNDA, Fohle, *Missiologie. Identité, formation et recherche dans le contexte africain*, Bruxelles/Kinshasa, Mabiki, 2011.

LYGUNDA, Fohle, « A Model of Missional Leadership Training in a Context of Brokenness. A Case Study of the Restoration Missionary Church in the Democratic Republic of Congo », thèse de doctorat, Asbury Theological Seminary, Wilmore, KY, 2009.

MANDRYK, Jason, *Operation World*, Professional Edition DVD-ROM, 2010 (à paraître en français aux éditions Excelsis).

MOREAU, A. Scott *et al.* (sous dir.), *Evangelical Dictionary of World Missions*. Grand Rapids, Baker, 2000.

PADILLA, René, « Integral Mission and its Historical Development », in *Justice, Mercy and Humility. Integral Mission and the Poor*, sous dir. Tim CHESTER, Papers of the Micah Network International Consultation on Integral Mission and the Poor (2001), Carlisle, Paternoster, 2002.

PATE, D. Larry, *From Every People*, Monrovia, MARC, 1989.

ROBERT, Dana L., « Missionaries Sent and Received, Worldwide, 1910-2010 », in *Atlas of Global Christianity*, sous dir. Todd JOHNSON & Kenneth ROSS, Édimbourg, Edinburgh University Press, 2009, p. 259-260.

RUTT, Douglas L., « Global Mission Partnership. Missiological Reflections after Ten Years of Experience », in *Missions From the Majority World. Progress, Challenges, and Case Studies*, sous dir. Enoch WAN & Michael POCOCK, Pasadena, William Carey Library, 2009, p. 59-73.

WIHER, Hannes (sous dir.), *La mission de l'Église au XXIe siècle*, Charols, Excelsis, 2010.

WONG, James *et al.*, « Missions from the Third World » in *Crucial Dimensions in World Evangelization*, sous dir. Arthur F. GLASSER *et al.*, Pasadena, William Carey Library, 1978, p. 345-396.

SYNTHÈSE DU CONSTAT

Hannes Wiher

Dans le constat de ces dernières pages, Fohle Lygunda nous présente un éventail impressionnant de défis pour les Églises d'Afrique : une démographie galopante, l'exode rural, l'urbanisation, la jeunesse sans formation ni emploi, un sous-sol riche qui suscite des jalousies au niveau international et des conflits éternels dans différentes régions d'Afrique, l'émigration des Africains et l'immigration des Asiatiques, la diaspora africaine. Cette dernière représente-t-elle une force missionnaire évangélique ou une diaspora en quête de bonheur et de prospérité ?

L'Afrique n'a pas seulement des problèmes, elle a aussi de grandes potentialités. Et si elle sait développer et faire fructifier ses richesses, elle sera une bénédiction pour le monde entier. Il ne faut pas seulement penser au sous-sol et au sol très riches, mais aussi aux populations ouvertes au monde invisible, souvent chrétiennes et engagées pour le Seigneur. Il s'agirait d'approfondir la foi par le discipulat axé sur la mission et faire en sorte que les vies soient transformées et aient un impact sur la société et sur le monde[1]. On pensera également à la chaleur humaine et à la solidarité de la famille élargie. Il s'agirait de mettre à profit ses compétences relationnelles pour la cohabitation et la collaboration entre ethnies et entre pays et continents. Il faut également inclure la jeunesse bouillonnante des populations africaines qui représente un grand contraste par rapport aux populations vieillissantes de l'Europe et de l'Amérique du Nord. Il s'agirait de les former, de leur donner une espérance et de rendre accessible un développement personnel et professionnel.

En matière de mission ce sont les chrétiens qui y sont engagés qui comptent pour la transmission de l'Évangile. Ces disciples de Jésus représentent un sous-groupe des évangéliques et de toutes les autres sensibilités théologiques et traditions chrétiennes. Car, comme Fohle le dit, il y a les « chrétiens-sans-Église » et les « non-chrétiens-dans-l'Église ». Il semblerait difficile de faire des déductions sur le mouvement missionnaire évangélique à partir de statistiques sur les populations chrétiennes que cite Fohle. Heureusement, l'*Atlas of Global Christianity* jette sa lumière aussi sur les sous-populations chrétiennes : les évangéliques (p. 96-99), les pentecôtistes (p. 100-103) et les indépendants (p. 76-79). Aux pages 98 et 102, l'*Atlas* présente les pourcentages des évangéliques et des pentecôtistes dans les différentes traditions chrétiennes : à titre d'exemple parmi les protestants : 69 % d'évangéliques et 22 % de pentecôtistes/charismatiques, et parmi les catholiques : 1 % d'évangéliques et 22 % de pentecôtistes/charismatiques. On trouvera aussi les pourcentages des évangéliques et pentecôtistes pour les

---

1. Voir le chapitre 10 : « Jésus le lundi », et le chapitre « Conclusion : La réponse de la missiologie à ces défis ».

différentes régions d'Afrique (p. 99, 103) : comparés avec un pourcentage de 47,9 % de chrétiens pour toute l'Afrique l'*Atlas* mentionne, pour 2010 10,1 % d'évangéliques (soit 104 475 000 en chiffre absolu), 15,8 % de pentecôtistes (soit 162 664 000) et 9,6 % d'indépendants (soit 98 819 000). *Flashes sur le monde* (2010) propose des estimations plus réservées pour les évangéliques et les pentecôtistes : 3,6 % respectivement. Le pourcentage des indépendants est égal à celui proposé par l'*Atlas*, soit 9,6 %. Toutefois, comme les statisticiens évangéliques, tels que Barrett, Johnstone et Mandryk, voient dans les évangéliques, les pentecôtistes et les charismatiques des « mouvements », ces chiffres ne peuvent être additionnés ; ces différents mouvements se recoupent.

Dans la section sur les « chrétiens engagés pour la mission » (*Great Commission Christians*), par ailleurs une notion très délicate et débattue, Cathy Ross propose un pourcentage de 11,3 % de la population africaine (soit 116 637 000) (p. 293), soit 23,4 % des chrétiens. Par rapport à l'expérience quotidienne, ce chiffre semble élevé. Quant au mouvement missionnaire africain évangélique *Flashes sur le monde* (2010), pour des raisons de sécurité, ne fournit que des renseignements limités : parmi les pays africains francophones il ne mentionne que le Congo RDC avec 350 missionnaires évangéliques envoyés (p. 950), comparé à l'*Atlas* qui propose 1 200 missionnaires chrétiens envoyés de la RDC, toute tradition confondue (p. 267)[2]. Ainsi, comme Fohle l'a bien indiqué, le tableau que présentent les statistiques reste fort incomplet. L'Afrique a besoin de missionnaires qui apportent l'Évangile au demi-milliard qui ne le connaît pas encore, et au reste du monde. Et pour cela il faut des chrétiens qui soient enracinés dans la Parole de Dieu, avec une vie transformée, qui « marquent la différence » et aient ainsi un impact sur la société.

---

2. L'*Atlas* donne des renseignements beaucoup plus détaillés sur les missionnaires envoyés (par région), sans toutefois les différencier par tradition chrétienne.

Quatrième Partie

Les défis de la missiologie au XXIe siècle

8

L'implantation d'Églises dans chaque peuple et chaque village

Moussa Bongoyok

Dans certaines régions du monde les Églises sont si nombreuses qu'on en trouve presque à chaque coin de rue. Ailleurs, il faudrait parcourir des centaines, voire des milliers de kilomètres avant d'en trouver une. Selon les statistiques du « Projet Josué », sur les 16 788 groupes ethniques que compte notre planète, 6 951 ne sont pas atteints par le message de l'Évangile ou ne le sont que faiblement, soit 41,6 % de la population mondiale, ou plus exactement 2,85 milliards d'êtres humains[1]. Si les groupes ethniques qui ont le christianisme comme religion principale sont les plus nombreux (6 877 groupes ethniques), 3 432 peuples sont principalement musulmans, 2 596 peuples sont principalement hindous et 582 peuples sont principalement bouddhistes[2]. Ce fait qui indique qu'il y a encore autant de peuples qui ont besoin d'entendre le message de l'Évangile préoccupe de nombreuses Églises et organisations missionnaires de sorte qu'elles redoublent d'ardeur dans l'implantation d'Églises.

Contrairement à certaines pratiques observées, l'implantation d'Églises n'est pas un regroupement de personnes non régénérées, tel qu'un club par exemple. Elle ne se réduit pas non plus à la construction d'un édifice, au transfert de fidèles d'une Église locale à une autre, à la constitution d'une nouvelle dénomination ou

---

1. En ligne : http://www.joshuaproject.net (consulté le 21 février 2012).
2. Environ 50 % des peuples non atteints sont donc musulmans.

à la division d'une Église locale en plusieurs. L'implantation d'Églises, c'est bien plus. Elle prend en compte tout le processus d'évangélisation, d'affermissement, de formation de disciples et d'organisation du groupe de convertis, de sorte qu'ils soient en mesure de fonctionner comme une Église indépendante de ceux qui lui ont permis de voir le jour.

C'est de cela qu'il est justement question dans ce chapitre qui se penchera respectivement sur l'importance de l'implantation d'Églises, sur le travail abattu jusqu'ici, sur la tâche qui reste à accomplir et sur quelques recommandations pratiques. On s'intéressera ici principalement à l'Afrique francophone.

Pourquoi est-il important d'implanter des Églises ?

Même si l'expression « implantation d'Églises » ne se trouve pas dans la Bible, le travail d'implantation d'Églises n'est pas une activité étrangère aux Saintes Écritures. Des textes comme Matthieu 13.1-23 et 1 Corinthiens 3.5-8 utilisent des métaphores qui se rapportent bien à cette œuvre. Le Nouveau Testament parle abondamment du travail d'implantation d'Églises et, de diverses manières, en souligne l'importance.

En réalité, Christ est celui qui implante l'Église ; et les hommes et les femmes qui sont impliqués dans ce travail ne font qu'œuvrer aux côtés de leur Seigneur. Sa volonté est que tous les groupes ethniques (*panta ta ethnè*) et toutes les localités (*jusqu'aux extrémités de la terre*) reçoivent la Bonne Nouvelle (Mt 28.19-20 et parallèles)[3]. Les apôtres l'ont compris et nous ont laissé un modèle dans ce domaine. Le livre des Actes regorge de textes qui décrivent comment des Églises ont été implantées[4].

Par conséquent les dénominations qui n'implantent pas de nouvelles Églises, finissent par enregistrer des pertes inquiétantes de membres. Malheureusement, de grandes dénominations américaines, canadiennes et européennes perdent un grand nombre de fidèles et certaines Églises locales meurent. Aubrey Malphurs offre quelques statistiques qui sont de nature à inquiéter tous ceux qui se soucient de la croissance des Églises chrétiennes. Aux États-Unis par exemple, entre 1965 et 1996, l'Église méthodiste a perdu 2 500 000 de membres, tandis que l'Église presbytérienne a enregistré une perte de 3 000 000 membres[5]. Win

---

3. Voici les références des mandats missionnaires à la fin des évangiles et au début du livre des Actes : Mt 28.19-20 ; Mc 16.15-18 ; Lc 24.46-49 ; Jn 20.21 ; Ac 1.8.
4. Ac 2.1-47 ; 8.4-25 ; 16.13-40 ; 18.1-23 ; 19.1-40 ; 20.13-38, etc.
5. Aubrey MALPHURS, *Planting Growing Churches*, Grand Rapids, Baker, 1998, p. 32-35.

Arn a découvert que 3 500 à 4 000 Églises américaines meurent chaque année[6]. Quoique l'Afrique francophone se porte nettement mieux, elle ne doit cependant pas se glorifier, car un proverbe du terroir dit : « Si la barbe de ton voisin prend feu, mouille la tienne ».

Les Églises nouvellement implantées croissent numériquement mais aussi qualitativement. Les fidèles y sont beaucoup plus actifs dans la prière, l'évangélisation et l'édification. L'implantation d'Églises fait du bien aux membres et aux dirigeants de l'Église. Elle permet aux fidèles de mettre en valeur leurs dons spirituels conformément aux recommandations bibliques (1 P 4.10). En effet, dans une œuvre d'implantation d'Églises chacun peut apporter sa contribution (prière, aide matérielle, soutien financier, appui logistique, évangélisation, encadrement des nouveaux convertis, animation et louanges, tâches administratives, soins médicaux, communication, etc.).

À ce qui précède, il faudrait ajouter les difficultés inhérentes à tout travail pionnier. Mais, curieusement, les défis stimulent souvent le progrès, tandis que leur absence a tendance à endormir les chrétiens. L'histoire de l'Église en Afrique et dans le monde montre que les chrétiens ont souvent été spirituellement forts pendant les temps de persécution et que la croissance de l'Église a été remarquable en ces temps-là.

Le travail abattu en Afrique francophone

L'œuvre missionnaire en Afrique francophone remonte au premier siècle. L'Égypte, puis les autres pays d'Afrique du Nord sont ceux qui étaient les premiers à recevoir le message de l'Évangile. Le christianisme dans cette région du monde a été particulièrement brillant durant les cinq premiers siècles et a fourni au christianisme de grands théologiens à l'instar de Tertullien, Cyprien et Augustin pour ne citer que ceux-là[7].

Cependant, l'Évangile n'a pas atteint d'autres régions d'Afrique dans un délai raisonnable. Il y a eu un passage à vide jusqu'aux expéditions portugaises du XVe siècle[8]. Plusieurs autres pays européens leur emboîtèrent le pas pour des intérêts

---

6. Win ARN, *The Pastor's Manual for Effective Ministry*, Monrovia, Church Growth, 1988, p. 16.
7. Elizabeth ISICHEI, *A History of Christianity in Africa*, Grand Rapids, Eerdmans, 1995, p. 13-44 ; [n.d.l.r. : cf. aussi Thomas C. ODEN, *Comment l'Afrique a façonné la pensée chrétienne. La redécouverte du terreau du christianisme occidental*, trad. Alain Bouffartigues, Saint Albain, Publications pour la Jeunesse africaine, 2011].
8. Adrian HASTINGS, *The Church in Africa, 1450-1950*, Oxford, Clarendon Press, 1994, p. 46-610.

commerciaux et des conquêtes coloniales qui ont néanmoins frayé un passage à l'œuvre d'implantation d'Églises au rythme et parfois sous le strict contrôle des colons. C'est ce qui explique le fait que les catholiques soient aujourd'hui plus nombreux que les protestants dans les pays d'Afrique francophone. Du côté protestant et évangélique, il a fallu attendre le XIXe siècle pour que l'Évangile pénètre véritablement à l'intérieur du continent africain.

Jusqu'à la période des indépendances, les missionnaires expatriés furent les champions de l'implantation d'Églises dans la plupart des pays francophones. À partir des années 1970, sous l'impulsion des initiatives locales et des mouvements tels que Vie Nouvelle pour Tous[9], des autochtones se sont de plus en plus impliqués dans l'œuvre d'implantation d'Églises dans des régions et localités jusques là fermées à l'Évangile. Les organisations telles que la Société Internationale de Linguistique (S.I.L.), Campus pour Christ, Jeunesse en Mission, Interdev, Dawn Ministries[10] et bien d'autres ont dans ce sens apporté un appui technique et pratique fort apprécié aux Églises. Le Congrès de Lausanne pour l'Évangélisation Mondiale de 1974 s'inscrit aussi dans ce contexte. Pendant ce congrès en effet, l'intervention de Ralph Winter[11] sur la nécessité d'atteindre tous les « peuples non atteints » (PNA) a été particulièrement remarquable[12].

Le deuxième congrès de Lausanne qui s'est tenu à Manille en 1989 et qui a vu une plus grande participation des pays d'Afrique francophone est passé à la vitesse supérieure avec la création du « Mouvement AD 2000 et au-delà ». L'accent a été mis sur la Fenêtre 10/40, la région du monde entre 10 et 40 degrés de latitude comportant le plus grand nombre de peuples non atteints. Des stratégies ont alors été mises en place et des actions spécifiques ont ainsi été menées un peu partout en Afrique et dans le monde. Quelques pays d'Afrique francophone ont d'ailleurs lancé avec succès des mouvements d'évangélisation systématique. Dans ce domaine, le Tchad, sous la direction du Pasteur René Daïdanso et de ses collaborateurs, a particulièrement réussi. Le Cameroun, qui a pris la flamme au Tchad, continue encore ses actions. Le Burkina Faso s'est aussi fait remarquer par un excellent travail abattu par les Assemblées de Dieu qui ont envoyé de

---

9. Ce mouvement a produit des résultats très remarquables au Ghana, au Nigéria, et au Cameroun.
10. *Discipling a Whole Nation* (« Faire des disciples d'une nation entière »).
11. Fondateur de William Carey International University (WCIU) et du U.S. Center for World Mission (USCWM).
12. n.d.l.r. : Cf. Ralph D. WINTER, « Finishing the Task. The Unreached Peoples Challenge », in *Perspectives on the World Christian Movement*, sous dir. Ralph D. WINTER & Steven C. HAWTHORNE, 3e éd., Pasadena, William Carey Library, 1999, p. 509-524.

nombreux missionnaires burkinabés dans nombre de pays africains et même au-delà.

Le mouvement AD 2000 a aussi organisé de nombreuses consultations sur l'évangélisation mondiale. La première fut la Consultation globale pour l'évangélisation mondiale[13] du 17 au 25 mai 1995 (GCOWE '95) à Seoul en Corée du Sud. Pour l'Afrique, GCOWE '97 qui s'est déroulé du 30 juin au 5 juillet 1997 à Pretoria en Afrique du Sud et auquel l'auteur a pris part, a aussi marqué un tournant décisif sur le continent.

C'est pratiquement sur les cendres du Mouvement AD 2000, mais avec la même vision, qu'est né le Mouvement d'Initiatives Nationales Africaines (MANI)[14] en mars 2001. Ce fut sous l'impulsion de 320 délégués issus de 36 pays africains réunis à Jérusalem. Ce mouvement a contribué efficacement à la formation et à l'accélération des mouvements d'implantation d'Églises en Afrique par l'organisation de nombreuses conférences régionales et nationales mais également des actions stratégiques dont les fruits se multiplient chaque année.

Quoique tardive, l'œuvre d'implantation d'Églises en Afrique francophone fut particulièrement fructueuse. L'Église y a connu une croissance spectaculaire. Sur la base des statistiques actuelles, Philip Jenkins projette que d'ici 2025 il y aura 2,6 milliards de chrétiens dans le monde dont, par ordre décroissant, 695 millions en Afrique, 610 millions en Amérique Latine, 576 millions en Europe et 480 millions en Asie[15]. C'est là une preuve indéniable d'un travail missionnaire remarquable, quoique la réalité sur le terrain varie d'un pays, voire d'une localité à une autre.

Mais les exigences de l'œuvre d'implantation d'Églises sont telles que, selon Devasagayam Ponraj, celui ou celle qui est engagé(e) dans l'œuvre d'implantation d'Églises doit mener une vie d'adoration, être dévoué (à Dieu, à sa famille, à son appel, à son travail et à son Église), être discipliné (dans la vie spirituelle et physique), être un bon intendant (des ressources financières et matérielles, mais aussi de ses dons et de ses talents), et se sacrifier continuellement (en acceptant la solitude, le rejet, la simplicité, l'opposition, la persécution, la maladie,

---

13. *Global Consultation on World Evangelization* (GCOWE '95).
14. *Movement for African National Initiatives* (MANI).
15. Philip JENKINS, *The Next Christendom. The Coming Global Christianity*, Oxford, Oxford University Press, 2011, p. 2-3. Des données similaires se trouvent dans Emmanuel KATONGOLE, *The Sacrifice of Africa. A Political Theology for Africa*, Grand Rapids, Eerdmans, 2011, p. 29. [n.d.l.r. : cf. aussi Patrick JOHNSTONE, *L'Église mondiale. Quel avenir ?* trad. Odile Favre, Nuremberg/Écublens/Charols, VTR/AME/Excelsis (à paraître)].

la perte des biens matériels, et même la mort et le martyre)[16]. Tout cela n'est pas évident si la formation des disciples n'est pas faite correctement, si la structure administrative est défaillante, et si le soutien moral, spirituel et financier fait cruellement défaut; comme c'est malheureusement le cas dans de nombreux pays d'Afrique francophone. Ceci permet donc de comprendre pourquoi la tâche qui reste à accomplir est encore si grande.

La tâche qui reste à accomplir en Afrique francophone

Pour plus de visibilité, on a estimé bon de résumer le travail à accomplir dans le tableau suivant. Celui-ci indique la proportion des chrétiens et des musulmans, mais aussi celle des autres religions et des peuples non atteints dans 32 pays d'Afrique. Le tableau suivant est conçu sur la base des données du Projet Josué, dont le site est mentionné au début de ce chapitre, et des chiffres d'*Operation World*[17].

Pays	Population	% Chrétiens	% Musulmans	% Autres religions	Peuples non atteints	P[18]
Algérie	35 957 000	0,28 %	97,29 %	2,43 %	35 (sur 41)[19]	2
Bénin	8 926 000	39,89 %	23,50 %	36,61 %	13 (sur 68)	7
Burkina Faso	16 814 000	52,20 %	20,69 %	27,11 %	28 (sur 79)	7
Burundi	8 569 000	90,46 %	5,50 %	4,04 %	3 (sur 12)	3
Cameroun	19 920 000	53,80 %	26,00 %	20,2 %	16 (sur 290)	20
Cap-Vert	500 000	94,56 %	3,10 %	2,34 %	0 (sur 7)	1
Comores	748 000	0,93 %	98,84 %	0,23 %	8 (sur 12)	3
Côte d'Ivoire	19 850 000	33,64 %	41,80 %	24,56 %	35 (sur 107)	5
Djibouti	887 000	1,75 %	97,03 %	1,22%	6 (sur 11)	3
Égypte	81 692 000	12,83 %	86,67 %	0,5 %	23 (sur 39)	2
Gabon	1 503 000	79,35 %	10,40 %	10,25%	4 (sur 49)	3
Ghana	23 996 000	63,40 %	23,79 %	12,81%	22 (sur 109)	12

---

16. Devasagayam PONRAJ, *The Planting and Perfecting of Churches*, Ayanavaram Chennai, Mission Educational Books, 1997, p. 111-117.
17. Jason MANDRYK, *Operation World*, Colorado Springs, Biblica Publishing, 2010 (à paraître en français sous le titre *Flashes sur le monde*, aux éditions Excelsis).

Pays	Population	% Chrétiens	% Musulmans	% Autres religions	Peuples non atteints	P
Guinée	9 929 000	4,47 %	88,33 %	7,2 %	29 (sur 47)	1
Guinée-Bissau	1 500 000	10,90 %	52,05 %	37,05 %	15 (sur 35)	5
GE[20]	683 000	90,00 %	3,90 %	6,10 %	2 (sur 22)	3
Madagascar	20 772 000	53,53 %	8,00 %	38,47 %	11 (sur 41)	3
Mali	15 796 000	2,64 %	87,38 %	9,98 %	36 (sur 62)	4
Maroc	32 072 000	0,09 %	99,88 %	0,16 %	24 (sur 30)	2
Maurice	1 294 000	32,71 %	17,02 %	50,27 %	5 (sur 17)	4
Mauritanie	3 518 000	0,25 %	99,75 %	0,0 %	14 (sur 19)	1
Mozambique	23 243 000	46,48 %	18,60 %	34,92 %	8 (sur 61)	11
Niger	15 468 000	0,33 %	97,14 %	2,53 %	29 (sur 61)	3
RCA[21]	4 460 000	76,37 %	13,80 %	9,83 %	7 (sur 87)	5
RDC[22]	67 372 000	92.15 %	1,90 %	5,95 %	4 (sur 240)	30
Congo	4 112 000	89,72 %	1,58 %	8,7 %	3 (sur 77)	6
Rwanda	10 934 000	89,12 %	5,20 %	5,60 %	3 (sur 13)	3
STP[23]	164 000	87,55 %	3,50 %	8,95 %	0 (sur 7)	1
Sénégal	12 465 000	6,42 %	91,05 %	2.53 %	30 (sur 57)	3
Seychelles	86 000	96,09 %	0,22 %	3,69 %	3 (sur 10)	2
Tchad	10 453 000	38,46 %	52,84 %	8,7 %	71 (sur 141)	10
Togo	6 142 000	45,38 %	17,50 %	37,17 %	7 (sur 56)	5
Tunisie	10 506 000	0,22 %	99,37 %	0,41 %	15 (sur 23)	6

Tableau 1 : Chrétiens et musulmans dans 32 pays d'Afrique

Le tableau révèle que les douze pays suivants sont majoritairement musulmans : Algérie, Comores, Djibouti, Égypte, Guinée, Guinée Bissau, Mali,

---

18. Peuples ayant la Bible entière dans leur langue.
19. Les chiffres entre parenthèses correspondent au nombre total de peuples dans ce pays.
20. Guinée Équatoriale.
21. République Centrafricaine.
22. République Démocratique du Congo.
23. Sao Tomé et Principe.

Maroc, Mauritanie, Sénégal, Tchad et Tunisie. Ils constituent donc le plus grand défi missiologique des pays d'Afrique francophone. Un accent particulier mérite aussi d'être mis sur les pays suivants dont plus de la moitié des peuples qui y habitent sont non atteints : Algérie, Comores, Guinée, Mali, Mauritanie, Sénégal et Tunisie.

Certains pays comme le Gabon, la République Centrafricaine, le Rwanda et le Togo n'ont certes pas un grand pourcentage de musulmans. Mais le taux de croissance de l'islam est tel qu'ils méritent l'attention des Églises et missions en vue de prières intenses et d'actions missionnaires urgentes. Autrement, la situation risque d'être irréversible.

Un autre champ d'action urgente est celui des pays suivants : Bénin, Burkina Faso, Cameroun, Côte d'Ivoire, Guinée Bissau, Madagascar et Mozambique. Dans ces pays, le pourcentage des adeptes des religions traditionnelles africaines est encore élevé mais talonné de près par l'islam. Là aussi, l'Église a intérêt à redoubler d'effort dans l'œuvre d'évangélisation en leur sein avant qu'il ne soit trop tard. Le cas de l'Île Maurice est tout aussi préoccupant avec la seule différence que sa population est majoritairement hindoue. Une action missionnaire de la part des chrétiens évangéliques en Inde renforcerait les capacités des Églises locales de ce pays.

En outre, les Chinois sont de plus en plus nombreux en Afrique francophone et les Églises locales ne comprennent ni leurs langues ni leurs cultures. Ici, la contribution des Chinois évangéliques d'Amérique du Nord peut beaucoup aider.

Enfin, un domaine qui nécessite une action urgente est celui de la traduction de la Bible ; tant il est vrai que l'un des volets de l'implantation d'Églises est le discipulat. Ceci nécessite, entre autres, l'enseignement de tout le conseil de Dieu. Grand était notre choc quand nous avons vu le très faible nombre de peuples d'Afrique francophone qui disposent de la Bible entière dans leur langue. La République Démocratique du Congo est le pays d'Afrique francophone le mieux servi dans ce domaine. Pourtant, sur un total de 240 peuples qu'il comporte, trente seulement disposent de la Bible entière. Même si on y ajoute les vingt autres langues qui ont le Nouveau Testament, le chemin à parcourir est encore très long. On peut donc imaginer le sort des autres pays[24]. Si le but est que l'Église croisse harmonieusement et s'enracine en Afrique francophone, nous devons redoubler d'ardeur dans la traduction de la Bible.

---

24. Au Cameroun, 20 sur 290 groupes ethniques ont eu la grâce d'avoir une Bible entière dans leur langue.

L'Église d'Afrique, et particulièrement celle d'Afrique francophone n'a pas droit à l'erreur dans le domaine de la mission. Elle est le fruit d'un investissement d'énormes ressources matérielles et humaines. Elle est assise sur de nombreux acquis missionnaires qui n'attendent qu'à être capitalisés. Elle tient dans sa main une importante population chrétienne, même si celle-ci a largement besoin d'être ré-évangélisée, redynamisée et affermie. Nombreux sont les fidèles qui n'attendent qu'à être formés et envoyés sur le terrain. Certains occupent déjà des positions clés dans l'administration publique et dans le secteur privé et ont besoin de connaissances et d'outils appropriés pour marquer la différence et proclamer l'Évangile partout où Dieu les a placés[25]. Aussi faut-il que la communauté chrétienne africaine du continent et de la diaspora[26] mette tout en œuvre pour relever les nombreux défis missionnaires de la région.

Quelques recommandations pratiques

Pour plus d'efficacité, l'implantation d'Églises doit se faire de manière méthodique tout en restant ouverte aux directives de l'Esprit Saint. Certes il existe de nombreuses méthodes d'implantation d'Églises. Mais nous recommandons une approche en sept phases qui a été testée dans plusieurs pays d'Afrique francophone depuis 1993 et qui s'avère efficace.

La première est une *phase préparatoire*. C'est essentiellement une phase de prière pour rechercher la volonté de Dieu. C'est aussi un moment idéal pour le partage de la vision du travail avec d'autres frères et sœurs ainsi que des leaders clés. La mise en place d'une structure souple mais dynamique pour la prière, la réflexion et les premiers jalons du projet est fort utile.

La seconde est une *phase de recherche*. Des recherches sérieuses devront être menées sur le terrain afin d'avoir une idée claire du contexte sous ses divers aspects (socioculturel, économique, politique, religieux, idéologique, etc.), des ressources disponibles et des besoins humains, matériels ou financiers.

La troisième est une *phase d'élaboration des objectifs spécifiques*. Ici, il convient d'élaborer un projet qui comporte un but clairement défini, des objectifs spécifiques clairs et de trouver des arguments convaincants pour amener les autres à s'associer au projet.

---

25. Udobata ONUNWA, « The Ministry in the Local Church. Roles and Involvement », in *Issues in African Christian Theology*, sous dir. Samuel NGEWA, Mark SHAW & Tite TIÉNOU, Nairobi, East African Educational Publishers, 1998, p. 279-285.
26. Afe ADOGAME, Roswitha GERLOFF & Klaus HOCK (sous dir.), *Christianity in Africa and the African Diaspora*, London, Continuum, 2009, p. 235-344.

La quatrième est une *phase de sensibilisation et de formation*. Tous ceux qui sont concernés par le projet d'implantation d'Églises dans le contexte cible seront informés du projet, donneront leur accord et seront formés afin que tous passent à l'action en ayant une vision commune. La formation tiendra compte des structures ecclésiales, de la distance entre les villes et les villages et des particularités linguistiques.

La cinquième est une *phase d'action et d'évaluation progressive*. La stratégie retenue y sera appliquée. Une évaluation est requise au fur et à mesure que l'action se déroule, afin de rectifier les tirs là où il le faut. Il est aussi important de prévoir des imprévus et de rester constamment à l'écoute du Saint-Esprit.

La sixième est une *phase de travail de suite*. Quelle que soit la stratégie ou la méthode d'évangélisation retenue, le travail de suite sera effectué, afin que le fruit de ce travail demeure et se multiplie. L'implantation d'une nouvelle Église ne s'arrête pas une fois qu'une communauté de fidèles est constituée. Le travail de suite doit être pris très au sérieux (objectif : Mt 28.9-20 et 2 Tm 2.2). Le but est en effet d'implanter une Église capable de se prendre en charge et de se reproduire. À partir de ce moment, l'œuvre d'implantation d'Église est terminée et les dirigeants locaux ont la responsabilité de continuer le cycle.

La septième et dernière est une *phase d'évaluation finale*. À la fin du travail, une évaluation générale est nécessaire afin de partir des expériences du passé pour mieux envisager l'avenir. Des informations précises et transparentes doivent ainsi être données à toutes les personnes impliquées dans le travail afin de les encourager et de mieux les stimuler pour des actions futures.

Il est évident qu'une Église fille a besoin des soins de l'Église mère à ses débuts. Mais il est surtout salutaire pour l'Église nouvellement implantée que cette relation mère-fille évolue irrémédiablement vers une relation sœur-sœur. Cette remarque est valable pour l'équipe d'implantation ou la mission fondatrice. Harold Fuller de la SIM[27] identifie à cet effet quatre stades dans la relation entre la mission et l'Église issue de ses efforts :

Stade 1 : *Stade pionnier* – premier contact avec un groupe ethnique.

Stade 2 : *Stade parental* – les expatriés[28] forment des leaders nationaux.

Stade 3 : *Stade de partenariat* – les leaders nationaux et les expatriés travaillent sur un pied d'égalité.

---

27. Cité par Timothy K. Park, « Church Planting », fascicule du cours d'implantation d'Églises dispensé à Fuller Theological Seminary en automne 2001.
28. Ou, dans le cas de l'Afrique francophone, ceux qui sont étrangers au groupe ethnique ou au village.

Stade 4 : *Stade de participant* – les expatriés ne sont plus des partenaires égaux, mais ils participent aux activités de l'Église sur invitation.

Ces stades correspondent à ce qui se passe dans la plupart des champs missionnaires. Seulement, il apparaît qu'au stade quatre, ceux qui sont étrangers au contexte peuvent toujours demeurer des partenaires égaux, sauf qu'ils ne sont plus sur le champ missionnaire. Ils laissent alors les leaders autochtones assumer pleinement et librement le leadership de l'Église.

Conclusion

Implanter des Églises est une très bonne façon d'atteindre les non-chrétiens. L'histoire de la mission en Afrique francophone donne des exemples de missionnaires expatriés qui ont fait et continuent à faire un excellent travail. Il serait donc regrettable de minimiser l'apport précieux des missionnaires expatriés qui ont toujours leur place en Afrique francophone. Ils viennent souvent avec des expertises qui manquent aux autochtones et leur contribution est fort efficace. Toutefois, il convient de relever que les missionnaires qui ont réussi, ont souvent fait des efforts remarquables dans le domaine de la contextualisation. Cela montre l'importance de la maîtrise du contexte. En réalité, comme l'ont si bien relevé de nombreux missiologues, les meilleurs missionnaires sont les autochtones. Ils connaissent leur peuple, ils maîtrisent leur contexte et peuvent mieux communiquer le message de l'Évangile dans leur milieu. Quand une Église locale est implantée dans une localité, elle peut servir de base pour mieux atteindre la population locale.

Voilà pourquoi on clora ce chapitre sur une note d'encouragement. Un grand travail missionnaire a été accompli, mais beaucoup reste encore à faire. Mettons-nous donc résolument au travail. Seulement il ne faut pas s'arrêter à ce niveau, mais penser aux pays d'Afrique qui appartiennent à d'autres groupes linguistiques (arabophone, hispanophone, lusophone ou anglophone), aux Asiatiques, et aux Latino-Américains. Nous avons aussi une dette morale vis-à-vis de l'Occident qui est devenu un champ missionnaire et qui a besoin de notre appui missionnaire. Un proverbe africain ne dit-il pas : « Si tes parents prennent soin de toi jusqu'à ce que toutes tes dents ont poussé, tu dois en retour prendre soin d'eux jusqu'à ce que toutes leurs dents tombent » ?

Pour aller plus loin

ADOGAME, Afe, GERLOFF, Roswitha & HOCK, Klaus (sous dir.), *Christianity in Africa and the African Diaspora*, London, Continuum, 2009.

ARN, Win, *The Pastor's Manual for Effective Ministry*, Monrovia, Church Growth, 1988.

HASTINGS, Adrian, *The Church in Africa, 1450-1950*, Oxford, Clarendon Press, 1994.

ISICHEI, Elizabeth, *A History of Christianity in Africa*, Grand Rapids, Eerdmans, 1995.

JENKINS, Philip, *The Next Christendom. The Coming Global Christianity*, Oxford, Oxford University Press, 2011.

JOHNSTONE, Patrick, *L'Église mondiale. Quel avenir ?* trad. Odile Favre, Nuremberg/Yverdon/Charols, VTR/AME/Excelsis (à paraître).

KATONGOLE, Emmanuel, *The Sacrifice of Africa. A Political Theology for Africa*, Grand Rapids, Eerdmans, 2011.

MALPHURS, Aubrey, *Planting Growing Churches*, Grand Rapids, Baker, 1998.

MANDRYK, Jason, *Operation World*, Colorado Springs, CO, Biblica, 2010 (à paraître en français).

ODEN, Thomas C., *Comment l'Afrique a façonné la pensée chrétienne. La redécouverte du terreau du christianisme occidental*, trad. Alain Bouffartigues, Saint Albain, Publications pour la Jeunesse africaine, 2011.

ONUNWA, Udobata, « The Ministry in the Local Church. Roles and Involvement », in *Issues in African Christian Theology*, sous dir. Samuel NGEWA, Mark SHAW & Tite TIÉNOU, Nairobi, East African Educational Publishers, 1998.

PONRAJ, Devasagayam, *The Planting and Perfecting of Churches*, Ayanavaram Chennai, Mission Educational Books, 1997.

« Projet Josué », en ligne : http://www.joshuaproject.net (consulté le 21 février 2012).

WINTER, Ralph D., « Finishing the Task. The Unreached Peoples Challenge », in *Perspectives on the World Christian Movement*, sous dir. Ralph D. WINTER & Steven C. HAWTHORNE, 3e éd., Pasadena, William Carey Library, 1999, p. 509-524.

9

L'implantation d'Églises dans les centres urbains africains

Albert Kabuaya Banza

Ce chapitre propose une réflexion sur la mission urbaine en Afrique francophone. La mission urbaine est d'une grande importance dans ce début du XXIe siècle où de plus en plus de personnes semblent se diriger vers les centres urbains[1]. Ces multitudes qui viennent dans les villes constituent des trésors du Royaume pouvant être gérés à la gloire de Dieu[2]. La complexité des populations urbaines et de ses cultures demande un travail préliminaire et continu d'intercession intense et d'analyse du contexte pour un meilleur succès. Ce succès se renforce et s'améliore par la formation des réseaux de collaboration des formations et des missions chrétiennes.

Les points essentiels discutés dans ce chapitre sont les villes africaines et leur développement, les Églises dans les villes africaines et la motivation pour leur implantation, et le caractère et les défis de la mission chrétienne dans les villes de l'Afrique francophone.

Les villes africaines et leur développement

Cette section parle spécifiquement de ceux qui vivent dans ces centres urbains, de leur actif religieux, moral, social, culturel et matériel et de la manière dont se développent ces villes africaines. La création des villes découle

---

1. N.d.l.r. : voir les statistiques au chap. 5 : « L'Afrique milliardaire ».
2. Eugene RUBINGH, « Mission in an Urban World », *Evangelical Review of Theology* 11, 4, 1987, p. 369.

généralement de causes économiques ou d'initiatives prises par les colons et les leaders africains, ou encore d'initiatives d'industrialisation dans certaines parties du continent. Les mouvements vers les centres urbains africains sont causés pour la plupart par le souci des masses rurales d'améliorer leurs conditions de vie de façon parfois mal calculée. Étant souvent non planifiés, ces mouvements débouchent sur le chômage massif, le manque de logement, la surpopulation, la construction désordonnée, l'injustice sociale et divers abus sociopolitiques[3].

À part les populations nationales qui peuplent les villes africaines, dans de grandes villes telles qu'Abidjan, Bangui, Brazzaville, Kinshasa, Matadi, et Mbuji-Mayi, supposées être à prédominance chrétienne, on trouve des musulmans, des bouddhistes et des adeptes d'autres religions non chrétiennes, venus d'autres pays africains et du monde. Certains sont amenés dans ces villes par des guerres, par la recherche de possibilités économiques, par des missions diplomatiques ou autres. Toute cette population est porteuse d'une grande variété culturelle et religieuse. À part la pauvreté et l'ignorance de plusieurs, on trouvera aussi des personnes avec de grandes connaissances, des diplômes, des talents et même des richesses financières qui peuvent contribuer à la mission urbaine.

L'implantation d'Églises dans les centres urbains

L'implantation d'Églises dans les centres urbains de l'Afrique francophone est motivée par des raisons variées. Considérant une multiplication constante de nouvelles Églises, surtout indépendantes et pentecôtistes, implantées dans les grandes villes telles que Bangui, Brazzaville, Kinshasa, entre la deuxième moitié du XXe et le début du XXIe siècle, il est possible de croire que se confirme l'observation d'Eugene Rubingh que la mission doit suivre le mouvement des populations[4]. Mais avec la généralisation de la misère et l'absence presque totale de lois réglementant la vie sociale et religieuse, beaucoup d'Églises ont été implantées par qui le voulait pour raison de compétition, afin de devenir dirigeant d'Église ou pour se créer une source de revenus. Beaucoup de ces Églises ont été implantées en retirant des membres à d'autres Églises ou carrément en les détruisant. Quelqu'un peut, par exemple, lancer ou agrandir une nouvelle Église à côté d'une autre en recrutant des membres de celle-ci par des manigances diverses, en dénigrant les responsables de l'Église existante ou en faisant des promesses fallacieuses aux membres de la première Église. Souvent des

---
3. KALEMBA, Mwambanzambi, « Environmental Problems in Africa. A Theological Response », *Ethiopian Journal of Environmental Studies and Management* 3, 2, 2010, p. 59.
4. RUBINGH, « Mission in an Urban World », p. 369.

personnes qui implantent des Églises de cette façon, sont mal préparées pour en faire des vrais membres du corps de Christ pouvant servir le Règne de Dieu et la communauté humaine de façon holistique.

Le caractère et les défis de la mission urbaine en Afrique francophone
La dimension essentielle de la mission

L'évangélisation visant le salut des hommes constitue un élément essentiel de la mission urbaine en Afrique francophone. En principe, une telle évangélisation est précédée et accompagnée de la fervente intercession des missionnaires qui s'engageront ensuite dans la présentation du message du salut par la foi en Christ Jésus. Ils expliqueront clairement que la foi en Christ est importante parce que c'est lui qui a payé le prix du péché et qui doit être accepté comme Seigneur et Sauveur personnel par quiconque désire ce salut. De nouveaux convertis devront être enseignés et aidés à croître à tous égards. À part la dimension de la *conversion spirituelle* la mission devra assister les chrétiens pour atteindre la *conversion intellectuelle* en les aidant à comprendre et à accepter la Bible comme le message venu de Dieu pour enseigner, convaincre, corriger et instruire le peuple dans la justice (2 Tm 3.16). Les serviteurs de Dieu doivent l'avoir eux-mêmes acceptée en tant que telle afin de l'observer, eux aussi. Peter C. Phan insiste que la *conversion morale* est aussi nécessaire pour que le chrétien apprenne à avoir un comportement éthique, respectant le bien et fuyant le mal, particulièrement en considérant le pauvre et le défavorisé social comme étant l'image visible de Dieu à respecter[5]. Dans un continent où le désordre sociopolitique est général, le chrétien doit aussi *se convertir socio-politiquement*, c'est-à-dire devenir capable de comprendre les problèmes de sa communauté, afin d'y chercher la justice sociale pour tous. Ces quatre dimensions de la conversion feront que le chrétien, lui-même transformé, pourra contribuer à la transformation de sa communauté[6].

La justice sociale

En ce début du XXIe siècle, la mission chrétienne en Afrique francophone, tout comme dans le reste de l'Afrique et du monde, se voit offrir une vaste possibilité

---
5. Peter C. PHAN, « Contemporary Theology and Enculturation in the United States », in *The Multicultural Church*, sous dir. W. CENKNER, New York, Paulist Press, 1996, p. 109-130.
6. Kabuaya BANZA, *Empowering African Elites for Christian Praxis. The Experience of the International Church of Pretoria*, Pretoria, UNISA, 2003, p. 55-57.

d'opérations. Viju Abraham a raison de penser que des problèmes tels que la pauvreté indescriptible qui ravage les villes africaines, les taudis des quartiers pauvres des grandes villes, la pollution, la criminalité, le chômage, et toutes les conséquences de l'encombrement de la ville constituent des vraies motivations pour la mission chrétienne[7].

À cet effet, la mission urbaine fera le nécessaire pour prendre en charge les pauvres et les nécessiteux en touchant à leur vie spirituelle, psychique, intellectuelle, économique et sociopolitique, de façon que ceux qui ont besoin d'éducation la reçoivent, que ceux qui ont des besoins matériels ou sociaux reçoivent l'assistance selon les possibilités. Viju Abraham insiste que Dieu appelle l'Église à prendre soin des pauvres, parce que c'est ainsi que le Règne de Dieu se révèle[8].

Les marginaux des villes africaines constituent également une classe spéciale. Les villes d'Afrique francophone fourmillent de milliers d'enfants des rues, de malades du Sida, de prostituées, de veuves, d'orphelins, de mendiants, d'handicapés et d'abandonnés. Ces personnes bénéficient de la sympathie spéciale de Dieu (Mt 25.31-46 ; Jc 1.27). Anthony Bellagamba insiste sur l'*option préférentielle* que Dieu a pour ces marginaux[9]. Il revient à la mission de penser à l'avenir de ces enfants des rues, ces enfants pauvres et ceux sans possibilité d'éducation, de voir comment aider ces veuves et orphelins, ces mendiants et handicapés à devenir utiles, et pour eux-mêmes et pour la communauté. La mission pensera au bien-être immédiat et futur du prisonnier urbain. Les centres professionnels, sportifs, vocationnels et de formations diverses devront être développés pour l'encadrement et l'épanouissement physique, émotionnel, spirituel, professionnel et intellectuel de toutes ces personnes.

La mission intégrale

La mission doit aussi considérer les désastres causés par la corruption, le tribalisme et le compromis qui, selon Emmanuel Tshilenga, est en train de ruiner presque entièrement des communautés, jusqu'au niveau des leaders de

---

7. Viju ABRAHAM, « The Challenge of Urbanization in the Developing World. A Case Study from Bombay », *Evangelical Review of Theology* 18, 4, 1994, p. 361.
8. *Ibid.*, p. 361.
9. Anthony BELLAGAMBA, *Mission and Ministry in the Global Church*, Maryknoll, Orbis, 1992, p. 91.

l'Église[10]. Il faudra non seulement enrayer ces fléaux, mais aussi les prévenir par une évangélisation intentionnellement conséquente et proactive. À ce sujet Kabuaya Banza suggère une poursuite systématique de la conversion dans ses quatre dimensions, afin de s'assurer que le chrétien africain soit une personne bien préparée à mener une vie de bon citoyen du ciel sur la terre[11]. En ce qui concerne la préparation du citoyen dont l'Afrique a besoin pour une bonne gestion de la communauté (*res publica*)[12], la mission lancera des projets qui engagent les chrétiens professionnels d'Afrique à utiliser leurs connaissances intellectuelles, leurs valeurs culturelles et leurs diverses aptitudes techniques pour résoudre les problèmes de leur communauté. Il peut aussi être de la responsabilité de la mission de savoir inventorier et utiliser les talents disponibles dans l'Église et dans la communauté environnante pour former le maximum de la population, non pas seulement de l'Église mais aussi celle de la communauté environnante afin d'engager le maximum de personnes possibles dans le travail de leadership moral et de transformation sociopolitique.

Les autorités des nations africaines habitent et travaillent en milieu urbain : ceux qui travaillent pour la transformation de leurs communautés tout comme les népotistes et kleptocrates. La mission ne se limitera pas à la recherche de la vie éternelle des chrétiens, mais elle les aidera également à assumer leur vie matérielle. À cet effet, l'apôtre Jean dit à Gaïus : « Bien-aimé, je souhaite que tu prospères à tous égards et que tu sois en bonne santé, tout comme ton âme prospère » (3 Jn 1.2). Les chrétiens doivent apprendre à prendre leurs responsabilités vis-à-vis de leur santé physique et environnementale, vis-à-vis de leur bien-être social, économique et sociopolitique. Ils doivent être en mesure d'encourager de bons leaders à continuer à mieux travailler, mais aussi à aborder de mauvais leaders de façon digne et informée, afin de les obliger à prendre leurs responsabilités vis-à-vis de la population[13].

La formation des laïcs

Éphésiens 4.11-12 décrit la responsabilité de l'apôtre, du prophète, de l'évangéliste, du pasteur et enseignant comme étant le perfectionnement des

---

10. Emmanuel K. Tshilenga, *Collective Sin in Africa. Missiological Approach to the African Crisis*, Pretoria, UNISA, 2005, p. 165-166.
11. Banza, *Empowering African Elites*, p. 55-57.
12. Munanga Muluma, « L'Eglise face à la gestion de la *res publica* », *Revue du CRIP* 1, 1, 2002, p. 229.
13. John H. Redekop, *Politique soumise à Dieu*, Kinshasa, Mukanda, 2007.

saints en vue de l'œuvre du ministère et de l'édification du corps de Christ. Anthony Bellagamba qualifie l'Église d'institution riche en connaissances séculières et en qualifications diverses[14]. Ces connaissances en économie, médecine et autres domaines importants de la vie sociale peuvent être utiles à l'exercice efficace du ministère chrétien et de la mission urbaine en Afrique francophone. Toutes ces personnes avec des qualifications dans les différents domaines sont des dons importants accordés à l'œuvre de Dieu. Elles peuvent être préparées et formées, et leurs connaissances utilisées selon les besoins spécifiques de la mission urbaine. Des limitations dans une Église locale ou une dénomination peuvent facilement être compensées par un esprit ouvert de collaboration, en formant des réseaux de partenariat entre les différents membres et ministères de l'Église de la ville, du pays, du continent ou même du monde.

La politique internationale

En Afrique les problèmes presque perpétuels de népotisme et de kleptocratie et la recrudescence de la « néo-colonisation occidentale », surtout de la France dans les pays francophones tels que la Côte d'Ivoire, la République Centrafricaine, la République du Congo, le Gabon, le Tchad, et le Cameroun, offrent une porte largement ouverte à la mission urbaine en Afrique francophone. L'expression « néo-colonisation occidentale » semble appropriée ici, étant donné la difficulté de trouver aujourd'hui en Afrique francophone des pays exploités par des dictateurs africains sans « la connivence occidentale ». Kwame Nkrumah explique que la néo-colonisation est un système où un pays dit « indépendant » continue à être exploité économiquement et même contrôlé politiquement par des puissances étrangères[15]. Et c'est la situation de beaucoup de pays d'Afrique francophone. Thabo Mbeki exhorte les juristes africains à bien utiliser leurs relations et leur connaissance du droit international pour prévenir la « recolonisation » de l'Afrique par les Occidentaux. Ces derniers semblent manipuler habilement les institutions internationales telles que l'ONU, la Cour Pénale Internationale, etc., pour arriver à cette fin honteuse[16]. Les serviteurs de Dieu informés utiliseront leurs relations avec les partenaires occidentaux en les encourageant à mobiliser l'Église occidentale et d'autres organisations humanitaires qui peuvent aider à

---

14. BELLAGAMBA, *Mission and Ministry*, p. 91.
15. Kwame NKRUMAH, *Handbook of Revolutionary Warfare. A Guide to the Armed Phase of the African Revolution*, London, Panaf Books, 1980, p. 8.
16. Thabo MBEKI, « Address on the International Law and the Future of Africa at the AGM of the Law Society of the Northern Provinces, Sun City », 5 novembre 2011.

contrer cette tendance à la néo-colonisation ou la recolonisation de l'Afrique. À titre d'exemple Georges Nzongola-Ntalaja remarque que les États-Unis d'Amérique et la France manipulent et utilisent leurs amis africains malhonnêtes, en suscitant des guerres afin d'avoir, de façon indue, accès aux ressources naturelles de la République Démocratique du Congo[17]. Les réfugiés et les déplacés internes que ces guerres produisent, ainsi que les veuves et les orphelins, le viol des filles et de leurs mamans, un nombre accru de filles mères abandonnées à elles-mêmes qui s'ensuivent, sont des défis et des responsabilités incontournables de la mission urbaine en Afrique francophone.

La connaissance de l'histoire et la compréhension de ce qui se passe dans la communauté où opère un serviteur de Dieu, sont d'une grande importance pour une mission efficace. Mbigi Lovemore considère même que sans la connaissance de son histoire, quelqu'un devient « comme frappé intellectuellement et d'amnésie émotionnelle[18] ». Par conséquent, je suggérerais que les serviteurs de Dieu africains analysent et comprennent comment fonctionne la communauté internationale. John Perkins décrit les puissances occidentales comme formant un « empire global » qu'elles contrôlent habilement pour nuire[19]. Dans le contexte africain, ces puissances semblent suffisamment organisées pour nuire au progrès et à la transformation sociopolitique, économique, écologique et politique du continent africain. Elles utilisent des manigances pour mettre en place ou carrément créer malignement de toutes pièces des guerres, afin d'imposer les leaders par lesquels ils croient pouvoir mieux protéger et promouvoir leurs intérêts en Afrique, au détriment de ceux des Africains. À titre d'exemple, David Renton *et al.* retracent leurs nuisances en République démocratique du Congo (RDC) depuis les années 1960[20]. Ils décrivent comment les États-Unis, la Belgique et l'ONU ont utilisé Mobutu (ex-président du Zaïre, l'actuelle RDC). Ayant choisi Mobutu pour protéger leurs intérêts au Congo RDC, ils l'incitèrent à assassiner Patrice Lumumba que les auteurs qualifient d'homme qui cherchait la vraie démocratie et le vrai bien du Congolais. Ces auteurs expliquent aussi comment Mobutu fut récompensé pour ce meurtre par John F. Kennedy, alors Président des États-Unis. Plus tard, ils décrivent comment les agents de sécurité des États-Unis

---

17. Georges NZONGOLA-NTALAJA, *The Congo from Leopold to Kabila. A People's History*, London, Zed Books, 2007, p. 332-333.
18. Lovemore MBIGI, *The Spirit of African Leadership*, Johannesbourg, Knores Resources, 2005, p. 79.
19. John PERKINS, *Confession of an Economic Hit Man*, San Francisco, Blackstone, 2004, p. ix-xiii.
20. David RENTON, David SEDDON & Leo ZEILIG, *The Congo. Plunder & Resistance*, London, Zed Books, 2007, p. 98-102, 114, 179-184, 194-220.

ont entraîné et équipé les troupes rwandaises et ougandaises qui ont ensuite envahi la RDC. Pendant la guerre, des sociétés américaines et d'autres pays partenaires, utilisant comme tremplin les pays voisins de la RDC, se sont servis de ressources naturelles de la RDC, sans s'inquiéter ni des horreurs de la guerre ni de vies humaines détruites.

Les viols et d'autres dévastations de cette guerre continuent à faire rage jusqu'aujourd'hui. Sans devenir politiciens, les serviteurs de Dieu appliqueront ce que la Bible dit sur la politique africaine. Au nom de la bonne gouvernance des États africains et du bien commun, la mission chrétienne surveillera les comportements et les actions des politiciens, afin de contrer le mal et de chercher la transformation sociopolitique. La mission chrétienne travaillera non seulement à la préparation des Africains à comprendre ces actes méchants des étrangers et des élites africaines qui coopèrent avec eux, mais aussi à considérer comment mettre fin à ce mal qui dure déjà depuis des décennies. L'éducation des Africains victimes et complices de ces maux est importante, mais aussi la conscientisation des commanditaires locaux et étrangers. À ce sujet, il est nécessaire de développer des réseaux de collaboration et d'actions bien systématisées qui dépassent les niveaux nationaux et continentaux pour atteindre le partenariat international impliquant aussi les Églises des pays et continents de ces commanditaires étrangers[21].

Tristan Anne Bore décrit l'Église comme un facteur important dans la transformation qui s'est effectuée en Afrique du Sud. Les responsables des Églises ont sensibilisé la population, suscitant ainsi des chaînes de protestation dans le pays. La coalition des Églises d'Afrique du Sud et du Zimbabwe, et les organisations chrétiennes d'Afrique australe et du monde (Conseil Œcuménique des Églises [COE], Conférence des Évêques Catholiques d'Afrique Australe [CECAA]) qui se sont réunies en Zambie, aboutissant à la déclaration d'illégalité du régime d'apartheid en 1987, en ont précipité la chute. Ainsi la recrudescence des protestations obligea le régime en place à reconnaître l'*African National Congress* (ANC), le parti au pouvoir en Afrique du Sud aujourd'hui, comme parti politique dans le pays, et de commencer des négociations politiques avec ses leaders en 1990[22].

---

21. KÄ MANA, *La mission de l'Église africaine. Pour une nouvelle éthique mondiale et une civilisation de l'espérance*, Yaoundé, CIPCRE-CEROS, 2005, p. 304-305.
22. Tristan Anne BORE, *Challenging the State. Churches as Political Actors in South Africa, 1980-1994*, Notre Dame/Londres, University of Notre Dame Press, 1998, p. 1-2.

Les autres religions

La présence d'autres religions dans les villes africaines est un défi. Mais c'est surtout une occasion d'apprendre abondamment auprès des adeptes de ces religions, afin d'acquérir des connaissances et la sagesse requises et d'adopter des stratégies appropriées vis-à-vis de ces adeptes. Ce genre de mission nécessite la création de réseaux, principalement de réseaux locaux pour l'intercession, de réseaux pour apprendre auprès des experts, s'il y en a, ou encore pour partager les expériences. Les villes africaines comportent de grandes et petites Églises implantées et dirigées par des leaders qui n'ont pas toujours eu l'occasion d'avoir une formation théologique ou biblique adéquate. C'est aussi un défi et un potentiel. Beaucoup de sagesse, de tact et d'humilité sont nécessaires pour savoir approcher ces personnes. Elles peuvent finir par devenir de bons partenaires de mission. Les approcher avec des préjugés comme c'est le cas de plusieurs théologiens, ne peut pas faire avancer la mission auprès d'elles. Elles peuvent aussi devenir partenaires de la mission et même permettre d'apprendre quelque chose d'elles. Il y a eu à Pretoria, par exemple, des doctorants en théologie qui ont travaillé avec certaines au point de mieux comprendre des vérités importantes. Il y en a même qui ont commencé à se former.

Les différentes couches sociales

Dans les villes il y a des politiciens, des fonctionnaires de l'État, des commerçants, des chômeurs et des pauvres à divers niveaux. La mission s'intéressera à chacun de ces groupes. Il y a des cas où tous peuvent évoluer ensemble de façon harmonieuse, s'épanouissant ensemble spirituellement et socialement, malgré leurs différences économiques et culturelles, et c'est l'idéal. Les riches auront ainsi l'occasion de côtoyer les pauvres et de les comprendre et vice-versa. Le missionnaire peut en profiter pour favoriser les relations entre les couches sociales en combattant les complexes de supériorité et d'infériorité entre les membres de différentes couches. Là où les éléments forts tels que les langues et les cultures empêchent de fonctionner ensemble en tant qu'Église locale, la vie communautaire peut permettre un épanouissement plus harmonieux de l'Église.

Conclusion

Aujourd'hui, la mission urbaine doit être un service à l'individu tout entier et à sa communauté entière. Aussi l'étude du contexte doit-elle précéder le travail de la mission afin de la rendre efficace. Ces analyses spirituelles, culturelles et sociopolitiques demandent aux missionnaires des compétences spécifiques. Ainsi, la formation des serviteurs de Dieu et le développement des aptitudes diverses s'avèrent nécessaires pour l'efficacité dans la mission urbaine. Des activités telles que la prière et l'étude de la Bible doivent prendre en compte tous les aspects : spirituel, culturel, et sociopolitique.

Pour aller plus loin

BAKKE, Ray & POWNALL, André & SMITH, Glenn, *Espoir pour la ville. Dieu dans la cité*, coll. Sentier, Québec, La Clairière, 1994.

BANZA, Kabuaya, « Empowering African Elites for Christian Praxis. The Experience of the International Church of Pretoria », Pretoria, UNISA, 2003.

CONINCK, Frédéric de, *La ville. Notre territoire, nos appartenances. L'incarnation de l'Évangile dans le tissu urbain d'hier et d'aujourd'hui*, coll. Sentier, Québec, La Clairière, 1996.

POWNALL, André, « La mission urbaine », in *La mission de l'Église au XXIe siècle. Les nouveaux défis*, sous dir. Hannes WIHER, Charols, Excelsis, 2010, p. 121-131.

RACINE, Jean-Bernard, *La ville entre Dieu et les hommes*, Genève/Paris, Presses Bibliques Universitaires/Anthropos, 1993.

SMITH, Glenn (sous dir.), *L'Évangile et le monde urbanisé*, Montréal, Direction chrétienne, 1994.

10

Jésus le lundi
L'éducation chrétienne en Afrique francophone et la culture traditionnelle

Simon Pierre Gatera

Ce chapitre présentera brièvement la situation des chrétiens en Afrique francophone au cours de ces dernières décennies et leur manière de vivre leur foi dans la société. Il analysera les causes qui font que la foi chrétienne reste minime et sans impact significatif à l'école, dans les administrations et dans la communauté, et terminera par une présentation de quelques approches de solution.

Pour ce faire, trois sources principales sont à disposition : la Bible, les documents écrits et l'expérience personnelle. Depuis un quart de siècle, ce sujet du rapport entre l'éducation chrétienne et la culture traditionnelle a retenu notre attention et nous avons travaillé dans les deux grandes régions de l'Afrique francophone : l'Afrique centrale et l'Afrique de l'Ouest.

Constat sur la pratique de la foi chrétienne en Afrique francophone

Depuis quelques décennies, on remarque beaucoup de temples pleins de chrétiens dans les villes d'Afrique francophone. Les cultes du dimanche donnent l'impression que tous ceux qui sont dans l'Église sont très engagés pour la cause du Seigneur Jésus. Paradoxalement, du lundi au samedi, très peu parmi eux mènent une vie digne d'un vrai disciple de Jésus. Beaucoup sont entrés dans l'Église par un recrutement multitudiniste et veulent être membres de cette

« religion moderne » tout en restant bien accrochés à leur idolâtrie sous prétexte que « nous ne devons pas abandonner les traditions de nos ancêtres ». N'ayant pas placé leur foi en la puissance protectrice de Dieu, lorsqu'ils ont des problèmes, leur solution est, sans hésitation, de trouver un charlatan, un féticheur ou un sorcier. À leur retour, ils sont actifs dans l'Église et peuvent occuper des places de grandes responsabilités. « Lorsque c'est le moment de l'Église, ils se montrent chrétiens, et quand le moment de l'idolâtrie arrive, ils sont idolâtres[1] ». Ce sont des chrétiens syncrétistes.

Dans ce chapitre, il sera question de deux groupes : les chrétiens engagés et les chrétiens nominaux. Par chrétiens engagés, nous entendons de vrais convertis à Jésus dont la vie a été transformée, sanctifiée par le Saint-Esprit. Ils ont non seulement accepté Jésus comme leur Sauveur mais aussi comme leur Seigneur (Ac 2.36). Ils obéissent à la Parole de Jésus et sont convaincus d'être devenus enfants de Dieu, participant ainsi à la vie éternelle (Jn 1.12). Leur but dans ce monde est de mener une vie qui rende gloire à Dieu et ils sont déterminés à répandre la Parole de Dieu. Bref, ce sont des disciples de Jésus (Lc 9.23).

Les chrétiens nominaux, en revanche, sont des personnes qui sont membres de l'Église locale comme on peut l'être d'une société, sans avoir rencontré personnellement le Seigneur Jésus. Ce sont des personnes qui n'ont pas reçu le vrai Évangile dans leurs cœurs ou qui l'ont négligé. Elles n'ont pas foi en Dieu. Elles croient en d'autres puissances auxquelles elles ont recours lorsque c'est nécessaire. Comme personne ne peut servir deux maîtres (Mt 6.24), la vie de Jésus n'a pas de place en elles, ce qui explique leur comportement semblable à celui des incroyants.

Lorsqu'on compare la situation des chrétiens dans vingt pays d'Afrique francophone en l'an 2000 et celle de l'an 2010, on remarque que les évangéliques sont passés de 9,62 % à 9,35 % en dix ans (voir le tableau 1 sur la page suivante)[2]. Partant de la même source, les calculs nous montrent que la moyenne de la croissance des populations est de 2,50 % et celle des chrétiens de 2,61 %. Ceci souligne que la croissance de l'Église est surtout biologique, c'est-à-dire que dans beaucoup d'Églises, on baptise surtout les enfants dont les parents en sont membres. Cela montre que les chrétiens engagés deviennent de plus en plus rares.

---

1. Simon Pierre Gatera, *Discipulat axé sur la mission. Un moyen de mobilisation efficace de l'Église pour la mission en Afrique francophone*, Nuremberg, VTR Publications, 2009, p. 11.
2. Pour les données de l'an 2000 voir Gatera, *Discipulat axé sur la mission*, p. 17 ; pour celles de 2010 voir Jason Mandryk, *Operation World*, Colorado Springs/Secunderabad, Biblica, 2010, p. 29 (à paraître en français aux éditions Excelsis).

PAYS	Population	Population	Chrét. %	Chrét. %	Évang. %	Évang. %
	An 2000	An 2010	An 2000	An 2010	An 2000	An 2010
1. R.D.C.	51 654 496	67 827 495	95,29	92,15	19,4	18,7
2. CONGO	2 943 464	3 758 678	91,27	89,72	13,8	15,9
3. BURUNDI	6 695 001	8 518 862	90,06	90,46	21,0	27
4. RÉUNION	699 406	837 094	84,90	86,96	5,2	5,9
5. RWANDA	7 733 127	10 277 212	80,83	89,72	22,8	26,9
6. GABON	1 226 127	1 501 266	77,93	79,35	14,2	12,7
7. CENTRAF.	3 615 266	4 505 945	70,38	76,37	34,8	32,2
8. CAMEROUN	15 084 969	19 956 351	68,96	53	6,4	9
9. TOGO	4 629 218	6 780 030	50,66	45,38	9.0	10,7
10. MADAG.	15 941 727	20 146 442	47,63	53,53	8,8	11,5
11. BÉNIN	6 096 539	9 211 741	31,78	39,89	4,2	8,3
12. R.C.I.	14 785 832	21 570 476	31,78	33,64	9,2	10,5
13. TCHAD	7 650 982	11 506 130	27,78	38,46	13,5	10,1
14. BURKINA	11 936 823	16 286 706	18,36	20,69	8,0	8,9
15. SÉNÉGAL	9 481 161	12 860 717	4,76	6,42	0,1	0,2
16. GUINÉE C.	7 430 346	10 323 755	4,72	4,47	1,0	0,7
17. DJIBOUTI	637 634	879 053	4,67	1,75	0,1	0,1
18. MALI	11 233 821	13 323 104	1,92	2,64	0,8	0,7
19. COMORES	592 749	691 351	0,84	0,93	0,1	0,2
20. NIGER	10 730 102	15 891 482	0,40	0,33	0,1	0,1
TOTAL	190 798 290	255 305 020				

Tableau 1 : Les chrétiens en Afrique francophone

Un groupe d'étudiants de l'Institut Missiologique du Sahel à Ouagadougou, Burkina Faso, a mené des recherches sur la prostitution dans la ville d'Ouagadougou en l'an 2004 et a constaté que la majorité des prostituées étaient des filles chrétiennes. La fornication et l'adultère, ainsi que les avortements chez les chrétiens se multiplient de jour en jour.

La corruption qui est répandue en Afrique, n'a pas épargné les pays dont les habitants sont majoritairement dits chrétiens. Dans le rapport de Transparency International, on remarque que trois pays chrétiens d'Afrique francophone se trouvent parmi les dix pays les plus corrompus dans le monde[3]. Les détournements de fonds, les falsifications de pièces comptables et les gonflements de factures sont des exemples très courants. Quelles sont les raisons de ce manque d'engagement et de ces comportements négatifs ?

Les causes

Sous ce point, on évoquera deux causes qui font que le christianisme reste superficiel : la culture traditionnelle africaine inconsidérée et les méthodes de l'éducation chrétienne inappropriées.

Le christianisme et la culture traditionnelle africaine

Pour réellement convertir l'homme africain, il faudrait d'abord connaître sa culture. Pourquoi ? L'homme à évangéliser est le produit de son milieu culturel. C'est la culture qui a façonné son mode de vie et sa conception du monde. Si la Parole de Dieu est prêchée et qu'elle ne peut pas produire un changement dans la vie du chrétien, si elle est enseignée sans tenir compte des habitudes, du mode de vie quotidien, des valeurs, des vertus que la société retient comme éléments d'accomplissement de la personne humaine, c'est sur les éléments de la culture que le serviteur de Dieu doit jeter un éclairage évangélique.

Qu'est-ce que la culture ?

La culture peut être définie comme l'ensemble de solutions qu'une société a trouvées au cours des siècles à ses problèmes multiples, y compris ceux liés à son existence dans la vie présente et dans l'au-delà, c'est-à-dire liés à la religion. Selon Eugène Nida la culture est « tout comportement acquis socialement[4] ». C'est aussi tout comportement appris et partagé dans la société. Il faut noter que la

---

3. Voir www.transparency.org.
4. Eugène A. NIDA, *Coutumes et cultures. Anthropologie pour missions chrétiennes*, La Côte-aux-Fées, Les Groupes Missionnaires, 1978, cité par Simon Pierre GATERA, « Enseignement théologique dans l'Église. Le cas de l'Association des Églises de Pentecôte du Rwanda (A.D.E.P.R.) », mémoire, Institut Supérieur de Théologie Évangélique au Kivu, Bukavu, 1987, p. 49.

culture tire sa force du fait qu'elle est le produit d'une société donnée et non le patrimoine d'un individu. Ainsi l'homme devient l'ensemble de sa nature (ce qui est génétique) et de sa culture.

Négliger la culture, c'est négliger tout ce que l'homme a appris dans son environnement, ne pas considérer son être dans son entier, mais pire encore, c'est sous-estimer l'âme de tout un peuple. C'est dans cette optique qu'un grand nombre de chrétiens africains prennent l'Église pour un élément culturel de plus, nouveau et moderne, qu'ils ajoutent à la culture traditionnelle. Ils acceptent ainsi les rites de l'Église : le baptême, le mariage, les réunions. Mais en dehors de cela, ils maintiennent leur mode de vie habituel, avec leurs amis féticheurs en qui ils ont plus confiance qu'en Jésus. Les problèmes qu'on rencontre dans les Églises, c'est que l'évangélisation et le message ne s'intéressent pas aux réalités culturelles, produisant inévitablement des chrétiens syncrétistes et superficiels. Comment l'Africain recevait-il l'éducation traditionnelle ?

La culture traditionnelle et les méthodes éducatives en Afrique

Des vertus étaient enseignées aux enfants dès leur bas âge par les parents, les grands frères et les grandes sœurs, la famille élargie, l'entourage et toute la société. L'enfant appartenait à toute la société, ce qui faisait que son éducation incombait à tout le monde. Cette éducation était véhiculée par certains éléments culturels tels que les proverbes, les dictons, les devinettes, la poésie, les légendes et les contes moraux[5]. Voici quelques exemples de vertus : le respect et l'obéissance aux parents, suivre les conseils des anciens, être un homme sage, l'amour du travail, la solidarité, la cordialité, l'hospitalité, l'honnêteté, le courage, la fidélité, la maîtrise de soi, la bonté du cœur et la reconnaissance. Aujourd'hui, cette culture tend à disparaître sans être remplacée valablement.

Les méthodes éducatives traditionnelles

Quelles étaient les méthodes d'apprentissage utilisées ? On peut citer la « communication vitale », la veillée familiale, la veillée circonstancielle et les rites traditionnels. Ce qui est essentiel à noter dans cette méthode est que l'éducation ne comportait pas un enseignement formel « mais une communication de la vie,

---

5. Cf. B. MUZUNGU, *Le Dieu de nos pères, t. 1. Les sources de la religion traditionnelle du Rwanda et du Burundi*, Bujumbura, Lavigerie, 1974, cité par Simon Pierre GATERA, « Catéchèse et culture dans les Églises Protestantes au Rwanda », mémoire, Faculté de Théologie Protestante au Zaïre, Kinshasa, 1989, p. 13-17.

par le truchement du symbole des gestes, des actes, des rites, des proverbes et d'autres genres littéraires[6] ».

L'éducation visait à former l'homme idéal, qui devait avoir des vertus définies et acceptées par la société. Ainsi, l'observation et l'imitation avaient une place considérable dans ce processus. En outre, la réprimande, les interdits, les contes, les proverbes, les remarques occasionnelles contribuaient à orienter l'enfant dans la bonne voie. « Petit à petit, une transformation efficace se produisait spontanément par sympathie et assimilation[7] ».

L'éducation chrétienne en Afrique francophone

L'éducation chrétienne faite par les premiers missionnaires blancs était une acculturation pure et simple dans un climat de domination, car, parallèlement, l'autorité coloniale imposait sa volonté. Il faut noter que les missionnaires n'étaient pas mal intentionnés. La missiologie n'était pas encore développée.

Par l'acculturation, les chrétiens africains devaient adhérer à l'Évangile et à la civilisation occidentale qui l'enveloppait, en abandonnant ce qui les avait marqués depuis toujours, c'est-à-dire leurs us et coutumes, leurs traditions, leur religion, leurs rites, leurs fêtes familiales, etc. Bref, la culture traditionnelle fut condamnée en bloc. Certains responsables africains ont réagi à contre-courant pour soutenir les religions traditionnelles africaines, tandis que d'autres ont gardé le *statu quo*. Le message devrait être inculturé, tout en laissant la priorité à l'obéissance à la Parole de Dieu.

Le contenu de l'éducation chrétienne

Il y a, d'un côté, des Églises dans lesquelles l'enseignement porte sur les grandes lignes de la doctrine chrétienne et sur la discipline d'Église. Mais, hélas, la plupart de ces programmes sont des traductions de ceux des Églises occidentales dont l'orientation n'a aucun rapport avec le contexte culturel africain.

De l'autre côté, il existe des Églises qui n'ont aucun programme d'enseignement, comptant uniquement sur les prédications qui tournent toujours autour des mêmes sujets. Comment ce contenu faible et non équilibré est-il transmis aux chrétiens ?

---

6. Dominique Nothomb, *Un humanisme africain. Valeurs et pierres d'attentes*, Bruxelles, Lumen Vitae, 1965, cité par Gatera, *Discipulat axé sur la mission*, p. 45.
7. Nothomb, *Un humanisme africain*, p. 265.

Les méthodes utilisées dans l'éducation chrétienne

Parmi ces méthodes on peut citer la méthode traditionnelle des questions – réponses, la méthode expositive suivie de mémorisation, la méthode de prédication et la méthode expositive-interrogative.

Toutes ces méthodes qui négligent les interactions et la culture traditionnelle ne peuvent produire que des chrétiens superficiels et syncrétistes, c'est-à-dire des chrétiens sans engagement et qui, tout en allant à l'Église, restent attachés à l'idolâtrie.

Solutions au christianisme superficiel et syncrétiste en Afrique francophone

Sous ce point, voici, à l'adresse des pasteurs et éducateurs chrétiens, quelques pistes en vue d'opérer des changements positifs dans les vies des membres de l'Église.

Tenir compte de la culture traditionnelle

La première préoccupation de l'éducateur chrétien ne devrait pas consister à condamner en bloc la culture de l'homme à enseigner mais à la comprendre en profondeur. L'homme créé à l'image de Dieu continue, malgré son péché, à garder son héritage reçu de Dieu : celui de dominer la terre et de l'assujettir (Gn 1.26-30). La culture se développa avec la construction de villes, le développement de la musique instrumentale et le forgeage des instruments d'airain et de fer (Gn 4.17-22). Après le péché, l'homme pouvait invoquer le nom de l'Eternel (Gn 4.26). On pouvait aussi trouver des hommes qui marchaient avec Dieu comme Hénoc (Gn 5.24), ceux qui étaient justes et intègres comme Noé (Gn 6.9), mais aussi des hommes corrompus (Gn 6.11-12).

Une étude approfondie de la culture et de la Parole de Dieu permettra de déceler les éléments culturels compatibles avec l'Évangile et ceux qui sont à rejeter. C'est la même démarche avec la culture d'aujourd'hui, dont l'évolution avance considérablement avec le progrès de la technologie. Nous ne devons ni tout adopter ni tout rejeter en bloc.

Quelle était l'attitude de Jésus vis-à-vis de la culture ? Jésus maîtrisait l'histoire et la culture de son temps avant de commencer son ministère public. Dans ses prédications et son enseignement, il recourait à des éléments culturels de son milieu (Lc 17.7-10 ; Mt 5.14-16 ; Lc 15.4-32). L'évangélisation et l'enseignement biblique en Afrique doivent chercher à pénétrer les cultures et les religions traditionnelles africaines.

Programmation du contenu de l'enseignement dans l'Église

Le contenu ne doit pas être le produit du hasard. Il doit se rattacher à l'expérience du chrétien et répondre à ses besoins et préoccupations. L'homme apprend et retient facilement ce qui répond à un besoin ressenti, à ce qui lui est utile. Le contenu doit couvrir l'essentiel de la Bible, mais également tout ce qui peut faciliter la compréhension du message divin, telles que l'histoire et la culture. Vu l'importance que Jésus a accordée à la formation de ses disciples, à leur préparation et leur envoi en mission, le disciplulat et les notions sur la mission doivent faire partie de ce programme[8].

L'utilisation des méthodes interactives contextualisées

Ce sont des méthodes qui s'appuient sur le dialogue et permettent une influence entre les participants par des interactions habilement orientées par un enseignant avisé, qui ne doit pas être considéré comme un maître distribuant ses connaissances mais comme un facilitateur animant une séance d'éducation chrétienne. Avec ces méthodes, on part de la vie de la personne à enseigner et on introduit la Parole de Dieu en vue d'obtenir une vie transformée. Il ne faut donc pas vouloir séparer la Parole de Dieu de la vie du chrétien.

L'utilisation du triangle de formation

En Afrique francophone, dans la formation, le savoir a toujours été privilégié au détriment de l'être (le caractère) et du faire. C'est une manière de faire des universitaires qui ne savent pas se débrouiller dans la pratique ainsi que des chrétiens nominaux.

---

8. Voir une ébauche de programme de disciplulat axé sur la mission, in GATERA, *Disciplulat axé sur la mission*, p. 57-75.

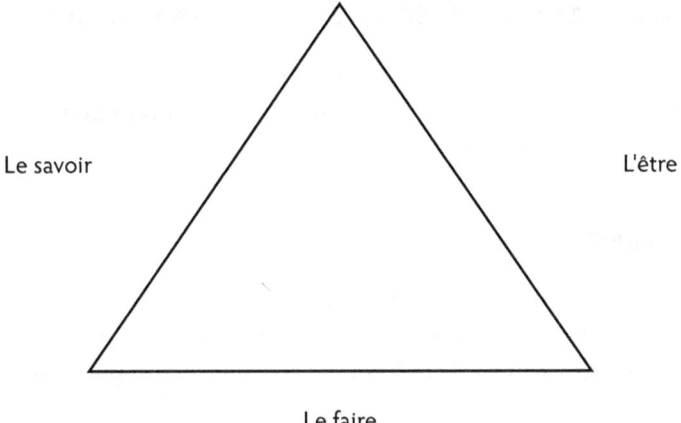

L'enseignement de Jésus respectait ce triangle :

- Jésus communiquait *le savoir* à ses disciples lorsqu'il prêchait en plein air (Lc 1.1-8), et lorsqu'il se retrouvait à huis clos avec eux (Lc 8.9-18).
- Il formait *leur être* (leur caractère) par exemple lorsqu'il leur apprit à laver les pieds d'autrui (Jn 13.1-9), à prier sans se relâcher (Lc 18.1-8), à avoir pitié des autres (Mt 18.21-35), à être humble comme un petit enfant (Mt 18.1-9), à ne pas rendre le mal pour le mal (Lc 9.51-56).
- Enfin, Jésus formait les disciples pour *le faire* (la pratique) en les laissant observer tout ce qu'il faisait, par exemple la guérison d'un démoniaque (Mc 9.14-29). Il leur accordait des occasions d'organiser et de servir la foule (Mc 6.37-41), de mettre en pratique la mission (Mc 6.7-13 ; Lc 10.1-16), d'aller dans les villes et les villages prêcher la Bonne Nouvelle du Règne de Dieu, de guérir les malades et de chasser les démons, de préparer la Pâque (Mt 26.17-20).

La réforme des institutions de formation théologique et missiologique

En vue d'atteindre les objectifs dans ce domaine d'éducation chrétienne, les instituts bibliques et les facultés de théologie et missiologie doivent adapter leurs programmes aux besoins réels des peuples à évangéliser en tenant compte de leur histoire, de leur culture et de leur époque, sans altérer la parole de Dieu.

Les étapes d'une séance d'éducation chrétienne contextualisée

Comment diriger une séance d'éducation chrétienne contextualisée ? Sans parler de la révision, toute séance d'éducation chrétienne contextualisée comprendra quatre parties essentielles :

Le point de départ

Il consiste, à travers le dialogue, à faire appel aux expériences humaines et aux réalités qui font la vie de l'auditoire : leur histoire, leur culture, leur contexte, leur vie quotidienne en vue de préparer le terrain à l'enseignement biblique.

L'exploration de la Parole de Dieu

Elle consiste à rechercher et à analyser, par le dialogue, les idées maîtresses contenues dans le message biblique.

L'appropriation

Cette phase qui suit l'exploration, peut aussi être appelée pénétration ou intériorisation. Dans l'échange l'enseignant fait alors dégager la vérité contenue dans la parole analysée. Ce moment est comparé à l'acheminement de la nourriture bien digérée dans l'organisme. Le participant aura l'occasion de faire sienne cette vérité de la foi. Il se l'approprie. C'est le moment de répondre à l'invitation de Dieu par un engagement personnel.

L'application à la vie

C'est un moment important qui sert à lier la foi du disciple à la vie pratique. Elle doit dépasser les quatre murs du temple ou de la salle d'enseignement. Selon les possibilités, les circonstances, le milieu et le sujet, on peut choisir parmi les activités suivantes : chants, mémorisation d'un passage biblique, dessin, poème, travaux écrits, action, scène, sketch, composition, recherches dans la culture et dans la Bible. Pour une meilleure contextualisation, les activités d'application à la vie doivent être celles de la vie courante.

Conclusion

Ce chapitre a d'abord présenté la situation de la foi chrétienne telle qu'elle est vécue en Afrique francophone. Malheureusement, force est de constater qu'il y a contradiction entre la foi et l'atmosphère qu'on voit le dimanche à l'église et les comportements ainsi que les témoignages des chrétiens au cours de la semaine. Beaucoup de chrétiens sont superficiels et syncrétistes. Ils font semblant de vivre le christianisme tout en continuant leur vie de pécheur non repenti. On a décelé deux causes majeures de ce phénomène : la non prise en considération de la culture traditionnelle africaine et l'utilisation de méthodes inadéquates dans l'éducation chrétienne. Comme solution à ce problème il faudrait qu'il y ait des programmes d'enseignement pour les chrétiens. Ces programmes devront être bien équilibrés, adaptés au contexte, interactifs et contextualisés afin de produire des changements positifs dans la vie des membres de nos Églises. Pour ce faire, les instituts et les facultés de formation théologique et missiologique doivent être réformés. Pour obtenir les meilleurs résultats dans ce domaine, les pasteurs et les autres éducateurs chrétiens sont appelés à maîtriser les cultures traditionnelles et les méthodes éducatives adéquates.

Pour aller plus loin

GATERA, Simon Pierre, *Discipulat axé sur la mission. Un moyen de mobilisation efficace de l'Église pour la mission en Afrique francophone*, Nuremberg, VTR Publications, 2009.

KÄSER, Lothar, *Animisme. Introduction à la conception du monde et de l'homme dans les sociétés axées sur la tradition orale*, Charols, Excelsis, 2010.

KÄSER, Lothar, *Voyage en culture étrangère. Guide d'ethnologie appliquée*, préface de Marc Spindler, Charols, Excelsis, 2008.

MAIRE, Charles-Daniel, *Parole de Dieu – cultures des hommes*, Valence, Ligue pour la Lecture de la Bible, 2006.

MBITI, John S., *Religions et philosophies africaines*, Yaoundé, CLÉ, 1972.

11

La résurgence des religions traditionnelles

Kalemba Mwambazambi

Les religions traditionnelles font partie intégrante de la réalité africaine. Dans les années coloniales, elles ont été combattues par les sociétés missionnaires, car elles étaient considérées comme faisant partie du paganisme. Mais plus tard dans l'histoire de la mission, elles ressurgissent encore. Ce chapitre analyse l'impact missiologique de cette résurgence des religions traditionnelles. Le chapitre est divisé en trois parties dont la première consiste à identifier les causes et les implications de cette résurgence. Au cours de cette analyse nous discuterons de la notion : « Chaque Africain est un animiste ». La deuxième partie montrera la nécessité d'un christianisme d'expression africaine devant cette remontée des religions traditionnelles. Dans la troisième partie, nous avancerons des recommandations pour la redynamisation de la mission chrétienne selon le mandat missionnaire de Jésus-Christ.

Les causes et les implications

La résurgence des religions traditionnelles africaines est due à l'histoire de l'Afrique. À l'époque coloniale, les religions traditionnelles étaient comptées par les premiers missionnaires occidentaux parmi les adversaires à vaincre. La politique de la « table rase » de la culture africaine a été pratiquée par ceux-ci pour combattre le paganisme. Dans sa quête de son indépendance, l'Africain se trouvait à la fois en face d'une crise identitaire et d'une incapacité relative de prendre en main la destinée de son continent. La crise identitaire soulève des questions sur l'authenticité de sa culture, de ses croyances, de sa tradition et de ses coutumes. Cette quête de son identité pousse l'Africain à reprendre en considération ses religions traditionnelles. La prise de responsabilité, elle aussi, l'incite et l'oblige à chercher les voies de développement. C'est pourquoi l'Africain a recours à quatre théologies chronologiquement et causalement successives pour faire face à sa crise d'identité et à ses nouvelles responsabilités : *La théologie de l'identité* qui relie d'une manière abstraite la foi chrétienne occidentalisée à l'univers mental africain. Puis vient *la théologie de l'inculturation* qui structure la foi chrétienne à partir de l'expérience religieuse africaine, de sa vision du monde et de son éthique de vie. Elle est aussi appelée « théologie du dialogue », c'est-à-dire, dialogue intime entre le Christ et l'Afrique. Mais le cadre de l'idéologie de l'identité culturelle a bloqué ce dialogue.

De ce fait, survint *la théologie de la libération* : celle-ci considère la culture comme l'espace de réorganisation intégrale et de réorientation profonde de la destinée. Cette théologie vise la transformation de toutes les dimensions de l'existence et de toutes les institutions de la société. Mais après la libération, l'Africain est appelé à faire face à la reconstruction de sa société, d'où l'apparition de *la théologie de la reconstruction.* Les théologies de l'identité et de l'inculturation d'une part et la théologie de la libération d'autre part ne sont pas antagoniques, mais entrent dans une dialectique de théorie et pratique tout en s'impliquant l'une l'autre.

C'est dans ce mouvement de l'inculturation et de la libération que la résurgence des religions traditionnelles provoque la nécessité d'un christianisme d'expression africaine, parce que les leaders africains gèrent eux-mêmes l'Afrique théologiquement, politiquement, économiquement, socialement, culturellement et juridiquement. C'est pourquoi, il est grand temps que les religions traditionnelles et la christologie en Afrique travaillent main dans la main pour faciliter le développement intégral de l'Afrique et sa transformation positive. Si les religions traditionnelles africaines et la christologie se méfient les unes des autres et se combattent entre elles, une reconstruction réelle et durable ne sera pas possible en Afrique. C'est pourquoi, il est utile de redynamiser dès à présent une spiritualité africaine et une intelligence sociale de la coopération religieuse comme elles existaient bien avant la colonisation.

Mais cette redynamisation de la spiritualité africaine ne signifie pas que tout Africain est animiste. L'animisme africain est classé par Lothar Käser dans le type 1 : celui avec la vénération des ancêtres[1]. La reconsidération de leur africanité par les chrétiens africains n'indique pas le retour à la vénération des morts car ils ont actuellement une autre vision du monde et comme médiateur le Christ. Ainsi, il est nécessaire de comprendre que chaque Africain n'est pas animiste parce que parmi les Africains certains ne connaissent même pas la signification de l'animisme. On peut penser à l'exemple d'un Africain qui est né dans une famille chrétienne et depuis son enfance n'a jamais eu recours à d'autres divinités ou pratiques ancestrales non conformes à l'éthique chrétienne. Käser écrit : « L'animisme est une croyance en l'existence et en l'efficacité d'êtres de nature spirituelle (des âmes et des esprits) conçus comme anthropomorphes, c'est-à-dire semblables à l'homme, ou thériomorphes, semblables à un animal[2]. » Il est nécessaire de comprendre qu'il y a l'animisme avec vénération des ancêtres et l'animisme sans vénération des ancêtres. Ainsi, il est utile d'appréhender la nécessité d'un christianisme d'expression africaine.

La nécessité d'un christianisme d'expression africaine

La christologie n'aura pas un vrai sens si elle n'appréhende pas le sens profond de la spiritualité africaine et ne s'engage pas à promouvoir le changement socio-spirituel positif dans le champ représentationnel de son milieu de vie. Parce qu'elle doit être une christologie du défi et du développement qui s'offre comme tel à toutes les forces vives et créatives auxquelles elle propose sa propre pertinence et sa propre fécondité.

Cette christologie vue par les Africains est abordée en rapport soit avec la tradition africaine, soit avec la colonisation, où le colonialisme est conduit, de façon relativement constante, ou avec la démonstration d'une incompatibilité majeure entre africanité et christianisme ou avec l'établissement des voies et moyens d'une intégration possible du christianisme dans les cultures africaines. En effet, la christologie développée par les théologiens africains francophones oblige à noter deux préoccupations majeures pour la mission chrétienne africaine : à propos de la contextualisation du message évangélique et à propos des liturgies mises en mouvement pour actualiser cette contextualisation, il est utile de dissocier la tradition africaine de la foi en Jésus-Christ, comme le propose Mudimbé :

---

1. Lothar KÄSER, *Animisme. Introduction à la conception du monde et de l'homme dans les sociétés axées sur la tradition orale*, Charols, Excelsis, 2010, p. 295.
2. *Ibid.*, p. 15.

> La remontée directe aux textes et sources de la Révélation suffirait, en théorie, à fixer les principes directeurs du Message ; en même temps, une attention nouvelle aux traditions africaines ouvrirait, en théorie aussi et de manière complémentaire, des étendues différentes dans lesquelles la vérité de Dieu pourrait être l'explosion de Jésus-Christ[3].

En effet, la lecture des évangiles se fera dès lors avec un nouvel éclairage et sera ainsi flexible selon le contexte. En même temps, l'on tiendrait compte des états ininterrompus de la maturité religieuse des peuples africains qui témoigne, en des dérivations archéologiques propres et originales, d'un Dieu unique et universel. Évidemment, dans la christologie en Afrique, le Jésus de la croix peut être considéré comme « proto-ancêtre[4] » intégré à la vie de l'homme et de la société. David Bosch souligne :

> Aucun fondement théologique de la mission ne peut s'établir sans référence au point de départ de notre foi : l'auto-communication de Dieu en Christ, base qui précède logiquement et conditionne toute autre réflexion[5].

En d'autres mots, le Jésus de la croix est Seigneur, Sauveur, grand maître, vrai Dieu et vrai homme, et selon Tshishiku, il « est vu comme chef, juge et roi, prêtre, frère aîné, saint homme de Dieu, libérateur, guérisseur, puissant médiateur auprès de Dieu[6] ». La christologie en Afrique a comme sources principales la Bible avec comme base essentielle le Nouveau Testament, la conception ecclésiale dans ses différentes expressions dogmatiques et liturgiques, certains éléments importants de la culture africaine et du christianisme et l'expérience vivante des Églises d'Afrique. En fait, ces deux dernières sources sont constituées par la vision du monde propre aux Africains et à leurs religions. Par rapport aux Églises d'initiative africaine Hannes Wiher écrit : « Elles mettent en évidence les éléments chrétiens du renouvellement intérieur, soulignant ainsi en particulier

---

3. V. Y. MUDIMBÉ, *L'odeur du Père*, Paris, Présence africaine, 1982, p. 69.
4. « Proto-ancêtre » signifie que Jésus Christ est le premier né et notre ancêtre qui doit être placé au centre de toutes les activités quotidiennes des Africains. KALEMBA Mwambazambi, « A Missiological Reflection on African Ecclesiology », *Verbum et Ecclesia* 32, 1, 2011, p. 4.
5. David BOSCH, *Dynamique de la mission chrétienne. Histoire et avenir des modèles missionnaires*, Paris, Karthala, 1995, p. 35.
6. Tshibangu TSHISHIKU, *La théologie africaine. Manifeste et programme pour le développement des activités théologiques en Afrique*, Kinshasa, Saint-Paul, 1987, p. 68.

les dons spirituels comme la prophétie, la guérison et la prière, des éléments appartenant également à la spiritualité africaine[7]. »

En effet, le christianisme peut transformer les cœurs et les cultures des Africains en profondeur en vue d'envisager un avenir meilleur et une société africaine digne de ce nom, tout en désapprouvant des pratiques ancestrales de l'époque précoloniale, coloniale et postcoloniale. C'est à l'intérieur de leurs formes de pensée et des préoccupations religieuses que les Africains essaient d'assimiler la révélation chrétienne, aux prises avec les préoccupations existentielles qui se posent à eux. Pour le contexte chrétien africain Sanon propose que :

> Jésus-Christ est initiateur en tant qu'il inaugure ou initie par ses actes et ses paroles les temps nouveaux du royaume de Dieu. Le moment initiatique fondamental où il fait initier ses disciples, c'est sa mort et sa résurrection, mais pour lui-même c'est le baptême et sa mort qui comptaient[8].

Par son Esprit, comme le montre l'épître aux Hébreux (2.9-10 ; 12.1-2), Jésus-Christ est l'initiateur de l'Église. En annonçant et en célébrant le mémorial du Christ, l'Église devient un témoin du ressuscité. Cependant, il existe deux grandes dynamiques contradictoires dans le christianisme africain actuel. Selon Modio, la première est une

> dynamique de reconstruction et de créativité pour bâtir un destin socio-spirituel de la responsabilité et d'espérance, dans une Afrique appelée à être au service de l'humanité entière... [La deuxième] abêtit les esprits, désoriente les consciences, brouille le sens des créativités et conduit l'Afrique à un destin d'esclavage spirituel et d'insignifiance socio-politique[9].

Ces deux dynamiques se développent à l'intérieur de chaque confession religieuse, ce dont il est nécessaire de prendre conscience actuellement pour bâtir un christianisme d'avenir, qui transformerait l'homme dans le sens le plus créatif, le plus porteur d'espérance et le plus fécond.

Cependant, les Africains doivent pouvoir trouver en Jésus une personnalité qui n'abolit pas le passé mais l'accomplit, une manière fertile de prendre soin du

---

7. Hannes WIHER, *L'Évangile et la culture de la honte en Afrique Occidentale*, Mission scripts 21, Bonn, VKW, 2003, p. 39.
8. A. SANON, *Religion et spiritualité africaine. La quête spirituelle de l'humanité africaine*, Kinshasa, Facultés Catholiques, 1990, p. 45.
9. Zambwa MODIO, *La signification sociale des sectes au Zaïre*, Kinshasa, CERA, 1994, p. 253-254.

passé, de sculpter l'héritage vital, d'habiter la tradition africaine comme héritage et de le réinventer comme paysage de mémoire et patrimoine précieux. C'est pourquoi, le recours au passé ne signifie pas se référer à une substance figée ou devenir animiste, mais c'est naître de nouveau dans l'Esprit Saint, « tout en essayant de joindre les éléments importants de la culture africaine avec ceux du christianisme et d'apporter une réponse aux problèmes importants de la vie quotidienne africaine[10] ». Ainsi, il n'y aura ni rupture brutale ni simple continuité, mais une réinvention d'eux-mêmes dans ce que la parole de leurs ancêtres et parents fait d'eux, une fois que cette dynamique de l'Évangile est habitée par Dieu. Cette dimension anthropologique d'une christologie qui a recours, si nécessaire, au passé, est pertinent dans le contexte africain d'aujourd'hui afin d'éviter un christianisme superficiel qui s'est instauré dans beaucoup de pays africains avec médiocrité et superficialité.

En effet, être chrétien en Afrique, c'est semer le Jésus de la croix et son message dans la conscience collective pour faire naître de nouveaux affects. C'est cela la spiritualité africaine, parce que la foi chrétienne et la libération de l'inconscient collectif dans ses affects profonds se rythment ensemble et se rejoignent dans le même et unique enjeu de l'évangélisation. Cet enjeu a pour nom la vérité. Cette vérité est Jésus-Christ qui rend libre. Ainsi, la prise de conscience de la réalité vécue, fait naître la décision de vivre selon la vérité du Christ, fondement d'une spiritualité d'ouverture à l'autre pour une vraie conversion de l'homme et pour la meilleure réintégration de l'homme africain dans la vision de Dieu. C'est pour cette raison que Mululendo soutient « qu'un christianisme pleinement incarné dans les réalités africaines est un christianisme où les frontières entre l'être chrétien et l'être africain tendent à disparaître[11] ». En fait, le christianisme africain est fondé sur le mode de vie communautaire et à l'obéissance à l'autorité de la Bible.

De ce fait, la christologie est parfois érigée à partir de la vision africaine du monde souvent exprimée en langage symbolique, mythique et poétique adapté au contexte africain. Avec une telle christologie, l'animisme n'aura plus de place dans la société africaine, parce que Christ sera considéré comme « proto-ancêtre » et au centre de toutes les activités quotidiennes des Africains. Ainsi, le christianisme d'expression africaine deviendra de plus en plus nécessaire et jouera un rôle important de dévoilement, de clarification, d'explication, de réactualisation et de réactivation de ce que l'Évangile apporte comme modèle d'attitude, de

---

10. WIHER, *L'Évangile et la culture de la honte*, p. 39.
11. Zola MULULENDO, *Église kimbanguiste et théologie africaine*, Kinshasa, FCK, 1989, p. 60.

réflexion et d'action. Le « *modèle christique* » d'Éboussi-Boulaga reste l'une des références majeures pour tout missiologue africain réfléchissant sur la mission chrétienne en Afrique[12]. Selon Kä Mana ce modèle a trois éléments inséparables qui s'impliquent mutuellement : la conversion, la libération du dedans et le changement de mentalité[13].

La foi chrétienne africaine, aux trois niveaux de la personne, de la communauté et de la société, est appelée à s'actualiser dans une dynamique de créativité en vue de changements positifs. Ce sont ceux-là mêmes qui sont l'enjeu de la conversion parce qu'elle est là pour proposer de nouvelles voies de vie, de nouvelles pistes d'action, de nouveaux référentiels pour agir et de nouvelles routes pour un projet de transformation de l'homme en vue d'une humanité régénérée en Jésus-Christ, par la force du modèle christique.

En effet, un christianisme qui n'a pas cette vision de l'agir créateur est un christianisme sans substance ni signification pour la vraie conversion de l'homme. Ce type de christianisme se conforme au monde tel qu'il est, mais il ne peut pas le changer. Il peut donc favoriser l'animisme ou le recours aux sectes et aux nouveaux mouvements religieux sans discernement. C'est pourquoi l'énergie spirituelle de transformation qui réside dans l'amour profond peut être mise en action sur la base d'une solidarité créative vitale et d'une éthique d'engagement pour que l'amour du vrai Dieu et du prochain devienne la substance du christianisme d'expression africaine. C'est le fondement d'un christianisme que l'on peut juger par ses fruits dans un contexte où ceux-ci comptent plus que les abstractions dogmatiques, les incantations spiritualistes ou la mauvaise compréhension de l'animisme. De ce fait, l'Afrique est maintenant à l'ère de cette foi chrétienne d'action publique et du changement de l'ordre social dans son ensemble et le Christ doit se révéler dans le contexte actuel, dans une christologie du défi et de la méthode pour la transformation et le développement qui s'offre comme tel à toutes les forces vives et créatives auxquelles elle peut proposer sa propre pertinence et sa propre fécondité. Parce que dans la christologie en Afrique, la méthode de la mobilisation collective et populaire peut constituer un ordre essentiel pour l'évangélisation en vue d'une réelle conversion au christianisme et éviter le recours aux pratiques ancestrales non conformes à la parole de Dieu.

De ce fait, il est utile qu'au travers de la mission chrétienne en profondeur les Africains rencontrent Jésus, qu'ils s'attachent à lui et qu'ils prennent comme option fondamentale de leur vie de ne jamais se séparer de lui, de demeurer

---

12. Fabien Eboussi-Boulaga, *Christianisme sans fétiche*, Paris, Présence africaine, 1981, p. 6-7.
13. Kä Mana, *La mission de L'Église africaine*, Yaoundé, Cipro, 2005, p. 84-85.

fidèles à ses instructions et de l'imiter de près en toute chose. En dehors de cette option fondamentale, les missiologues africains peuvent faire des analyses et des discours académiques, mais ils ne sauront pas apporter une contribution décisive dans le surgissement et la consolidation du règne de Dieu et du Christ en Afrique.

Recommandations

Les missiologues doivent actuellement mettre en place de nouvelles stratégies missiologiques qui peuvent aider l'Afrique à se développer intégralement et l'Africain à penser à une bonne articulation entre la religion traditionnelle africaine et Jésus-Christ. Parce qu'il va de soi que l'Église en Afrique repense de nouvelles méthodes missionnaires qui peuvent jouer un rôle pertinent dans ce grand projet de renaissance spirituelle et physique de l'homme et de la femme africains. La foi évangélique aura un rôle décisif dans les orientations à donner à une nouvelle africanité régénérée, à une africanité qui serait non seulement capable de proposer à l'humanité un christianisme du souffle et de la raison, mais aussi de donner à la renaissance africaine une puissance de créativité pour le bonheur de tous.

Évidemment, il importe que les missiologues trouvent de nouvelles dimensions de vie dans l'Évangile du Christ, une fécondité créatrice indispensable à un épanouissement intégral de l'Afrique. Parce que Dieu est amour et que vivre dans l'amour du prochain, c'est reconstruire la nouvelle Afrique, et c'est poser les bases d'une humanité authentique pour une nouvelle Afrique par le Christ. Ainsi, il est nécessaire de diffuser le message du Christ qui peut engendrer la vraie conversion spirituelle de l'Africain, et produire une véritable renaissance spirituelle et physique de l'Afrique.

Conclusion

La colonisation, dès son irruption dans la vie africaine, a provoqué une crise d'identité qui a engendré une léthargie devant ses responsabilités politique, administrative, religieuse, sociale et culturelle. C'est pour cette raison que la théologie de la libération fut nécessaire pour la reconstruction de l'Afrique. Cette reconstruction ne signifie pas animisme, mais le retour à la source, qui est le Christ, pour bien rebâtir l'Afrique par l'Évangile transformateur. Il est nécessaire de développer un christianisme d'expression africaine en contextualisant la vie en soumission au Christ. C'est pour cette raison que les missiologues et chrétiens africains doivent enraciner de nouvelles dimensions de vie dans l'Évangile du Christ, une fécondité créatrice indispensable au développement et à l'épanouissement intégral de l'Afrique, autrement dit redynamiser la mission chrétienne, tout en incarnant le renouvellement spirituel et physique de l'Africain par le Christ.

Pour aller plus loin

Bosch, David, *Dynamique de la mission chrétienne. Histoire et avenir des modèles missionnaires*, Lomé, Karthala, 1995.
Cook, Matthew *et al.* (sous dir.), *L'Église mondiale et les théologies contextuelles. Une approche évangélique de la contextualisation*, Nuremberg/Écublens/Charols, VTR/AME/Excelsis, 2015.
Eboussi-Boulaga, Fabien, *Christianisme sans fétiche*, Paris, Présence africaine, 1981.
Kalemba, Mwambazambi, « A Missiological Reflection on African Ecclesiology », *Verbum et Ecclesia* 32, 1, 2011, p. 1-8.
Kapteina, Detlef, *Une théologie évangélique en Afrique. Naissance et évolution entre 1970 et 2000*, trad. Jean-Jacques Streng, Nuremberg/Écublens/Charols, VTR/AME/Excelsis, 2013.
Kä Mana, *La mission de L'Église africaine*, Yaoundé, Cipro, 2005.
Käser, Lothar, *Animisme. Introduction à la conception du monde et de l'homme dans les sociétés axées sur la tradition orale*, Charols, Excelsis, 2010.
Modio, Zambwa, *La signification sociale des sectes au Zaïre*, Kinshasa, CERA, 1994.
Mudimbe, V. Y, *L'odeur du Père*, Paris, Présence africaine, 1982.
Mululendo, Zola, *Église kimbanguiste et théologie africaine*, Kinshasa, FCK, 1989.
Sanon, A., *Religion et spiritualité africaine. La quête spirituelle de l'humanité africaine*, Kinshasa, Facultés Catholiques, 1990.
Tshishiku, Tshibangu, *La théologie africaine. Manifeste et programme pour le développement des activités théologiques en Afrique*, Kinshasa, Saint-Paul, 1987.
Wiher, Hannes, *L'Évangile et la culture de la honte en Afrique Occidentale*, Mission scripts 21, Bonn, VKW, 2003.

12

La corruption

Harimenshi Privat-Biber

La corruption est en train de détruire les pays africains. Elle détruit l'économie, la vie sociale et surtout la conscience de nos congénères. La corruption tout comme le détournement des biens de l'État et de l'Église est une tragédie qui concerne tout citoyen du continent africain. C'est une maladie grave qui de près ou de loin atteint tout le monde et touche tous les secteurs de la vie sociale. Elle se retrouve même dans les communautés ecclésiales, car elle pervertit la comptabilité, la vie des paroisses et des Églises locales.

Cet article se propose d'examiner et d'évaluer le problème de la corruption qui asphyxie différents secteurs de la vie socio-politico-économique des pays africains. Il appliquera, pour cela, la méthode descriptive, historico-analytique et comparative qui requiert à l'évidence une approche pluridisciplinaire, c'est-à-dire qu'elle a recours en même temps à la psychologie, à l'anthropologie, à la théologie, à la sociologie, et à l'économie. À cet effet, les sources majeures utilisées sont les livres et les enquêtes sur le terrain. Or la corruption est un problème qui touche tous les domaines de la société et, comme tout problème global, il ne pourra être résolu que si les personnes agissent individuellement et collectivement dans la mesure de leurs possibilités. « Penser globalement, agir individuellement et collectivement ».

Une donnée fondamentale, c'est le caractère profondément ambigu de l'argent : comme moyen d'échange universel, il est capable du meilleur comme du pire. C'est pourquoi, la gestion des biens de l'État et de l'Église devrait être transparente en vue d'éviter la convoitise insatiable de l'argent, une convoitise qui est source de tant de méfaits tels que le vol ou la corruption (1 Tm 6.10). On exposera également les conditions de base pour un développement équilibré et durable axé sur la transparence et la bonne gestion avec d'autres corollaires comme la bonne gouvernance, le respect de la dignité humaine, le respect de l'intégrité morale, la promotion de la justice qui encourage l'équité et l'égalité des chances entre tous et le respect des lois de l'État et de l'Église. C'est dans ce cadre que le développement pourra être un idéal pour les Africains, tandis que la corruption agit comme un virus qui non seulement attaque tous les aspects de la vie socio-économique d'un pays, mais elle les tue même à petit feu, à telle enseigne que rien ne peut plus fonctionner. De ce fait, des approches de solution doivent être entreprises afin de la combattre sous toutes ses formes. C'est ce que les pages suivantes se proposent de développer.

Définition et processus

La corruption vient du mot latin *corruptio* qui est l'action de corrompre quelqu'un en le soudoyant, en l'incitant à agir contre son devoir[1]. Cette idée est soutenue par Russ lorsqu'il estime que la corruption vient de la même racine latine *corruptio* qui signifie « altération »[2]. C'est l'état de ce qui est corrompu, putréfié, altéré, décomposé. C'est également gâter le jugement, le goût et le langage[3]. La corruption consiste à séduire par de l'argent, des présents et des promesses. C'est le fait d'altérer ce qu'il y a de sain dans l'âme. Ces tares se retrouvent dans les mœurs de la classe politique africaine. Mais pour Aristote cité par Auroux, la corruption (*phtora*), s'oppose à la génération (*genesis*). Ces deux processus forment un couple indissociable correspondant à la réalité complète du devenir, et distincts de toutes les autres formes du changement, puisqu'ils sont les seuls à ne pas être du mouvement. En effet, l'accroissement et le décroissement, la translation et l'altération désignent un mouvement dans lequel le sujet sensible, tout en demeurant le même, change dans ses propres qualités. Génération et corruption désignent par contre, un changement affectant le tout de la chose elle-même et dans lequel rien ne demeurant comme sujet, on ne peut plus qualifier cette chose du même nom. Toutefois, en droit pénal, la corruption des fonctionnaires et des employés vise deux infractions distinctes : celle qui consiste à se laisser corrompre, c'est-à-dire à trafiquer de son autorité ou de son emploi (la corruption passive), et celle qui consiste à corrompre (la corruption active).

---

1. *Grand Dictionnaire encyclopédique Larousse*, vol. 3, Paris, Larousse, 1961, art. « Corruption », p. 2652-2653.
2. J. Russ, « Corruption », *Dictionnaire de philosophie*, Paris, Bordas, 1991, p. 60.
3. *Grand Dictionnaire universel Larousse*, vol. 5, Paris, Larousse, 1982, art. « Corruption », p. 201-202.

Dans ces cas précis, la loi frappe de la même peine les deux auteurs du pacte de la corruption : celui qui corrompt et celui qui se laisse corrompre[4].

Deux constats alarmants

Le premier constat est que l'exemple vient de haut, en ce sens que des gens hauts placés dans les pays africains sont impliqués dans la corruption, ce qui donne aux autres un prétexte facile pour faire de même. Le second est que les enfants des pays africains naissent et grandissent désormais dans ce climat de corruption, qui fausse leur conscience dès le jeune âge en leur faisant croire que le succès s'obtient non par l'étude et le travail honnête mais par la tromperie, le vol et la tricherie.

Les personnes corrompues considèrent comme naïfs ceux qui ne sont pas impliqués dans la corruption et qui vivent honnêtement. Les valeurs morales sont bafouées à tel point que les tricheurs passent pour forts, courageux et intelligents. La rectitude morale, la conscience professionnelle et l'assiduité au travail, elles, sont regardées avec mépris. De ce fait, dans certains pays africains comme le Burundi, la corruption atteint désormais un niveau suicidaire : elle est acceptée comme un mode de vie normal, à telle enseigne que la personne qui la pratique n'éprouve plus aucun sentiment de culpabilité. Toutefois, le gouvernement burundais fait aujourd'hui un grand effort en vue d'éradiquer progressivement le problème de la corruption, parce qu'elle présente des effets négatifs en Afrique.

Les effets négatifs de la corruption en Afrique

La corruption est un virus qui gangrène tous les aspects de la vie

La corruption engendre une société injuste qui ne garantit plus l'égalité des droits et des chances à ses citoyens. Elle crée un climat de suspicion et de méfiance entre les individus ; elle les condamne à vivre dans la peur et l'insécurité. La corruption est à la racine de l'actuelle crise de l'énorme dette extérieure. Les montants empruntés sont rarement utilisés de façon efficace ou pour les fins prévues. C'est pourquoi la dette et les intérêts n'ont cessé de croître, ne garantissant rien d'autre que la pauvreté des générations futures qui continueront à devoir payer cette dette. L'égoïsme, l'individualisme, le « chacun pour soi », si étranger à la sagesse africaine, se sont installés en Afrique de

---

4. *Encyclopédie philosophique universelle*, sous dir. S. Auroux, Paris, PUF, 1998, art. « Corruption », p. 498.

façon choquante, à cause de l'amour de l'argent. La misère consécutive à la crise économique et à la réduction des salaires est une autre cause de la corruption. Les agents corrompus se donnent ainsi bonne conscience en croyant trouver une raison pour transformer les administrations publiques et privées en lieux de marchandages permanents[5].

La corruption face à la culture

En Afrique, certains proverbes montrent que la corruption est enracinée dans l'esprit des Africains. Dans ce cas, les corrompus deviennent des héros et passent pour forts, courageux et intelligents. Alors ils commencent à chanter la mélodie de proverbes tels que : « La chèvre broute là où elle est attachée », et « L'homme est celui qui consomme ses propres biens et ceux des autres ». C'est pourquoi la corruption devient une récompense pour les personnes immorales. Elle est un frein pour le développement en Afrique. À mon avis, il faudrait démontrer le caractère nocif de ces proverbes parce qu'ils appuient un comportement immoral et sont à la base d'une certaine destruction culturelle.

La corruption face à la politique

Dans la vie politique, la corruption entraîne la déstabilisation des institutions de l'État. Certains politiciens utilisent la corruption pour conserver le pouvoir et d'autres achètent la conscience du peuple pour le conquérir. Dans ce cas, ces hommes politiques africains s'emparent des fonds publics comme s'ils leur appartenaient et personne n'a le droit d'exiger la transparence dans leur gestion de ces fonds. Par conséquent, très peu de gens et d'autorités politico-administratives vont manifester de l'amour pour leur patrie. Tout le monde va se lancer dans la course à l'enrichissement illicite, parce que les corrompus se moquent de la justice à cause de leur impunité. Dans la plupart des pays africains, ce n'est pas la compétition politique et/ou les projets de société qui sont mis en exergue pour convaincre les électeurs, c'est plutôt la corruption qui est utilisée avant, pendant et après les campagnes électorales. L'Afrique connaît souvent des violences après les élections, parce que ces dernières sont jugées non transparentes et non démocratiques.

---

5. J.-P. MEGNEU, *Combattons la corruption pour une gestion transparente*, Bafoussam, Cameroun, CIPCRE, 2001, p. 10-11.

La corruption face à l'économie

La corruption paralyse l'économie des pays africains. Lorsque des milliards de francs sont détournés, c'est autant de perdu pour la réalisation des projets de développement. La corruption décourage les peuples africains de réaliser leurs petits projets d'autofinancement, lorsque les autorités politico-administratives exigent des pots de vin. C'est ainsi que la corruption dissuade des investisseurs tant nationaux qu'étrangers de payer des taxes comme il se doit et la caisse de l'État se vide. Les entreprises de l'État tombent en faillite à cause de la corruption et du détournement des fonds alloués. Et par conséquent, les gouvernements africains sont obligés de privatiser ces entreprises et cela crée du chômage. Les exemples sont légion et la corruption a aujourd'hui un impact très négatif sur la vie socio-politico-économique des pays africains.

Le combat contre la corruption est l'affaire de tous
Le rôle de l'Église dans la lutte contre la corruption

Ne pas parler haut et fort de la corruption serait garder un silence coupable. Ne pas la combattre énergiquement serait une lâcheté inacceptable. Et ne rien faire de sérieux pour éradiquer ce fléau serait trahir le peuple africain. Il faut donc former nos concitoyens à une plus forte perception de ce mal pour mieux le soigner. Il s'agit de développer un peu partout une plus grande prise de conscience des droits et des devoirs des chrétiens, pour dénoncer la corruption chez les pasteurs, les prêtres, les missionnaires qui sont considérés comme des serviteurs de Dieu, mais qui ne servent pas bien le peuple de Dieu. Il faut combattre ses conséquences dans les nations, surtout chez les jeunes en quête d'idéaux et de repères solides pour leur épanouissement harmonieux. C'est pourquoi, fidèle à sa mission, l'Église africaine doit rappeler à tous les chrétiens et tous les hommes de bonne volonté le devoir de s'opposer à la corruption sous toutes ses formes, et d'instaurer dans les pays africains la justice sociale et la paix. La corruption, contrairement à ce que certains pensent, n'est pas une fatalité qui tomberait du ciel et contre laquelle on ne peut rien faire : « Je suis avec vous tous les jours, nous dit Jésus, jusqu'à la fin du monde » (Mt 28.20). Avec l'aide de Dieu, l'Église a la mission d'être le guide moral et la lumière des peuples et des nations. Grâce à ses enseignements, les Africains peuvent prendre ensemble la décision d'extirper désormais de leurs comportements toute corruption, dans l'Église, dans les services publics et privés, dans tous les lieux où elle se manifeste.

Le rôle des États dans la lutte contre la corruption

La transparence

L'une des principales inquiétudes des personnes rencontrées concerne le manque de transparence dans les recrutements. Elles dénoncent le favoritisme qui caractérise le marché de l'emploi, autant dans le secteur public que dans le secteur privé[6]. C'est la transparence qui est le fonctionnement logique et approprié pour le développement équilibré et équitable dans tous les secteurs de la vie socio-politico-économique. Rechercher la transparence c'est une autre forme d'authenticité : ne pas se cacher devant les autres, puisque devant Dieu on ne peut pas se cacher. C'est justement cette vertu qui va pousser chaque citoyen à rechercher le bien commun et la justice sociale.

La bonne gestion

La lutte contre la corruption est une lutte pour le développement. Promouvoir la bonne gestion devient aussi un élément essentiel de la coopération au développement. Voici quelques mesures que les gouvernements africains doivent appliquer en vue de promouvoir une bonne gestion[7] :

- La qualité de la gestion de l'ensemble des ressources d'un pays est un élément décisif pour le développement.
- Un gouvernement qui gère les ressources rares en fonction des vrais besoins de la population doit être fondamentalement démocratique, car « la bonne gestion est le vrai test de la démocratie ».
- Les élites politiques, judiciaires, intellectuelles (surtout les éducateurs) doivent être des références, des modèles d'intégrité. S'il est vrai qu'on ne connaît pas de société qui échappe au fléau de la corruption et que la plupart des dirigeants africains sont accusés d'être corrompus, il faut se rappeler que plus qu'ailleurs, en Afrique, on regarde vers le chef.
- Le souci de bonne gestion, d'honnêteté du service dans les pays africains doit prendre une place importante dans l'éducation civique dès l'école primaire.
- Une formation plus ciblée doit être organisée pour des professions particulièrement exposées aux tentations de la corruption, comme les services douaniers et le système judiciaire.

---

6. Ch. Ndayiziga, *Défis d'accès au marché du travail*, Bujumbura, CENAP, 2010, p. 26.
7. Ch. Tumi, *Cahier d'animation*, Bafoussam, Cameroun, CIPCRE, 2001, p. 28-29.

- En réduisant les effectifs d'administrations pléthoriques, on visera un service public efficace, intègre et de haute qualité professionnelle, car l'État a un rôle à jouer, même dans une économie de marché.
- Le pluralisme politique, comportant une opposition politique effective, est de nature à augmenter la transparence dans la gestion des ressources.
- Il faut encourager les sociétés civiles à jouer un rôle complémentaire de monitoring de la gestion publique.
- Le rôle d'une presse indépendante est également essentiel. Son professionnalisme, notamment la formation au journalisme d'investigation mérite encouragement et soutien.
- Le renforcement de l'indépendance de l'appareil judiciaire paraît capital. Le nombre de procès engagés est un bon indicateur de la détermination à lutter contre la corruption, tout comme la sévérité des condamnations.
- Que la justice soit indépendante et que l'État soit un État de droit, sont des facteurs plus importants que des facilités fiscales pour attirer l'investissement extérieur.
- Des méthodes para-judiciaires (médiateurs, commissions de justice administrative) et des agences indépendantes de contrôle et d'inspection jouent souvent un rôle extrêmement utile à condition de disposer d'un statut propre qui leur assure indépendance et liberté d'action.

De tout ce qui précède, le développement devrait être la priorité et la grande préoccupation des pays africains parce qu'il est tourné vers l'avenir. Niandou Souley estime qu'il faudra chercher « comment passer d'une économie du ventre » (caractérisé par la prédation, la corruption, le faible développement des forces productives, la généralisation des prébendes et la dissipation des surplus dans les dépenses somptuaires et ostentatoires) à un régime tourné vers la productivité et l'investissement, et capable d'aider l'Afrique à tirer profit du système mondial tel qu'il existe[8]. Au Burundi, comme ailleurs en Afrique, ce défi de la productivité suppose non seulement l'identification des secteurs productifs, mais aussi, l'accroissement des moyens de productivité.

---

8. Niandou SOULEY cité par Sophie MAPPA, *Développer par la démocratie ?* Paris, Karthala, 1995, p. 423.

La bonne gouvernance

Dans la plus grande démocratie du monde d'aujourd'hui et en dépit de presque six décennies de fonctionnement démocratique, la gouvernance laisse encore beaucoup à désirer. Elle est liée aux systèmes et aux processus de mobilisation et d'utilisation des ressources publiques au profit des biens publics communs. Ceci implique qu'au sein du gouvernement diverses institutions et divers systèmes sont essentiellement axés sur l'identification et la prestation des divers biens publics. À cet effet, il s'agit de doter le pays d'un système efficace de pilotage et de régulation adapté aux exigences d'une société moderne et démocratique, apte à définir et à mettre en œuvre les stratégies et les programmes d'action répondant aux attentes de la population et permettant d'assurer un développement équilibré et durable.

Conclusion

Pour certains, la corruption est inhérente à la conduite humaine et ne peut être éradiquée. Pour d'autres, cette calamité est soit le signe d'une faiblesse morale, soit un héritage de l'impérialisme et du colonialisme, propre aux pays sous-développés. Pour d'autres encore, elle est l'un des systèmes qui favoriseraient la croissance économique des peuples rusés et habiles. Que l'on soit d'accord ou non sur l'origine et la nocivité de ce phénomène qu'est la corruption, ses conséquences perceptibles ou cachées, sont pour tout honnête citoyen non encore immunisé par ce syndrome, désastreuses aussi bien à court qu'à long terme. Si nous voulons garder notre fierté d'être africains, engageons-nous dans une lutte sans merci contre la corruption qui déshonore nos pays. La corruption tue l'Afrique, l'Église et les institutions. Ainsi, faisons nôtre cette réponse de l'apôtre Pierre à Jésus : « Maître, nous avons travaillé toute la nuit sans rien prendre. Mais, sur ta parole, je vais jeter les filets » (Lc 5.5). Jetons les filets pour pêcher les valeurs qui redonnent vie et espoir en Afrique. Il s'agit d'un engagement personnel et collectif à renouveler au quotidien. Tout d'abord, débarrassons-nous de cette mentalité qui nous pousse à rechercher, exiger et accepter les pots de vin, les dons et cadeaux et les paiements illicites qui déchirent les sociétés africaines et maintiennent nos riches pays dans la misère. Acceptons d'abandonner *nos vieilles habitudes de corruption* malgré ce que cela nous coûte. Ensuite, la main dans la main avec nos frères du Nord, du Sud, de l'Est et de l'Ouest, tissons des filets d'amour, de partage, de solidarité, de fraternité, d'abnégation, du service gratuit. Enfin, jetons au large ces filets pour ramener et conduire au Christ, l'incorruptible, toutes les victimes de la corruption.

Pour aller plus loin

EZOUA, Pierre, *Résistons à la corruption*, Abidjan, Centre de Publications Évangéliques, 1999.
MAIRE, Charles-Daniel & ZOKOUÉ, Isaac, « Mission et corruption », *Ichthus* n° 138, 5, 1986, p. 11-19.
WHITE, John, *Le veau d'or*, Fontenay-sous-Bois, Farel, 1986.

13

Le VIH/SIDA
Analyse, développement et implications

Kalemba Mwambazambi

Ce chapitre analyse l'évolution du VIH/SIDA (dorénavant abrégé Sida) en Afrique et expose la conception africaine de la famille, de la sexualité et de la maladie proprement dite. Le Sida continue à progresser et peut détruire l'ensemble de la société africaine, si aucune intervention énergique n'est entreprise. La présente réflexion est très importante pour l'avenir de la société africaine en général et de la mission chrétienne en particulier, parce qu'elle démontre la conception africaine de la pandémie du Sida, en vue de suggérer de nouvelles méthodes pour stopper la progression dangereuse de ce fléau en Afrique. En effet, la lutte contre l'expansion de ce fléau par la mission intégrale de l'Église et l'évangélisation en profondeur des peuples africains peut contribuer au développement de la société africaine.

De ce fait, on essaiera de répondre à certaines questions que pose ce fléau par rapport à la parole de Dieu et à la société africaine. On réfléchira aussi sur les propos de certains penseurs du monde académique africain. Pourquoi le Sida continue à se propager en Afrique malgré la multiplication des Églises et des sectes ? Que faut-il faire pour freiner l'expansion du Sida en Afrique ? Est-ce que l'Église a pris conscience de la gravité de ce fléau ? Quelle est la mission de l'Église face à ce fléau ? On commencera par expliquer les concepts clés du chapitre, à savoir, la famille, la sexualité et le Sida.

Les conceptions africaine et biblique de la famille, de la sexualité et du Sida

La conception africaine de la famille

L'Afrique est un continent aux nombreuses cultures, chacune ayant ses spécificités. Il serait donc incompréhensible de généraliser une conception de la famille à tout le continent, sans préciser sur quelle partie de l'Afrique on focalise l'attention. On se limitera ici à la famille négro-africaine. Bien qu'elle reste toujours complexe, dans de nombreuses ethnies elle présente des traits similaires et constitue toujours une composante capitale dans la société négro-africaine. Dès sa naissance, l'Africain se voit inséré dans un faisceau de relations qui le rattachent aux membres de la famille élargie et même de la communauté. Les sociétés africaines sont fondées sur l'alliance, sur la communauté et sur la solidarité.

En Afrique d'hier comme d'aujourd'hui, parler de la famille renvoie à la famille élargie. La famille restreinte existe, mais elle ne se conçoit que comme fraction d'un clan, comme élément constitutif au premier moment du mariage, comme élément procréateur, générateur du nouveau clan potentiel dès la naissance de la descendance ultérieure. Toutefois, la structure clanique n'efface pas le noyau familial.

La nature de la famille africaine est centrée sur le père, la mère, les enfants, les oncles paternels et maternels avec leurs enfants et petits-enfants. Quand un membre de la famille est atteint du Sida, la réaction familiale se résume dans la solidarité avec la personne malade. Toutefois, la compréhension de cette pandémie reste ambiguë : sa cause, c'est tantôt la sorcellerie, tantôt un mauvais sort jeté, parfois c'est un mauvais comportement de la personne qui est atteinte du Sida.

La conception biblique de la famille

Dans les Écritures, la notion de famille remonte à la création où Dieu créa l'homme à son image (Gn 1.26-28). Il créa l'homme et la femme pour qu'ils vivent ensemble : Adam et Eve, et leurs enfants sont en quelque sorte le prototype de la famille. Dieu a voulu que l'humanité commence à prendre son sens à partir d'un couple humain. Ce couple joue un grand rôle dans la croissance et le progrès de l'humanité. Il est un lieu d'apprentissage de la vie en société. On doit reconnaître que le couple humain en tant que tel est décrit à la fois comme lieu des relations interhumaines par l'amour et comme lieu de la fécondité assurant la croissance numérique de l'humanité. En outre, la famille apparaît dans le plan de Dieu comme prototype de toute société. De ce fait, elle devra être sauvegardée, défendue et maintenue dans son rôle initial, quelles que soient les formes sociologiques qu'elle peut prendre au cours de l'histoire.

Jésus instaure une nouvelle conception de la famille : la famille de Dieu. On en devient membre non par une naissance biologique, mais par une naissance spirituelle, c'est-à-dire par le baptême d'Esprit et d'eau (Jn 3.5). La famille de Dieu est de ce fait universelle, car elle inclut tous les peuples de la terre. L'apôtre Paul parle d'une véritable « famille de Dieu » formée par une multitude de frères (Rm 8.29).

La conception africaine de la sexualité

Le mot sexe (du latin *sexus*), signifie « marque biologique », qui fait de l'être humain un homme (mâle) ou une femme (femelle). La sexualité peut être comprise comme l'ensemble des modes de conduite et d'actes que les sexes ont mis en œuvre pour la satisfaction biologique ou psychique. Massamba ma Mpolo définit « la sexualité comme une des réalités les plus profondes et les plus mystérieuses de l'existence humaine. Elle peut être la manifestation par excellence d'un amour qui libère, mais elle peut aussi dégénérer et devenir la pire des servitudes[1] ».

En Afrique sub-saharienne, les parents et l'Église ne parlent pas volontiers de la sexualité à leurs enfants et à leurs membres, parce qu'ils vivent dans la tradition et les coutumes d'une part, et d'autre part ils ont honte de l'enseigner. La sexualité est un sujet tabou en Afrique à cause de la culture de la honte dont la famille africaine est imprégnée. Les retombées de cette conception sont néfastes pour les jeunes Africains qui découvrent la réalité de la sexualité par curiosité ou sous l'influence du milieu ou des amis, car ils ne sont pas préparés dans ce domaine. La conséquence est que les jeunes Africains sont souvent exposés à la contamination directe ou indirecte du Sida par ignorance, prostitution, adultère ou une relation sexuelle hors mariage, etc. De par sa culture, l'Africain considère souvent le sexe masculin comme supérieur au féminin.

---

1. Massamba ma Mpolo, *Amour, sexualité et mariage*, Kinshasa, CEPROPASKI, 1985, p. 23.

La conception biblique de la sexualité

Dans les trois premiers chapitres de la Genèse et dans Matthieu 19.6, la Bible montre l'importance du sexe et souligne que la sexualité est voulue par Dieu pour développer le mystère d'amour entre deux personnes de sexe opposé avec comme but la complémentarité, l'unité et le pouvoir créateur : « C'est pourquoi l'homme quittera son père et sa mère et s'attachera à sa femme, et ils deviendront une seule chair » (Gn 2.24, cité dans Mt 19.5s). Cependant, parler de sexualité dans la société africaine, et particulièrement en Afrique sub-saharienne, est un tabou. Même dans l'Église il est souvent difficile de parler librement de sexe et d'enseigner sur la sexualité. Aussi, parler de la sexualité dans le milieu chrétien africain reste-t-il encore source de problèmes, même si certaines organisations s'évertuent à faire des animations allant dans le sens de la lutte contre le Sida. Tout ce qui est lié au sexe demeure un sujet complexe dans la conception de la société africaine.

Mais la Bible va bien au-delà du corporel et est bien plus riche dans son enseignement, surtout par sa distinction entre l'amour comme *éros* et l'amour comme *agapé*, « charité ».

La conception africaine du Sida

La plupart des Africains peu instruits considèrent le Sida comme une maladie propagée par des mauvais esprits et par des sorciers pour freiner le développement de l'Afrique et pour détruire les peuples qui émergent. Le Sida est également considéré comme un mauvais sort que les sorciers jettent sur des familles, s'il y a mécontentement ou pour anéantir la progression positive de la famille. Troisièmement, le Sida est considéré par certains chrétiens africains comme une punition de Dieu pour les impudiques et les malfaiteurs.

La conception biblique du Sida

Le Sida n'est pas une punition venant de Dieu, car lui, qui est le missionnaire par excellence, ne souhaite pas la mort des pécheurs ; il est plein de compassion (Ez 33.11). Le Dieu de la Bible est un Dieu qui protège et qui guérit, mais Il a donné le libre choix à l'être humain qui devient ainsi responsable de tous les actes et de leurs conséquences physiques, psychiques et spirituelles. Ainsi le Sida peut être la conséquence de l'impudicité. La parole de Dieu montre en Actes 27 que l'apôtre Paul a contribué au sauvetage de 275 personnes pendant la tempête.

C'est le rôle que les leaders de l'Église et les chrétiens doivent jouer actuellement dans le contexte du Sida qui met l'Afrique en péril.

Définition et développement du Sida

En ce temps où le continent africain connaît une crise multiforme et multidimensionnelle, d'ordre spirituel, culturel, sociopolitique et économique, un nouveau fléau s'ajoute : celui d'une maladie impitoyable et affreuse qui cause tant de désarroi et de pleurs dans beaucoup de familles et de communautés. Il est appelé le syndrome d'immunodéficience acquis, abrégé le Sida. Actuellement, le Sida décime lentement et sûrement les populations de différentes catégories : ils peuvent être jeunes ou adultes, ayant contracté le Sida d'une manière directe par un rapport sexuel volontaire ou involontaire (viol) ou d'une manière indirecte par contact avec des objets tranchants sur lesquels se trouvait du sang contaminé. Il existe pourtant des mesures préventives, visant à réduire les risques de transmission du virus, et elles ont démontré leur efficacité : des conseils pratiques sur la manière de prévenir, de contrôler et de gérer ce fléau ; le respect des conseils concernant les tests médicaux nécessaires, un régime alimentaire recommandé. Le développement de la médecine fait que des milliers vivent avec le Sida pendant des dizaines d'années : la « trithérapie » a révolutionné le traitement du Sida et a prolongé l'espérance de vie des personnes atteintes par cette maladie. À cela s'ajoutent la préparation psychologique et le soutien spirituel et moral des malades et de leur entourage.

Cependant il y a aussi des personnes atteintes du Sida dans l'Église. Et l'Église, comme institution religieuse regroupant une foule de membres de différents âges, sexes et races, ne peut en aucun cas rester indifférente devant une telle situation calamiteuse. Elle a besoin d'hommes et de femmes en bonne santé physique pour sa pérennité, son épanouissement et l'accomplissement de sa mission, son développement harmonieux ainsi que celui de la communauté entière, comme le montre David Bosch :

> L'Église est appelée à être un signe prophétique, une communauté prophétique dans laquelle peut s'opérer la transformation positive du monde. Seule une Église qui part de son centre eucharistique, affermie par la parole et les sacrements et ainsi renforcée dans sa propre identité, peut inscrire le monde à son ordre du jour[2].

---

2. David BOSCH, *Dynamique de la mission chrétienne. Histoire et avenir des modèles missionnaires*, Paris/Lomé/Genève, Karthala/Haho/Labor et Fides, 1995, p. 521.

Ceci signifie que pour tout problème concernant la vie humaine, l'Église devrait s'impliquer afin de promouvoir un développement de la vie à tous les niveaux. Le développement n'exige pas seulement la mobilisation des ressources matérielles, mais une transformation du système traditionnel en un système moderne sous l'impulsion d'une nouvelle structure mentale progressiste. La mobilisation des ressources humaines est pertinente, elle aussi. Évidemment, sans l'homme, le monde n'aurait pas sa raison d'être et le développement serait un vain mot. L'homme étant le premier facteur de développement, il devrait être informé de tout problème préjudiciable à sa santé physique, mentale et à son bien-être, car quand il se trouve affaibli par la maladie, il ne peut pas travailler comme il le faut et donner un bon rendement. Le christianisme bien vécu ne peut donc être un paradoxe pour le peuple de Dieu. Au contraire, l'un des devoirs de la mission chrétienne est de conscientiser le peuple, et bien plus, de l'empêcher de dormir vu le danger du Sida qui guette l'humanité en général et l'Afrique en particulier.

En effet, le problème de la longévité sur la planète ne concerne pas seulement l'Africain, mais tout homme, quelle que soit sa nationalité. Le Sida peut atteindre n'importe qui, directement ou indirectement, sans distinction de race, de tribu, de clan ou de continent. Pourtant, dans le plan merveilleux de Dieu pour son peuple, chaque personne a droit à la bonne santé physique et mentale, afin de travailler et réaliser ses projets. Hélas ! L'humanité est attaquée et infectée par ce fléau. Le Sida est en train de détruire des personnes sans distinction et en Afrique sub-saharienne c'est une véritable catastrophe. Des milliers de personnes meurent chaque année, huit fois plus que par des guerres. Ce fléau pose plusieurs problèmes connexes qui touchent également à l'environnement, à l'éthique, au développement communautaire, à l'économie, à la politique sanitaire, à la justice sociale et à la mission de l'Église. *C'est pour cette raison que les missiologues et théologiens évangéliques africains ont un grand rôle à jouer* dans les efforts pour freiner l'avancée de cette pandémie.

Selon les investigations scientifiques, chaque jour en Afrique presque une nouvelle personne sur 100, âgée de 15 à 45 ans, est infectée par le Sida, et la majorité se trouve en Afrique sub-saharienne. Plus de 70 % des adultes infectés sont des femmes[3]. Or la position de l'Église en Afrique sub-saharienne en matière de lutte contre le Sida demeure ambiguë à cause de différentes positions dogmatiques. Même si de petites actions sont en train d'être menées

---

3. Michael HASPEL, « Christian Sexual Ethics in a Time of HIV/AIDS. A Challenge for Public Theology », *Verbum et Ecclesia* 25, 2, 2004, p. 2.

dans le cadre de la prévention d'une part et de la prise en charge des personnes infectées d'autre part, le chemin à parcourir est encore long. Le Sida est un défi réel pour la mission chrétienne et nécessite des actions plus efficaces, parce que le Sida tue sans distinction, y compris les chrétiens. En fait, le Sida constitue une déroutante et triste réalité qui évolue en Afrique à une vitesse exponentielle[4]. Selon Léonard Santedi, en 2003 l'Afrique sub-saharienne compte à elle seule plus de 26,6 millions de personnes vivant avec le Sida sur les 40 millions que l'on dénombre dans le monde entier. Onze millions de petits enfants africains de moins de quinze ans sont orphelins, parce que leurs parents ont succombé, suite au Sida. D'ici 2010, 20 millions d'enfants auront perdu au moins un parent à cause de la maladie du siècle[5]. C'est pour cette raison que ce fléau, qui est une catastrophe mondiale, exige une attention particulière de tous. Il n'est pas uniquement africain, mais c'est une épidémie, une tragédie et une crise mondiale. Il offre ainsi aux missiologues et théologiens une possibilité de développer et renforcer la mission intégrale de l'Église du XXIe siècle. Évidemment, l'Église a besoin de missionnaires qui adoptent une approche intégrale. La mission de Dieu s'occupe de tout l'homme : de son corps, de son âme et de son esprit. C'est pourquoi, les missionnaires africains devraient être suscités, formés et déployés pour les différents besoins de l'être humain. De plus, le Sida est un problème parmi d'autres tels que la pauvreté, la violence contre les femmes, la xénophobie, l'abus des enfants, le racisme, les conflits ethniques, les guerres, la pédophilie, l'injustice internationale, la discrimination sexuelle, la corruption nationale. Il nécessite une réponse théologique pratique, par exemple en insérant des cours sur le Sida dans les programmes d'enseignement secondaire, supérieur et universitaire des institutions chrétiennes. Dans les Églises et organisations chrétiennes il faudra des programmes qui vulgarisent les informations sur la prévention du Sida.

Le Sida fait que les marginaux de la société africaine sont encore plus marginalisés, que les pauvres deviennent plus pauvres, que les enfants deviennent orphelins, et que les veuves sont dépossédées et jetées hors de leurs familles. C'est ainsi que ce fléau affecte tous les aspects de la vie humaine : les secteurs spirituel, mental, psychologique, social, culturel, économique et politique. Il affecte dans une certaine mesure tout un chacun. Il interroge le tissu même de

---

4. KALEMBA Mwambazambi, « A Missiological Reflection on African Ecclesiology », *Verbum et Ecclesia* 32, 1, 2011, p. 4.
5. Léonard SANTEDI, *La mission prophétique de l'Église-famille de Dieu en Afrique. Perspectives post-synodales dans une théologie prophétique pour l'Afrique*, Kinshasa, Media Paul, 2004, p. 325.

notre existence et nécessite une réponse en rapport avec notre foi chrétienne. C'est pour cette raison, qu'il est nécessaire de repenser dans le contexte du Sida nos discours et formations théologiques et la mission de l'Église du XXIe siècle. Évidemment la réponse missiologique à ce fléau doit être une réponse intégrale et biblique qui démontre que toute la vie est sacrée et que Dieu contrôle tout. Il est grand temps de travailler la main dans la main pour lutter contre ce fléau, éviter l'indifférence et redynamiser la mission chrétienne. Aussi, comme le Sida est une catastrophe mondiale, il est urgent que des institutions de formation théologique et missiologique puissent intégrer dans leurs programmes de formation des cours spécifiques sur le Sida. De ce point de vue, les missionnaires ont besoin d'une formation adéquate, une formation formelle, non formelle ou informelle, touchant leur savoir (connaissance), leur savoir-être (caractère) et leur savoir-faire (compétence).

Implications missiologiques et recommandations

Face à l'évolution catastrophique de ce fléau qui affaiblit la croissance numérique et socio-économique de l'Église et de la population, il est urgent que l'Église en Afrique stimule et encourage les chrétiens à participer sans complaisance à lutter contre l'expansion du Sida et à promouvoir l'éducation chrétienne. Les missiologues devront redynamiser la mission chrétienne avec des stratégies adaptées au contexte d'aujourd'hui et aptes à aider l'Église à faire face au Sida. Ils doivent donc promouvoir une franche collaboration entre l'Église et différents gouvernements africains, afin de lutter sans relâche contre la propagation du Sida et repenser les valeurs éthiques chrétiennes en vue d'une gestion consciente et responsable de la vie sexuelle, en parfaite harmonie avec la parole de Dieu. Le défi consiste à changer le comportement de la population et à transformer positivement la société africaine.

Le Sida détruit économiquement et socialement la société africaine. C'est pour cette raison que l'Église en Afrique est appelée à travailler sans relâche pour le développement de son environnement immédiat afin de lutter contre la pauvreté qui peut conduire le peuple à l'émigration et à la prostitution favorisant la propagation du Sida. Il s'agit donc de mettre en place des réseaux pour des échanges d'expériences portant sur les actions à mener contre le Sida. Il est également souhaitable d'assumer la charge psycho-socio-financière des personnes vivant avec le Sida. De ce fait, l'Église en Afrique (catholique, protestante et évangélique), qui jouit d'une confiance considérable auprès de la population, peut profiter de cette confiance pour rééduquer la population et provoquer la crainte de Dieu dans la vie quotidienne des Africains.

Le Sida, qui est une catastrophe humaine, nécessite une éducation chrétienne sur la sexualité humaine que des Églises devraient organiser dans toutes les communautés avec un corps médical compétent et capable d'expliquer sans ambigüité les causes et conséquences du Sida sur la vie humaine et sur la société, tout en collaborant efficacement avec d'autres organismes humanitaires. Un accent particulier doit être mis sur la formation des leaders des Églises, des élites chrétiennes, des membres du clergé et des laïcs, ainsi que des acteurs de la société civile. Les leaders ont besoin d'être informés et enseignés dans plusieurs domaines de la vie chrétienne et mondaine afin de jouer valablement leur rôle dans la lutte contre le Sida.

Conclusion

Le Sida vient ajouter un fardeau supplémentaire aux différents défis que l'Afrique en général et l'Église en particulier ont à affronter. C'est pour cette raison qu'il est pertinent de mobiliser toute force spirituelle, éducative, financière et morale afin de promouvoir une transformation positive de la société africaine en vue de stimuler un changement de mentalité et de comportement. De ce fait, il est important d'encourager et de motiver l'Église à promouvoir une éducation sexuelle sans complaisance ni honte, en conformité avec la parole de Dieu. La formation des leaders de l'Église et la redynamisation de la mission chrétienne s'avèrent indispensables dans le contexte africain d'aujourd'hui. Avec un peu plus de 10,000 nouveaux contaminés chaque jour l'Afrique a besoin d'une prise de conscience de la gravité de ce fléau.

Pour aller plus loin

ALPASLAN, A. H. & MABUTHO, S. L., « Caring for AIDS Orphans. The Experiences of Elderly Grandmother Caregivers and AIDS Orphans », *Social Works* 41, 3, 2005, p. 276-295.

BECKER, Charles, « Les Églises et le sida en Afrique », *Perspectives missionnaires* 27, 1994, p. 66-76.

BOSCH, David, *Dynamique de la mission chrétienne. Histoire et avenir des modèles missionnaires*, Paris/Lomé/Genève, Karthala/Haho/Labor et Fides, 1995.

ERIKSSON, Elisabeth, « Implication of Religious Leaders in the Prevention of AIDS in Africa », in *Swedish Missiological Themes*, Uppsala, Swedish

Institute of Mission Research, 2011, p. 119-136 (recension dans *Persectives Missionnaires* n° 63, 1, 2012, p. 75).

HASPEL, Michael, « Christian Sexual Ethics in a Time of HIV/AIDS. A Challenge for Public Theology », *Verbum et Ecclesia* 25, 2, 2004, p. 1-22.

KALEMBA, Mwambazambi, « A Missiological Reflection on African Ecclesiology », *Verbum et Ecclesia* 32, 1, 2011, p. 1-8.

LEKALAKALA-MOKGELE, « A Literature Review of the Impact of HIV and AIDS on the Role of the Elderly in the sub-Saharan African Community », *Health SA Gesondheid* 16, 1, 2011, p. 1-6.

MASSAMBA MA MPOLO, *Amour, sexualité et mariage*, Kinshasa, CEPROPASKI, 1985.

RAMOS, R. *et al.*, « International Conference on AIDS », New York, 13-14th July, 2000.

ROSS, Kenneth R., « The HIV/AIDS Pandemic. What Is at Stake for Christian Mission ? », *Missiology* 32, 2004, p. 337-348.

ROULIN, Dominique, « SIDA et mission de l'Église », *Perspectives missionnaires* 41, 1, 2001, p. 51-56.

SAAYMAN, Willem, « Le défi persistant du Sida. Un missiologue sud-africain s'interroge », *Perspectives missionnaires* 40, 2, 2000, p. 21-36.

SANTEDI, Léonard, *La mission prophétique de l'Église-famille de Dieu en Afrique. Perspectives post-synodales dans une théologie prophétique pour l'Afrique*, Kinshasa, Medias Paul, 2004.

SCHATZ, E. & OGUNMEFUN, C., « Caring and Contributing. The Role of the Older Women in Rural South African Multigenerational Households in the HIV/AIDS Era », *World Development* 35, 8, 2007, p. 1390-1403.

UNAIDS & UNICEF, « Children on the Brink 2004. A Joint Report of New Orphan Estimates and Framework for Action », New York, UNAIDS, 2004.

14

Déclaration de Lausanne sur l'évangile de la prospérité[1]

Groupe de travail théologique du Mouvement de Lausanne

Présentée par la section Afrique du Groupe de travail théologique du Mouvement de Lausanne lors de sa consultation à Akropong (Ghana), les 8-9 octobre 2008 et les 1-4 septembre 2009.

N.B. Il s'agit d'une déclaration conçue comme base de discussion pour poursuivre la réflexion (théologique, éthique, pastorale et missiologique, sociopolitique et économique) sur l'énorme expansion dans le monde entier et en Afrique en particulier de l'enseignement sur la prospérité. Les aspects retenus ci-dessous sont un résumé des nombreux points soulevés au cours de la discussion de trois documents lors de la consultation d'octobre 2008 et de dix autres à l'occasion de celle de septembre 2009.

Pour nous, la théologie de la prospérité est l'enseignement selon lequel les croyants ont droit aux bénédictions de la santé et de la richesse (*health and wealth*) et qu'ils peuvent y accéder par des confessions de foi positives et en « semant des semences », c'est-à-dire en versant fidèlement dîmes et offrandes. Nous constatons que cet enseignement de la prospérité est un phénomène qui traverse les frontières des dénominations. Il peut se rencontrer à des degrés divers dans des Églises établies protestantes, pentecôtistes, aussi bien que

---

1. La version originale anglaise de cet article a été publiée dans *Evangelical Review of Theology* 34, 2, 2010, p. 99-102 sous le titre « A Statement on the Prosperity Gospel ». Le texte est reproduit avec la permission de l'éditeur de *Evangelical Review of Theology*, Thomas Schirrmacher. Le texte a été traduit en français par Jean-Jacques Streng.

charismatiques. Ce dont il est question ici, c'est le phénomène de l'enseignement de la prospérité et non telle ou telle dénomination ou tradition particulières.

Par ailleurs nous reconnaissons que certains aspects de l'enseignement de la prospérité ont des racines dans la Bible et nous prenons position ci-dessous pour de telles parcelles de vérité. Nous ne voudrions pas être systématiquement négatifs et nous sommes conscients des réalités sociales catastrophiques dans lesquelles cette doctrine se répand et de la mesure d'espoir qu'elle offre à des gens désespérés. Quoi qu'il en soit et tout en reconnaissant ces points positifs, notre point de vue général est que ceux qui propagent le plus résolument l'« évangile de la prospérité » diffusent des enseignements faux qui tordent gravement la Bible. Bien souvent leur pratique est contraire à l'éthique et au caractère du Christ. Leur impact sur de nombreuses Églises provoque des dommages sur le plan pastoral et compromet la santé spirituelle. Non seulement ils n'offrent pas d'espoir durable, mais ils peuvent même détourner les gens du message et des moyens de salut éternel. Sous cet angle cet enseignement peut être tout simplement qualifié de faux évangile.

Nous lançons un appel pour que la réflexion sur ces questions se poursuive dans l'Église chrétienne et demandons au Mouvement de Lausanne de bien vouloir faire une déclaration très claire rejetant les excès de l'enseignement de la prospérité comme étant incompatible avec la foi chrétienne biblique évangélique.

1. Nous proclamons la grâce et la puissance miraculeuse de Dieu et constatons avec joie la croissance d'Églises et de ministères qui en sont la preuve et amènent des gens à exercer une foi qui attend quelque chose du Dieu vivant et de sa puissance surnaturelle. Nous croyons en la puissance du Saint-Esprit.

    Mais nous rejetons comme non biblique l'idée que la puissance miraculeuse de Dieu puisse être considérée comme automatique ou à la disposition de techniques humaines ou encore comme pouvant être manipulée par des paroles, des actes ou des rituels opérés par l'homme.

2. Nous proclamons qu'il existe une manière biblique d'envisager la prospérité de l'homme et que la Bible, dans ses enseignements relatifs à la bénédiction de Dieu prévoit aussi le bien-être matériel (aussi bien du point de vue de la santé que de la richesse). Cet aspect requiert une analyse et une explication plus approfondies à travers toute la Bible et dans les deux Testaments. Il faut éviter tout dualisme non biblique découlant d'une dichotomie entre le matériel et le spirituel.

    Mais nous rejetons l'idée non biblique que le bien-être spirituel puisse se mesurer au bien-être matériel ou que la richesse soit toujours un signe de la bénédiction de Dieu (car elle peut aussi s'obtenir par l'oppression, la tromperie ou la corruption) ou que la pauvreté, la maladie ou la mort prématurée soient toujours un signe de la malédiction de Dieu, d'un manque de foi ou de malédictions humaines (car la Bible dit explicitement que ce n'est pas toujours le cas).

3. Nous proclamons que la Bible enseigne l'importance de travailler dur et de faire un usage positif de toutes les ressources que Dieu nous a données : des facultés, des dons, la terre, l'instruction, la sagesse, des capacités, les biens matériels, etc. Et dans la mesure où certains aspects de l'« enseignement de la prospérité » encouragent cela, ils peuvent avoir un effet bénéfique sur la vie des gens. Nous ne croyons pas en un ascétisme non biblique qui rejette ces choses, ni en un fatalisme non biblique qui voit en la pauvreté un destin contre lequel on ne peut rien.

   Mais nous rejetons comme dangereusement contradictoire de la souveraine grâce de Dieu l'idée que le succès dans la vie serait entièrement le résultat de nos propres efforts, de notre lutte, de nos négociations ou de notre habileté. Nous rejetons les éléments de l'enseignement de la prospérité qui sont virtuellement identiques à la « pensée positive » ou d'autres sortes de techniques d'autosuffisance.

   Nous sommes également peinés de constater que l'enseignement de la prospérité a mis l'accent sur la richesse et le succès de l'individu, sans que celui-ci ait des responsabilités envers la communauté. Ce faisant il a en fait gravement porté atteinte à une caractéristique traditionnelle de la société africaine qui est l'engagement à se préoccuper de sa famille élargie et de la communauté sociale en général.

4. Nous constatons que l'enseignement de la prospérité se développe dans des environnements de pauvreté extrême et que pour bien des gens il constitue leur seul espoir face à la frustration constante et à l'incapacité des politiciens et des ONG de leur assurer un avenir meilleur ou du moins un présent plus supportable. Nous nous irritons de voir persister une telle pauvreté et déclarons que la Bible montre que Dieu s'en irrite aussi et que ce n'est pas sa volonté que des gens vivent dans une pauvreté dégradante. Nous reconnaissons et confessons que dans bien des situations l'Église a perdu sa parole prophétique sur la place publique.

   Mais nous ne croyons pas que l'enseignement de la prospérité apporte un remède efficace et biblique à la pauvreté des gens parmi lesquels il se développe. De plus nous constatons qu'une bonne part de cet enseignement provient de sources d'Amérique du Nord où les gens ne connaissent pas le même type de pauvreté matérielle.

Il enrichit considérablement ceux qui le prêchent, mais laisse des foules de gens sans aucune amélioration de leur situation, avec le fardeau supplémentaire de leurs espoirs déçus.

Il met l'accent sur de multiples causes prétendument spirituelles ou démoniaques de la pauvreté, mais n'accorde que peu ou pas d'attention aux causes d'ordre économique et politique, comme l'injustice, l'exploitation, des pratiques inéquitables dans le commerce international, etc.

Il a tendance à faire des pauvres des victimes en leur faisant croire que leur pauvreté est de leur propre faute (ce que la Bible ne dit pas), mais évite d'interpeller et de dénoncer ceux dont la cupidité précipite d'autres dans la pauvreté (ce que la Bible ne cesse de faire).

Certaines formes de l'enseignement de la prospérité ne se préoccupent pas du tout d'aider les pauvres et ne proposent aucune réponse acceptable aux véritables causes de la pauvreté.

5. Nous reconnaissons qu'un certain nombre d'enseignants de la prospérité s'efforcent d'utiliser la Bible pour expliquer et promouvoir leur doctrine.

    Mais nous nous affligeons de ce qu'une grande part de ces recours à la Bible déforme celle-ci gravement en opérant des choix et en manipulant les textes. Nous appelons à une exégèse textuelle plus rigoureuse et à une herméneutique biblique plus englobante. Nous dénonçons la manière dont beaucoup de textes sont déformés en les arrachant à leur contexte et employés d'une manière qui contredit maint enseignement biblique élémentaire.

    Et ce que nous déplorons tout particulièrement, c'est que dans bien des Églises où prévaut l'enseignement de la prospérité, la Bible est rarement prêchée d'une manière tant soit peu rigoureuse et explicative. Le chemin du salut, comprenant la repentance du péché, la foi salvatrice en Christ pour le pardon des péchés et l'espoir de la vie éternelle, est dénaturé et remplacé par le bien-être matériel.

6. Nous nous réjouissons de l'augmentation incroyable du nombre de personnes se professant chrétiennes dans bien des pays où les Églises qui ont adopté l'enseignement de la prospérité et ses pratiques sont très populaires.

Mais la croissance numérique ou des statistiques énormes ne sont pas forcément une preuve de la véracité du message qui les accompagne ou du système de croyances qu'elles cachent. La popularité ne prouve pas la véracité et on peut tromper des gens même nombreux.

7. Nous observons avec satisfaction que beaucoup d'Églises et de dirigeants se montrent critiques et, dans certains cas, dénoncent et rejettent ouvertement tout lien avec certains aspects spécifiques des religions primitives ou traditionnelles et de leurs pratiques, lorsque celles-ci s'avèrent opposées à la révélation biblique et à sa vision du monde.

   Il nous semble cependant évident que beaucoup d'aspects de l'enseignement de la prospérité plongent leurs racines dans ce terrain. Cela nous amène à nous demander si, pour une bonne part, le christianisme populaire ne serait pas une superstructure syncrétique s'appuyant sur une vision du monde qui n'a pas été radicalement transformée par l'Évangile biblique. Nous nous demandons également si la popularité et l'attractivité de l'enseignement de la prospérité n'est pas un signe de l'échec de la contextualisation de l'Évangile en Afrique.

8. Nous constatons que beaucoup déclarent que l'enseignement de la prospérité a eu un impact positif sur leur vie personnelle ou professionnelle : il les a encouragés à faire preuve de plus de foi, à chercher à acquérir davantage de formation et à améliorer leur vie professionnelle. Nous nous en réjouissons. Pareil témoignage a une grande force et nous remercions Dieu lorsque certains de ses enfants reçoivent sa bénédiction.

   Mais nous constatons parallèlement que bien des gens ont été trompés par cet enseignement et entraînés dans une fausse foi et de fausses attentes. Et lorsque celles-ci ne sont pas satisfaites, ils « abandonnent Dieu » ou perdent complètement la foi et quittent l'Église. C'est là une tragédie, qui doit être douloureuse pour Dieu.

9. Nous reconnaissons qu'un grand nombre d'enseignants de la prospérité ont le plus souvent leurs racines dans des Églises et des traditions évangéliques, ou ont grandi sous l'influence de ministères évangéliques para-ecclésiastiques.

   Mais nous déplorons le fait évident que beaucoup d'entre eux se soient écartés des points de doctrine centraux et fondamentaux de la foi évangélique, y compris de l'autorité et de la primauté de la Bible comme Parole de Dieu, ainsi que de la centralité de la croix du Christ.

10. Nous savons qu'il arrive que Dieu donne à certains dirigeants une position de notoriété et d'influence publiques considérables.

    Mais dans le mode de vie et dans le comportement de bien des prédicateurs de l'enseignement de la prospérité nous observons certains aspects déplorables, contraires à l'éthique et carrément idolâtres (l'idole étant Mammon) et pour certains de ces points nous sommes amenés à identifier et à rejeter de tels traits comme des marques distinctives de faux prophètes, d'après les critères trouvés dans la Bible. En voici quelques-uns :

    a. *une richesse ostentatoire et abusive accompagnant des modes de vie extravagants*
    a. *des techniques de manipulation contraires à l'éthique*
    b. *une insistance permanente sur l'argent (c'est-à-dire le Mammon), comme si c'était le bien suprême*
    c. *l'appel traditionnel à la repentance et à la foi est remplacé par l'appel à verser de l'argent*
    d. *la convoitise qui est une idolâtrie*
    e. *un mode de vie et un comportement totalement incompatibles tant avec l'exemple de Jésus qu'avec le type de vie de disciple qu'il enseignait*
    f. *le fait d'ignorer ou de contredire les enseignements très clairs du Nouveau Testament sur les dangers des richesses et du péché idolâtre de la convoitise*
    g. *le fait de ne pas prêcher la Parole de Dieu d'une manière qui nourrisse le troupeau du Christ*
    h. *le fait de ne pas prêcher la totalité du message évangélique sur le péché, la repentance, la foi et l'espérance éternelle*
    i. *le fait de ne pas prêcher tout le conseil de Dieu, mais de le remplacer par ce que les gens ont envie d'entendre*
    j. *le fait de remplacer le temps pour l'évangélisation par des manifestations et des appels destinés à collecter des fonds.*

La première version de ce texte a été rédigée par le Révérend Christopher Wright, président du Groupe de travail théologique du Mouvement de Lausanne. Le texte a été publié par le Révérend Dr John Azumah, membre du Groupe de travail théologique du Mouvement de Lausanne, en collaboration avec le Révérend Kwabena Asamoah-Gyadu, président des consultations d'Akropong. Le texte final est une collation résumée des points soumis par de nombreux contributeurs, à partir de documents rédigés et des discussions qui s'en sont suivies.

Pour aller plus loin

Cette bibliographie est ajoutée par la rédaction de cet ouvrage.

BOURDANNÉ, Daniel, *L'évangile de la prospérité. Une menace pour l'Église africaine*, Abidjan, Presses Bibliques Africaines, 1999.

BUSS, Théo, « Théologie de la libération, théologies pentecôtistes et théologies de la prospérité », *Perspectives missionnaires* 53, 1, 2007, p. 35-50.

CONSEIL NATIONAL DES ÉVANGÉLIQUES DE FRANCE, *La théologie de la prospérité*, Marpent, BLF, 2012.

KEGLO, Simon, « La théologie de la prospérité », Mémoire, Faculté libre de théologie évangélique, Vaux-sur-Seine, 1996.

MUTOMBO MUKENDI, Félix, « Les vestiges de la cosmogonie ancestrale dans la théologie de la prospérité en Afrique », *Perspectives missionnaires* 53, 1, 2007, p. 22-34.

Conclusion

La réponse de la missiologie à ces défis

Hannes Wiher

À la fin de cet ouvrage riche il serait prétentieux de vouloir résumer ou synthétiser les différentes contributions. On tentera une approche différente, un plaidoyer pour une missiologie évangélique en Afrique : une missiologie compétente non seulement en sciences bibliques et théologiques mais aussi en sciences humaines, une missiologie enracinée dans la Bible et ancrée dans une spiritualité évangélique, une foi d'expression africaine, et une vie transformée qui aura un impact sur la société.

Une missiologie compétente en sciences bibliques, théologiques et humaines

La missiologie évangélique s'est développée dans la deuxième moitié du XXe siècle surtout dans le monde anglo-saxon, et plus particulièrement en Amérique du Nord. À la suite de Donald McGavran, fondateur de l'école de Fuller et initiateur du « Mouvement de la croissance de l'Église », les sciences humaines ont pris une importance capitale pour analyser le contexte dans lequel s'exerçait la mission. Pour McGavran, les barrières socioculturelles étaient des freins pour l'Évangile de loin plus importants que les barrières théologiques. Il fallait analyser la croissance ou le manque de croissance de l'Église à l'aide des outils appropriés des sciences humaines. En conséquence, l'analyse sociologique et statistique prévalait sur les considérations théologiques ou spirituelles.

Ce développement a eu des résultats à la fois positifs et négatifs. D'une part, McGavran a mis le doigt sur un point très important en missiologie :

pour le missionnaire (celui qui pratique la mission) et le missiologue (celui qui réfléchit sur la pratique missionnaire) il ne suffit pas d'acquérir des outils pour bien comprendre la Bible et la théologie, mais il doit aussi maîtriser (à un certain degré) les méthodes de la communication et les outils pour analyser le contexte socioculturel. Il aura besoin d'acquérir certaines notions des sciences de la communication, des sciences humaines (surtout de la psychologie, de la sociologie et de l'anthropologie culturelle) et de la science des religions. Ainsi, la discipline de la missiologie devient très vaste[1]. C'est pourquoi la missiologie ne s'invente pas, elle s'apprend. Il n'y a pas de raccourcis ; il faut avoir fait certaines lectures de base[2]. Toutefois, pour les sciences humaines il ne pourra s'agir que de connaissances « appliquées ». Le but est de comprendre la Bible et le contexte en profondeur pour pouvoir communiquer l'Évangile en profondeur et ainsi toucher les gens en profondeur[3].

À cela s'ajoutent certaines expériences et réflexions transculturelles. Connaître d'autres personnalités, cultures et religions jette une lumière nouvelle sur notre propre personnalité, culture et religion. Les « lunettes » de la vision du monde, acquises pendant la petite enfance et jusqu'alors inconscientes, peuvent émerger ainsi à l'état conscient. Ce processus permettra de travailler ses propres valeurs et d'accepter des valeurs différentes d'autres peuples, condition préalable pour un ministère fructueux dans une autre culture et la réflexion à son sujet[4].

L'apport de McGavran d'intégrer l'analyse du contexte dans la discipline de la missiologie a donc été d'une importance capitale. D'autre part, ayant mis l'accent sur la nouveauté (les sciences humaines et les statistiques), la missiologie est devenue une science sociale se concentrant sur des stratégies et des méthodes. L'aspect négatif de ce développement de la missiologie a été le fait qu'on a presque oublié que la mission surgit d'une spiritualité profonde et que la réflexion sur la mission (la missiologie), est premièrement une discipline théologique posée sur la base de connaissances solides des langues bibliques et des sciences exégétique et théologique.

---

1. Voir Hannes WIHER, « Qu'est-ce que la missiologie ? », *Théologie Évangélique* 11, 2, 2012, p. 143-157.
2. Voir la bibliographie en annexe et les listes bibliographiques sur le site www.missiologie.net.
3. Voir Hannes WIHER, « Toucher les êtres humains en profondeur », *Théologie Évangélique* 12, 1, 2013, p. 69-85 (première partie), et 12, 3, 2013, p. 61-88 (deuxième partie).
4. Pour une typologie de personnalités sur la base de valeurs, voir surtout Sherwood G. LINGENFELTER & Marvin K. MAYERS, *Missionnaire en culture étrangère. Le défi de l'intégration*, Charols, Excelsis, 2009.

Dans cette optique, la missiologie peut être perçue comme une théologie trinitaire et missionnaire[5]. C'est Dieu qui est le fondement de la mission ; c'est lui, le Père, qui envoie le Fils dans le monde, et ensemble avec le Fils, le Saint-Esprit (Jn 3.16 ; 14.16, 26 ; 15.26 ; 16.7). Dieu le Père est l'initiateur et le but de la mission. C'est lui qui intervient dans l'histoire pour sauver l'humanité perdue, à l'origine créée à son image. Cette démarche vise la donnée eschatologique de la « nouvelle création » et permet de développer une théologie évangélique de la culture et des religions[6]. Pour sauver l'humanité, ce Dieu missionnaire s'envoie lui-même et puis ses messagers. Jésus, le Fils, est l'envoyé (« le missionnaire ») par excellence (Ph 2.6-8 ; cf. Es 52.13-53.12). Il est sa « traduction », « l'image » du Dieu invisible (Co 1.15), « la Parole de Dieu faite chair », l'incarnation de Dieu (Jn 1.14). En termes missiologiques, Jésus-Christ est la mise en contexte de Dieu, sa « contextualisation ». Cette mise en contexte comme Juif du Ier siècle se fait en qualité de Parole en action reflétant la première création originelle : « Voici l'homme » (Jn 19.5 ; cf. Gn 1.26 ; Jn 1.14). Cette perspective permet de voir l'histoire des missions et la communication de l'Évangile comme des reflets de l'incarnation du Fils. Ensemble le Père et le Fils envoient l'Esprit qui réveille les hommes, les dynamise et suscite ainsi l'Église (Ac 2) et le mouvement missionnaire du livre des Actes, avec de nouvelles structures ecclésiastiques et missionnaires : les structures de rassemblement et d'envoi (l'Église et les équipes mobiles de l'apôtre Paul). Ainsi la mission de l'Église n'est pas avant tout obéissance à un mandat missionnaire, mais expression du dynamisme de l'Esprit de Dieu. Cet envoi trinitaire décrit ci-dessus a traditionnellement été nommé « mission de Dieu » (*missio Dei*) englobant les envois de Dieu et celui de l'Église. Cette « mission de Dieu » a été interprétée diversement au cours de l'histoire de l'Église et par les différentes sensibilités théologiques. Dans la perspective évangélique, la mission des envoyés de Dieu est étroitement liée à la mission de Dieu, mais se distingue d'elle[7].

---

5. Voir Hannes WIHER, « Vers une théologie trinitaire et missionnaire », in *Bible et mission. Vers une théologie évangélique de la mission*, Charols, Excelsis, 2012, p. 311-326.
6. Cf. Timothy C. TENNENT, *Invitation to World Missions. A Trinitarian Missiology for the Twenty-first Century*, Grand Rapids, Zondervan, 2010, chap. « A Trinitarian, "New Creation" Theology of Culture », p. 159-190, et « An Evangelical Theology of Religions », p. 191-226.
7. Pour une discussion plus approfondie de la notion de « mission de Dieu » voir Christopher J. H. WRIGHT, *La mission de Dieu. Fil conducteur du récit biblique*, trad. Alexandre Sarran, Charols, Excelsis, 2012 ; Hannes WIHER, « Évangile, règne et mission de Dieu », in *Bible et mission. Vers une théologie évangélique de la mission*, Charols, Excelsis, 2012, p. 151-172 ; Timothy C. TENNENT, « The Triune God and the Missio Dei », in *Invitation to World Missions*, p. 53-101.

Si Dieu est le fondement de la mission, l'idée de la mission doit sous-tendre toute sa Parole, la Bible. En effet, Dieu opère la rédemption de l'humanité perdue par l'envoi de ses messagers : les patriarches, les prophètes, Jésus, les apôtres et l'Église. Ainsi, entre la chute (Gn 3) et la nouvelle création (Ap 21) le thème sous-jacent de la Bible est la mission. Étant donné la centralité de la notion de mission (« envoi ») et de la personne du Christ dans toute la Bible, Christopher Wright propose une « herméneutique messianique et missionnaire » de la Bible[8]. Cela signifie qu'il faudrait lire et interpréter la Bible dans une perspective christique et missionnaire. Cette proposition d'une herméneutique messianique et missionnaire est appuyée par l'approche de Jésus lui-même par rapport aux Écritures : dans Luc 24.44-49 Jésus confirme que tout ce qui est écrit sur lui dans les Écritures sera accompli (impliquant une herméneutique messianique) et que la repentance en vue du pardon des péchés sera prêchée en son nom (impliquant une herméneutique missionnaire).

> Puis il leur dit : C'est là ce que je vous disais lorsque j'étais encore avec vous ; il fallait que s'accomplisse tout ce qui est écrit à mon sujet dans la loi de Moïse, dans les Prophètes et dans les Psaumes. [45] Alors il leur ouvrit l'intelligence pour comprendre les Écritures. [46] Et il leur dit : Ainsi il est écrit que le Christ souffrirait, qu'il se relèverait d'entre les morts le troisième jour [47] et que le changement radical, pour le pardon des péchés, serait proclamé en son nom à toutes les nations, à commencer par Jérusalem. [48] Vous en êtes témoins. [49] Moi, j'envoie sur vous ce que mon Père a promis ; vous, restez dans la ville, jusqu'à ce que vous soyez revêtus de la puissance d'en haut. (Lc 24.44-49)

Luc 24.44-49 constitue ainsi une clé pour une herméneutique messianique et missionnaire.

Une missiologie enracinée dans la Bible et ancrée dans une spiritualité évangélique

La motivation de Dieu pour la mission est l'amour. Entre autres, c'est le verset bien connu de Jean 3.16 qui confirme cela : « Dieu a tant aimé le monde qu'il a donné son Fils unique, pour que quiconque met sa foi en lui ne se perde pas, mais ait la vie éternelle ». Et également :

---

8. WRIGHT, « La Bible et la mission », in *La mission de Dieu*, p. 21-69.

> C'est en ceci que l'amour de Dieu s'est manifesté parmi nous : Dieu a envoyé son Fils unique dans le monde pour que nous vivions par lui. ¹⁰ Et cet amour, ce n'est pas que nous, nous ayons aimé Dieu, mais que lui nous a aimés et qu'il a envoyé son Fils comme l'expiation pour nos péchés. (1 Jn 4.9-10)

En effet, c'est par amour pour l'humanité perdue que les disciples de Christ se mettent en mouvement vers leurs prochains. La société missionnaire dont je suis membre s'appelle en Afrique « Mission Philafricaine », soit la « Mission qui aime les Africains ». L'amour comme motif est le vrai fondement de la mission. La source de l'amour est Dieu. « Quant à nous, nous aimons, parce que lui nous a aimés le premier » (1 Jn 4.19). L'Engagement du Cap reprend cette idée et la développe tout au long du document[9]. Il devient évident que pour le Mouvement de Lausanne, mais aussi pour les évangéliques en général, et en conséquence aussi pour la missiologie évangélique, l'amour de Dieu est le fondement de la mission.

Les connaissances théologiques et l'amour évoqués comme fondement d'une missiologie évangélique doivent être fondés sur une marche intime avec le Seigneur, accompagnée d'une vie de prière et d'une lecture journalière et systématique de la Bible. Ceci conduira à une bonne connaissance de la Bible. De cette vie avec Dieu jaillira la compassion pour les hommes dans leurs besoins quotidiens : spirituels, émotionnels, sociaux et matériels. Ce n'est pas par obéissance au mandat missionnaire que le disciple de Christ ira à la rencontre du prochain. Mais « c'est de l'abondance du cœur que [la] bouche parle » (Lc 6.45). C'est pourquoi la missiologie n'est pas une science entièrement théorique, mais elle lie la pratique à la théorie, et la théorie à la pratique, les deux s'appuyant sur une spiritualité ancrée dans la Bible. « Être sel de la terre et lumière du monde », et la réflexion sur cette réalité ne pourront se faire sans l'expérience d'une marche intime avec le Seigneur[10].

Cela ne veut pas dire qu'il faut être théologien pour pouvoir partir en mission, ou pour pouvoir commencer la réflexion sur la mission. Pourtant, dans l'histoire de la mission cette position a prévalu pendant des siècles. C'est seulement au XVIIIe siècle, pendant le réveil morave, que des simples paysans, maçons, menuisiers, ou autres, ont pu partir en mission (deux par deux) et faire un travail valable, car animés par le Saint-Esprit et par une attitude sacrificielle. Pour les Frères moraves

---

9. Mouvement de Lausanne, *L'Engagement du Cap. Une confession de foi et un appel à l'action*, Marpent, BLF, 2011. En ligne sur : www.lausanne.org/fr.
10. Pour une discussion plus approfondie voir Hannes WIHER, « Une spiritualité missionnaire », in *Bible et mission, vol. 2. Vers une pratique évangélique de la mission*, Charols, Excelsis, 2012, p. 75-100.

il fallait donner sa vie comme sacrifice à Jésus, tout comme celui-ci avait donné sa vie pour nous. Au cours d'un voyage le jeune comte Nicolas de Zinzendorf (1700-1760), devenu plus tard le leader de la communauté morave à Herrnhut en Saxe (Allemagne), a fait une expérience devant un tableau représentant Jésus devant Pilate et portant l'inscription : « Voilà ce que j'ai souffert pour toi, et toi, qu'as-tu fait pour moi ? ». Il fut profondément touché par cette expérience et poussé à une consécration totale. Cette inscription a fourni son mot d'ordre au mouvement des Frères moraves[11]. C'est sur cette base d'une spiritualité évangélique et d'une attitude sacrificielle qu'à Herrnhut, en Allemagne, un frère sur trois est devenu missionnaire, et à Bethlehem en Pennsylvanie (États-Unis) même un sur deux. L'exemple du réveil le montre bien, ainsi que les ordres missionnaires catholiques, et aujourd'hui les écoles de formation de disciples de Jeunesse en Mission et d'Opération Mobilisation : une spiritualité missionnaire solide est le résultat d'un discipulat axé sur la mission, imprégné d'une consécration totale, d'une étude suivie de la Bible, d'une vie de prière avec comme résultat une vie transformée[12].

Une foi chrétienne d'expression africaine

Au début du XXIe siècle il semble évident (ce qui n'a pas toujours été le cas) qu'en Afrique la foi chrétienne doive être d'expression africaine. Cette exigence implique un processus que l'Église catholique nomme « inculturation » et le mouvement œcuménique « contextualisation » : l'enracinement de l'Évangile dans la *culture*, en d'autres termes, du texte biblique dans le *contexte* socio-culturel. Vu la grande variété des formes de la foi chrétienne en Afrique et la confusion qui règne autour de la notion d'inculturation/contextualisation, il semble judicieux d'insérer ici une courte réflexion sur ce sujet.

De manière générale on peut définir l'inculturation/contextualisation comme le processus qui consiste à enraciner l'Évangile dans une culture et le rendre pertinent dans un « contexte » socioculturel particulier. Ces deux termes ont été introduits dans la discussion théologique au cours de la deuxième moitié du XXe siècle pour remplacer les termes antérieurs et pour approfondir la notion. C'était la période des indépendances pendant laquelle les théologiens du Sud « découvraient » leurs contextes socioculturels. Leur but était d'enraciner

---

11. Jacques BLANDENIER & Jacques BLOCHER, *L'évangélisation du monde*, vol. 1. *Précis d'histoire des missions*, Nogent-sur-Marne/Lavigny, Institut Biblique de Nogent/Groupes Missionnaires, 1998, p. 308.
12. Voir le chap. 10 : « Jésus le lundi », et Simon Pierre GATERA, *Le discipulat axé sur la mission*, Nuremberg, VTR, 2009.

l'Évangile dans leur contexte, si différent de celui de l'Occident. On se préoccupait beaucoup plus du contexte que des Écritures. Cette nouvelle découverte de la notion de « contexte » les enthousiasma naturellement. Des ébauches de « théologies contextuelles »[13] furent formulées : des théologies africaines et asiatiques, des théologies noires américaines et sud-africaines, des théologies de la libération, des théologies féministes, etc.

Du côté protestant la notion remplacée était celle d'indigénisation ; du côté catholique, les termes remplacés étaient l'adaptation et l'accommodation, notions classiques de la Mission catholique. L'accommodation fut interdite par le pape en 1704 après la « Querelle des rites » chinois et malabars. Lors du Concile Vatican II, le moratoire sur l'accommodation fut levé. Dans les années 1970, à peu près au même moment que le mouvement œcuménique, les théologiens catholiques du Sud et ceux engagés dans le travail missionnaire commencèrent à réfléchir sur l'inculturation, terme choisi par le pape Paul VI en 1978, sur proposition de Pedro Arrupe, supérieur général de la Compagnie de Jésus[14].

Les termes de contextualisation et d'inculturation sont employés par certains auteurs de manière interchangeable, par d'autres de manière distincte. Jean-François Zorn a contribué une réflexion instructive à ce sujet[15]. Il affirme que l'inculturation est un concept catholique qui succède à celui de l'accommodation. Celui-ci résout a priori la tension entre la Parole de Dieu et la culture. La Parole de Dieu est intégrée et incorporée d'une manière non-critique à la culture. On pourrait dire que c'est le registre sapiential de la parole qui s'imprime dans le monde et l'accueille. L'incarnation est interprétée d'une manière inclusive : en Christ s'amorce l'incarnation du Verbe dans le monde. La médiation est sacramentelle et institutionnelle.

En revanche, la contextualisation est un concept protestant évangélique. Il assume tant méthodologiquement que théologiquement la tension entre Parole de Dieu et culture. C'est une rencontre critique, le registre prophétique de la Parole qui retentit dans le monde. L'incarnation est interprétée d'une manière

---

13. Cf. Bruno CHENU, « Théologies contextuelles », in *Dictionnaire œcuménique de missiologie*, sous dir. Ion BRIA et al., Paris/Genève/Yaoundé, Cerf/Labor et Fides/CLÉ, 2001, p. 340-343 ; idem, *Théologies chrétiennes des Tiers mondes*, Paris, Centurion, 1987.

14. Pedro ARRUPE, « Lettre et document de travail sur l'inculturation », *Acta Romana Societatis Iesu* 2, 1978, p. 2 ; reprise dans « Inculturation », in *Écrits pour évangéliser*, Paris, Desclée de Brouwer/Bellarmin, 1985, p. 169-170.

15. Jean-François ZORN, « La contextualisation. Un concept théologique ? », *Revue d'Histoire et de Philosophie religieuses* 77, 2, 1997, p. 171-189. Voir aussi David BOSCH, « La mission comme contextualisation », dans *Dynamique de la mission chrétienne*, Paris/Genève, Karthala/Labor et Fides, 1995, p. 565-579 ; idem, « Mission et inculturation », dans *Dynamique de la mission chrétienne*, p. 599-612.

exclusive : c'est seulement en Christ que se réalise l'Incarnation de la Parole de Dieu. Le processus de la contextualisation a un caractère dynamique et permanent. Zorn perçoit donc une différence entre les notions d'inculturation et de contextualisation.

Chez les évangéliques occidentaux, la notion de contextualisation développée par le mouvement œcuménique et l'Église catholique est restée longtemps très suspecte. La raison principale était le manque de fidélité à l'égard des Écritures. La formulation des théologies contextuelles a conduit à des résultats qui ne pouvaient guère être considérés comme fidèles aux Écritures. Ainsi, la contextualisation a été considérée par beaucoup (et l'est encore par certains) comme une méthode non évangélique[16].

En même temps, ce concept fut accueilli très favorablement par les évangéliques du Sud. Ce fait n'est pas étonnant, vu que la nouvelle notion inclut non seulement la pertinence de l'annonce de l'Évangile par rapport au contexte, mais particulièrement l'enracinement de l'Évangile dans une culture donnée, notion longtemps négligée par les missionnaires occidentaux. L'ambiance étant marquée par l'enthousiasme pour la richesse d'un contexte culturel fraîchement redécouvert, la référence aux Écritures était mise de côté[17]. Toutefois, la logique évangélique voudrait qu'une nouvelle notion théologique soit développée à partir d'études bibliques. Mais il fallut malheureusement attendre la dernière décennie du XXe siècle pour voir paraître les premiers articles sur la contextualisation dans la Bible[18] et la première décennie du XXIe siècle pour voir le premier livre entièrement consacré au phénomène de la contextualisation[19] ! Heureusement, l'Alliance Évangélique Mondiale a publié deux guides qui contiennent des jalons pour une approche évangélique de la contextualisation[20].

---

16. Une évaluation critique récente : Darrell WHITEMAN, « Contextualization. The Theory, the Gap, the Challenge », *International Bulletin of Missionary Research* 21, 1, 1997, p. 2-7.

17. Cf. les recherches sur la culture par les premiers théologiens africains, p.ex. John S. MBITI, *Religions et philosophies africaines*, Yaoundé, CLÉ, 1972.

18. Cf. par exemple : Arthur GLASSER, « Old Testament Contextualization. Revelation and Environment », in *The Word Among Us. Contextualizing Theology for Mission Today*, sous dir. Dean S. GILLILAND, Dallas, Word, 1989, p. 32-51 ; Charles E. VAN ENGEN, « The New Covenant. Mission Theology in Context », dans *Mission on the Way. Issues in Mission Theology*, Grand Rapids, Baker, 1996, p. 71-89. Cf. une idée similaire plus tard : Robert L. GALLAGHER, « The Hebraic Covenant as a Model for Contextualization », in *Appropriate Christianity*, sous dir. Charles H. KRAFT, Pasadena, William Carey Library, 2005, p. 135-154.

19. Dean E. FLEMMING, *Contextualization in the New Testament. Patterns for Theology and Mission*, Leicester, Apollos, 2005.

20. Matthew COOK et al. (sous dir.), *L'Église mondiale et les théologies contextuelles. Une approche évangélique de la contextualisation*, Commission théologique de l'Alliance Évangélique Mondiale, Nuremberg/Écublens/Charols, VTR Publications/Alliance Missionnaire

À ce jour il n'y a pas de définition qui fasse l'unanimité entre les différentes tendances. Dean Flemming propose la définition suivante :

> La contextualisation est le processus dynamique et englobant par lequel l'Évangile est incarné dans une situation concrète, à la fois historique et culturelle. Ceci se fait de telle manière que l'Évangile s'exprime authentiquement dans un contexte local, tout en transformant ce contexte de manière prophétique. La contextualisation cherche à rendre le peuple de Dieu capable de vivre dans les différentes cultures et situations selon l'Évangile et dans l'obéissance au Christ[21].

L'arrivée des Églises d'initiative africaine (comme aussi des Églises d'initiative indienne et chinoise) confirme bien la nécessité de l'inculturation/contextualisation. Elles répondent à l'exigence des promoteurs de la notion d'« Église indigène », qui ont pris conscience qu'à côté de la « triple autonomie » (administrative, financière et missionnaire) il en faudra une quatrième : une « théologie indigène »[22]. Bien sûr, une théologie doit s'exprimer dans la vie de l'Église : la prière, le culte, les cantiques, la prédication. On a l'impression que les Églises d'initiative africaine sont allées plus loin dans la quatrième autonomie que les Églises issues des missions. Elles ont réussi à créer un christianisme d'expression proprement africaine. Certains diront qu'elles sont allées trop loin, et qu'elles sont devenues syncrétistes. Un débat vif est en cours sur les tentatives de contextualisation des Églises d'initiative africaine en particulier[23]

Évangélique/Excelsis, 2015 ; Rose Dowsett (sous dir.), *Global Mission. Reflections and Case Studies in Contextualization for the Whole Church*, Commission missiologique de l'Alliance Évangélique Mondiale, Pasadena, William Carey Library, 2011.

21. Flemming, *Contextualization in the New Testament*, p. 19.
22. Paul G. Hiebert, « La quatrième autonomie », in *Mission et culture*, Saint-Légier, Emmaüs, 1998, p. 217-255.
23. Voir p.ex. Dean S. Gilliland, « Peut-on appeler "chrétiennes" les églises indépendantes d'Afrique ? », *Perspectives missionnaires* 17, 1989, p. 43-63, et les ouvrages cités dans la bibliographie sous la rubrique « Églises d'initiative africaine ».

et l'articulation entre contextualisation et syncrétisme en général[24] : jusqu'où doit-on ou ose-t-on aller dans ce processus ? Ce débat est loin d'être terminé[25].

Une vie transformée

Le processus de la contextualisation pose les bases pour que les hommes puissent être touchés par l'Évangile dans leurs couches profondes[26]. Les expressions bibliques qui décrivent les couches profondes de l'homme sont entre autres « l'homme intérieur », « le cœur » et « la conscience ». Une consécration totale au Seigneur, une marche journalière avec lui, une vie de prière intense et une discipline de lecture quotidienne et systématique de la Bible favorisera une transformation des couches profondes. La transformation des vies est donc liée à une spiritualité profonde du disciple de Christ et à une exposition régulière et systématique aux textes bibliques.

Depuis le XIXe siècle la philosophie réfléchit sur les couches profondes de l'homme en termes de vision du monde, terme que certaines sciences humaines ont repris. La psychologie, elle, utilise plutôt la notion d'identité pour décrire le for intérieur de l'homme. Une réflexion missiologique devrait donc intégrer toutes ces approches scientifiques pour apprendre la manière de toucher les hommes en profondeur. Comme cela paraît être une entreprise très complexe, on se limitera à présenter quatre modèles qui combineront les approches biblique, théologique, psychologique et anthropologique : le modèle stratigraphique de l'ordre créationnel, les cinq concepts sotériologiques de base, l'orientation de la conscience et la notion de temps.

Une manière simple d'approcher la notion de vision du monde est le *modèle stratigraphique de l'ordre créationnel*. Comment une vision du monde organise-t-elle les différents éléments de la création comme la matière, les plantes, les

---

24. Voir Paul G. HIEBERT, « Attitude face à la tradition », in *Mission et Culture*, Saint-Légier, Emmaüs, 1998, p. 205-213 ; Walter HOLLENWEGER, « Réalité du syncrétisme. Pour une franche évaluation théologique », *Perspectives missionnaires* 36, 2, 1998, p. 21-32 ; Natee TANCHANPONGS, « Contextualisation et syncrétisme », in *L'Église mondiale et les théologies contextuelles. Une approche évangélique de la contextualisation*, sous dir. Matthew COOK et al., Commission théologique de l'Alliance Évangélique Mondiale, Nuremberg/Écublens/Charols, VTR Publications/Alliance Missionnaire Évangélique/Excelsis, 2015, p. 177-198 ; Gailyn VAN RHEENEN (sous dir.), *Contextualization and Syncretism*, Pasadena, William Carey Library, 2006.

25. Pour une discussion plus approfondie sur la contextualisation, voir Hannes WIHER, « Qu'est-ce que la contextualisation ? », dans COOK, *L'Église mondiale et les théologies contextuelles*, p. 15-46.

26. Cf. WIHER, « Toucher les êtres humains en profondeur ».

animaux, les humains, les êtres spirituels et les dieux ? Nous pouvons classer les différentes visions du monde présentes sur la planète en quatre groupes qui représentent des types idéaux wébériens, c'est-à-dire des modèles : les visions du monde intégrale, hébraïque, dualiste et séculière[27].

Dans la vision intégrale du monde l'univers est un ensemble intégré. Des exemples de systèmes culturels et religieux holistiques sont l'animisme, les religions populaires et la majorité des religions orientales. La vision hébraïque du monde s'est développée à partir d'une vision intégrale (animiste) du monde. Les livres de Genèse à Lévitique insistent sur le fait que Dieu est le créateur de l'univers séparé de la création, qu'il est « saint » (cf. Gn 1-2 ; Lv 19.2). Comme mouvement de réformation du judaïsme et du christianisme, l'islam a classé les éléments de la création de la même manière que la vision hébraïque du monde[28]. La vision dualiste du monde sépare le monde matériel et visible du monde immatériel et invisible. Un exemple en est la philosophie de Platon. Dans l'Europe médiévale catholique romaine, influencée par le néo-platonisme, la « sphère moyenne » de l'existence a été exclue de la vision du monde[29]. C'est cette sphère qui regroupe les êtres spirituels (y compris les ancêtres) qui sont, dans la vision animiste du monde, responsables des maladies et des malheurs. C'est donc cette sphère qui domine la vie quotidienne dans la vision animiste. Exclure la sphère moyenne d'une vision chrétienne du monde signifie que celle-ci sépare d'une part la vie de foi de la vie de tous les jours, ce que les anglophones appellent « *split level Christianity* »[30]. D'autre part, elle perd sa pertinence pour des personnes avec une vision intégrale du monde, donc des animistes ou des chrétiens d'arrière-plan animiste. La philosophie des Lumières est allée un pas plus loin : elle a exclu tout l'aspect invisible du monde. Elle ne considère que ce qui est observable et mesurable.

Le second modèle pour la vision du monde est celui des *cinq concepts sotériologiques de base* : les notions de péché, de mal, d'homme, de Dieu et de salut. Traditionnellement, l'évangélisation a commencé par l'annonce de la Bonne

---

27. En parlant des visions particulières du monde on utilisera la formulation plus élégante « la vision intégrale du monde » plutôt que la formulation plus scientifique « la vision du monde intégrale ».
28. Dans d'autres aspects de la vision du monde, par exemple les cinq concepts sotériologiques, il y a évidemment de grandes différences entre les visions islamique et hébraïque du monde.
29. La notion d'« exclusion de la sphère moyenne » a été introduite par Paul G. Hiebert, « The Flaw of the Excluded Middle », *Missiology. An International Review* 10, 1, 1982, p. 35-47.
30. Paul G. Hiebert, Daniel R. Shaw & Tite Tiénou, « Split-Level Christianity », in *Understanding Folk Religion. A Christian Response to Popular Beliefs and Practices*, Grand Rapids, Baker, 1999, p. 89-91.

Nouvelle de Jésus-Christ, le cœur de la Bible. Mais la venue du règne de Dieu par Jésus-Christ (Mc 1.15) et le pardon du péché (Lc 24.46s) ne sont pas une bonne nouvelle là où il n'y a pas de péché à pardonner, comme par exemple dans le monde séculier et dans l'islam. Le Coran dit que l'homme est créé bon mais faible et qu'il est donc normal pour lui de pécher (Sourate 2.36 ; 4.28). Dans l'islam la notion de Fils de Dieu est considérée comme idolâtrie et non pas comme une bonne nouvelle (Sourate 5.72 ; 6.100s ; 9.30s). Cela n'a pas de sens d'annoncer la libération du péché là où le péché n'est pas un problème.

La notion de péché est étroitement liée à celle du mal. Comment le mal est-il entré dans le monde ? Le mal est-il lié au destin, bon et mauvais, envoyé par le Dieu suprême (Sourate 35.15) ? Ou alors, comme le dit la Bible, le mal a-t-il été introduit par l'initiative de l'Adversaire, Satan, dans une création entièrement bonne, créée par un Dieu entièrement bon ? De plus, la notion de péché est étroitement liée à la notion d'homme. L'homme est-il créé à l'image de Dieu ou cette idée d'être créé à l'image de Dieu est-elle un blasphème (Sourate 112) ? Est-il normal que l'homme pèche ou est-ce le péché qui le sépare de la communion avec Dieu ?

La notion d'homme nous conduit à celle de Dieu. L'islam a repris le modèle stratigraphique de la vision hébraïque du monde : Dieu est séparé de la création, il est « saint ». Une question voisine est : Quelle est la qualité morale d'une divinité ? La sainteté du Dieu biblique est une qualité morale difficile à trouver dans d'autres systèmes religieux où les divinités représentent tout le spectre du caractère humain, par exemple dans la mythologie grecque et le panthéon hindou.

En conclusion, nous devons retenir que l'offre du salut n'a de sens que là où les notions de péché et de mal ont été étudiées sérieusement, et quand celles-ci sont fondées sur les conceptions de l'homme et de Dieu. La Bible enseigne ces concepts à partir des trois premiers chapitres dans l'ordre inverse : les notions de Dieu et d'homme (Gn 1-2), celles de mal et de péché (Gn 3) et la notion de salut (à partir de Gn 3.15 à travers toute la Bible). Se fondant sur ces données, les missiologues ont commencé à enseigner la Bible de façon chronologique. Pour les cultures orales, cet enseignement doit être transmis sous forme narrative[31]. Les différents concepts sotériologiques sont présentés sous forme d'histoires bibliques pour un contexte musulman dans le livre *Tout ce qu'ont dit les prophètes*

---

31. L'enseignement chronologique de la Bible sous forme orale, appelée la « Présentation orale de la Bible » (POB), a été développé par les baptistes du Sud des États-Unis. On y enseigne avec un ensemble de techniques narratives. Voir le site du Réseau international http://oralbible.com.

de Yehia Sa'a[32]. Son idée de base repose sur Luc 24.44-46 où Jésus explique les prophéties messianiques de l'AT aux deux disciples d'Emmaüs.

Quel est le rapport de ce modèle avec la vision du monde ? Ces cinq concepts sotériologiques construisent une vision du monde, biblique ou autre. On doit les travailler pendant l'évangélisation et après la conversion afin de transformer une vision culturelle du monde en une vision biblique du monde. Si ces études bibliques chronologiques et transformatrices ne sont pas intégrées dans un processus du discipulat, les visions du monde ne changeront pas. L'exemple du séjour de Jean Calvin à Genève est significatif : en l'espace de dix-huit années seulement le réformateur a prêché entre 2500 et 5000 sermons parcourant toute la Bible. Ainsi il a transformé la vision du monde des Genevois, presque malgré eux[33].

Ce fait jette aussi une lumière sur la question de savoir si l'AT est remplaçable par les systèmes culturels et religieux des différentes régions du monde comme « préparation à l'Évangile » (*praeparatio evangelica*)[34]. Évidemment, d'autres systèmes religieux construiront des visions du monde autres que celle de la Bible et ne peuvent donc pas remplacer l'AT avec sa vision hébraïque du monde très particulière.

Tandis que les deux premiers modèles représentent les aspects cognitifs de la vision du monde, *l'orientation de la conscience* intègre les aspects évaluatifs et affectifs dans notre approche de la vision du monde et touche ainsi les couches les plus profondes de la personnalité, de la culture et de la religion. Le modèle de l'orientation de la conscience est un modèle théologico-psycho-anthropologique particulièrement fructueux pour l'analyse culturelle dans une perspective missiologique. La conscience est également un bon modèle, parce qu'elle est une

---

32. Yehia Sa'a, *Tout ce qu'ont dit les prophètes*, Gatineau, Bonne Semence, 2000. Le texte intégral est disponible en français, anglais, arabe et dans d'autres langues sur le site : www.goodseed.com. *Tout ce qu'ont dit les prophètes* est une version abrégée du livre pionnier de Trevor McIlwain, *Bâtir sur des fondations solides*, 3 vol., Sanford/Abidjan, NTM/CPE, 2006.
33. Jacques Blandenier, *Martin Luther & Jean Calvin. Contrastes et ressemblances*, Dossier Vivre 29, Genève/Charols, Je Sème/Excelsis, 2008, p. 76.
34. Le terme a été introduit par Eusèbe de Césarée dans son ouvrage *Praeparatio evangelica*. Le concept vient probablement d'Origène de Césarée et sert de fondement au modèle anthropologique de la contextualisation adopté par Matteo Ricci, John Mbiti, et à leur suite les missiologues catholiques et protestants libéraux. Cf. John S. Mbiti, *Bible and Theology in African Christianity*, Nairobi, Oxford University Press, 1986, p. 11s.

notion importante à la fois dans la Bible et dans les sciences humaines, présente, cachée sous les notions de honte et de culpabilité[35].

La conscience est développée pendant la petite enfance de plusieurs manières qui dépendent du contexte culturel. L'anthropologue américain Melford Spiro a observé dans un kibboutz israélien que les enfants éduqués par un petit nombre d'éducateurs, par exemple par leur père et leur mère dans le cadre d'une famille nucléaire, intègrent non seulement les normes présentées, mais aussi les éducateurs[36] eux-mêmes dans leur conscience. Ils fonctionnent avec un ensemble fixe de normes et développent des personnalités axées sur les règles. Ils organisent leur vie selon un agenda ; ils ont tendance à être ponctuels et à se fixer des objectifs bien définis. Pour eux le travail est plus important que les relations. Comme leur conscience fonctionne d'une manière autonome, ils ont tendance à devenir des individualistes. Et quand ils enfreignent une norme, ils se sentent coupables. C'est pourquoi Melford Spiro appelle cette conscience axée sur les règles une conscience axée sur la culpabilité.

Si les enfants sont éduqués par un grand nombre d'éducateurs, par exemple dans une famille élargie, ils intègrent les normes, mais ne peuvent pas intégrer les éducateurs dans leur conscience. Ils restent donc dépendants de la présence de leurs personnes de référence pour que leur conscience soit opérationnelle. Quand la mère est présente, les normes de la mère sont fonctionnelles ; quand la grand-mère est présente, les normes de la grand-mère sont fonctionnelles. Ces enfants ont tendance à développer une personnalité relationnelle avec une identité de groupe. Ils préfèrent les interactions personnelles au travail, et quand ils travaillent, ils préfèrent travailler en équipe. Leur préoccupation est plutôt la recherche du statut que l'accomplissement des objectifs. Si aucune personne de référence n'est présente, aucune norme n'est fonctionnelle. Ce fait représente le fond du phénomène de la corruption qui fonctionne selon le mot d'ordre : « Si personne ne le voit, tout est permis ». Mais si l'infraction à la norme vient à la connaissance du public, alors un sentiment de honte surgit. C'est pourquoi Melford Spiro appelle cette conscience plutôt relationnelle une conscience axée sur la honte.

Avec l'influence du nombre d'éducateurs sur le développement de la vision du monde Melford Spiro nous fournit un modèle intéressant pour la transformation de la vision du monde. Mais, bien sûr, le modèle de Spiro ne nous montre pas

---

35. Pour une discussion approfondie de la notion de conscience, voir Hannes WIHER, *L'Évangile et la culture de la honte en Afrique Occidentale*, Bonn, VKW, 2003 ; idem, *Shame and Guilt. A Key to Cross-Cultural Ministry*, Bonn, VKW, 2003.
36. Les « personnes de référence », en anglais : *significant others*.

toute la réalité. Un bébé africain, qui grandit dans une famille nucléaire en zone rurale africaine, aura quand même une conscience relationnelle, bien qu'il soit éduqué par un petit nombre d'éducateurs. La raison en est qu'il y a d'autres facteurs qui influencent le développement de la conscience, particulièrement le mode d'éducation. Si les éducateurs présentent les normes en donnant des explications et des arguments (règles), la conscience de l'enfant sera axée sur les règles. Si les éducateurs mettent l'accent sur les aspects relationnels des normes, la conscience de l'enfant deviendra relationnelle. Ils diront par exemple : « Si tu fais cela, papa te donnera des fessées » ou « Qu'en diront les voisins ? ». Si très peu de normes sont présentées à l'enfant, la conscience devient relationnelle ou ne se développe pas comme il faut. Ces enfants ou adolescents peuvent tuer un camarade sans que leur conscience soit troublée, un phénomène qu'on rencontre aujourd'hui de plus en plus dans les banlieues des grandes villes autour du globe.

En adaptant le modèle des valeurs de base de Sherwood Lingenfelter et Marvin Mayers[37] on peut développer une typologie de personnalités sur la base de l'orientation de la conscience. Toutefois, la typologie représente des types wébériens idéaux. Chaque personne est un mélange des deux orientations de la conscience. Il est utile de connaître notre profil afin de mieux comprendre comment et pourquoi nous nous comportons comme nous le faisons et de mieux comprendre nos partenaires et amis, et les personnes d'autres cultures et religions.

Conscience axée sur les règles	Conscience relationnelle
Individu	Communauté
Orientation vers le temps	Orientation vers l'événement
Orientation vers la tâche	Orientation vers la personne
Recherche de l'accomplissement	Recherche du statut
Pensée analytique	Pensée holistique
Courage de perdre la face	Peur de perdre la face

Comme la honte et la culpabilité sont des expressions du péché, le modèle de l'orientation de la conscience est un modèle sotériologique. Il a donc des liens avec le modèle des cinq concepts sotériologiques de base. La conscience relationnelle tend vers la paix exprimée par l'harmonie, alors que la conscience axée sur les règles tend vers le droit. La conscience axée sur les règles cherche à réparer la faute afin de récupérer l'innocence par la réparation (justification) de la culpabilité individuelle, réparation opérée par le Dieu qui pardonne. Les

---

37. LINGENFELTER & MAYERS, *Missionnaire en culture étrangère*.

consciences relationnelles cherchent à restaurer l'harmonie et l'honneur avec les personnes de référence par la réconciliation. Elles ont besoin d'une tierce personne, d'un médiateur, pour la réconciliation[38]. La préoccupation principale des personnes axées sur les règles est la loi et le droit, alors que les personnes relationnelles cherchent l'harmonie, le prestige, la puissance, la prospérité et le bien-être. Pour des personnes et des sociétés axées sur les règles les droits de l'homme sont importants, tandis que pour les personnes et les cultures relationnelles l'honneur collectif et la prospérité constituent des priorités[39].

La notion de temps est une valeur de base qui a une importance particulière dans la vie des gens et dans le discours théologique actuel. Les personnes axées sur les règles seront particulièrement régies par le temps, leur agenda et leur programme, et voudront être ponctuelles. À l'inverse, les personnes relationnelles auront peu d'égards pour le temps et s'orienteront plutôt vers les personnes, les relations et les événements vécus avec elles[40]. Le passage bien connu d'Ecclésiaste 3.1-8 présente une orientation vers l'événement typique des cultures relationnelles.

Mais il y a un aspect supplémentaire de la notion de temps : l'orientation vers le passé ou le futur[41]. Beaucoup de peuples, comme les Hébreux, regardent vers leurs traditions ancestrales. Ces gens sont comme des rameurs dans leur bateau, le regard tourné vers l'arrière. Ils conçoivent l'avenir comme étant dans leur dos (Ps 143.5 ; És 46.10 ; Jr 29.11)[42]. John Mbiti démontre un fait similaire pour le swahili. Il va jusqu'à dire que l'Africain n'a pas de notion d'avenir[43]. Plusieurs ont critiqué cette approche extrême à juste titre[44]. Avec Léonard Nyirongo et Bennie van der Walt nous préférons dire qu'il ne s'agit pas d'une incapacité de concevoir l'avenir, mais d'une différence dans l'orientation principale, soit vers le passé

---

38. Cf. Paul Wells, « Le Christ Médiateur dans la pensée de Calvin », *Théologie Évangélique* 9, 1, 2010, p. 45-70.
39. Cf. la notion d'« Évangile de la prospérité » discutée dans le chap. 14.
40. Cf. Lingenfelter & Mayers, « Les tensions concernant le temps », in *Missionnaire en culture étrangère*, p. 37-50.
41. Cf. Wiher, *Shame and Guilt*, p. 286s.
42. Hans Walter Wolff, « La notion de temps dans l'Ancien Testament », in *Anthropologie de l'Ancien Testament*, trad. Étienne de Peyer, Genève, Labor et Fides, 1974, p. 75-82 ; cf. aussi Andrew E. Hill, « 'aḥarît », *NIDOTTE*, vol. 1, p. 361s.
43. John S. Mbiti, « La notion de temps comme clé pour la compréhension des religions et philosophies africaines », in *Religions et philosophies africaines*, Yaoundé, CLÉ, 1972, p. 18-25.
44. Byang Kato, *Pièges théologiques en Afrique*, Abidjan, Centre de Publications Évangéliques, 1981, p. 66-79.

soit vers l'avenir[45]. Lingenfelter et Mayers appellent l'orientation vers le passé « orientation vers l'absence de crise » et l'orientation vers l'avenir « orientation vers les crises »[46]. Pour une personne ou une culture orientée vers le passé il est difficile de prévoir des problèmes qui vont surgir dans l'avenir, par exemple une rupture de stock de médicaments dans une pharmacie, ou planifier par objectifs.

Un impact dans la société

Comprendre les couches profondes de l'homme est la première étape pour s'assurer que la foi chrétienne aura un impact dans sa propre vie et dans la société. La deuxième étape est de transformer les couches profondes et de les intégrer. L'être humain apprend pendant sa petite enfance plusieurs visions du monde : la première de ses parents, une de la société où il grandit, une autre encore dans les écoles qu'il parcourt, et une dans l'Église, qui n'est pas nécessairement identique avec celle de la Bible. Chaque être humain adulte vit, pour ainsi dire, avec une « personnalité multiple » qui consomme beaucoup de son énergie dans les conflits intérieurs entre les différentes visions du monde. Une telle « personnalité multiple » n'aura pas d'impact dans la vie de tous les jours. Pour sortir de l'impasse il faudra évaluer les différentes visions du monde acquises à la lumière de la vision biblique du monde. C'est le modèle de la contextualisation critique de Paul Hiebert[47] qui fournit la technique nécessaire : tout élément personnel, culturel ou religieux doit être évalué à la lumière de la Bible. Par ailleurs, ce processus d'intégration correspond à l'une des définitions psychologiques de l'identité : pour pouvoir construire une identité il faut intégrer les expériences du passé. La foi chrétienne n'aura un impact dans la vie du disciple et dans la société uniquement si les différentes visions du monde reçues pendant l'enfance et la jeunesse sont intégrées et unifiées après leur évaluation à la lumière de la Bible.

---

45. Leonard NYIRONGO, « The African and Biblical View of Time, History and Progress », in *The Gods of Africa or The God of the Bible ? The Snares of African Traditional Religion in Biblical Perspective*, Potchefstroom, Potchefstroom University, 1997 ; Bennie J. van der WALT, « Time Moving "Past" Man Versus Man Moving "Through" Time », in *Afrocentric or Eurocentric ? Our Task in a Multicultural South Africa*, Potchefstroom, Potchefstroom University, 1997, p. 64-66 ; WIHER, *Shame and Guilt*, p. 286s.
46. LINGENFELTER & MAYERS, « Les tensions relevant de la gestion des crises », in *Missionnaire en culture étrangère*, p. 65-75.
47. Paul G. HIEBERT, « Une contextualisation critique », in *Mission et culture*, Saint-Légier, Emmaüs, 1998, p. 191-216.

L'approche ci-dessus dessinée est une approche alternative aux théologies d'identité[48], d'inculturation[49], de libération[50] et de reconstruction[51] proposées par différents auteurs et mentionnées par Kalemba Mwambazambi[52]. En même temps, elle englobe les autres approches. Elle est concrète et applicable dans la vie quotidienne. Elle utilise les méthodes de la contextualisation critique et de l'intégration des différentes visions du monde. Son but est de créer une identité réellement fondée en Christ, base solide pour une vie transformée avec un impact dans la société.

Conclusion

La réponse de la missiologie aux défis de l'Afrique ne se trouvera que dans la marche intime du disciple avec son Seigneur. Nourri par l'amour du Christ et la compassion de Dieu le disciple pourra affronter le dur labeur et creuser en profondeur. La superficialité du christianisme et de la missiologie se heurteront aux problèmes sans pouvoir les changer. En revanche, l'analyse en profondeur des personnalités et des cultures, et en conséquence de leurs problèmes, est très prometteuse. Elle rendra possible une transformation dans les Églises et dans les sociétés africaines. Mais seuls ceux qui seront prêts à faire l'effort pour acquérir les outils nécessaires seront couronnés de succès.

---

48. Voir p.ex. Jean-Paul MESSINA, *Culture, christianisme et quête d'une identité africaine*, Paris, L'Harmattan, 2007. Pour un résumé voir Matthijs J.C. BLOK, « Christianisme et quête d'identité en Afrique. La genèse et l'évolution de la théologie africaine dans la tradition ecclésiale catholique romaine », *La Revue Réformée* LV, 228, 3, juin 2004.
49. Voir p.ex. Kwame BEDIAKO, *Jésus en Afrique. L'évangile chrétien dans l'histoire et l'expérience africaines*, Yaoundé, CLÉ, 2000 ; Barthélémy ADOUKOUNOU, *Le sillon noir. Un mouvement africain d'inculturation*, t. 1 : *Mélanges (Méthodologie)*, t. 2 : *Anthropologie et Théologie*, t. 3 : *Politique et Développement*, Cotonou, 1991-1992.
50. Voir p.ex. Engelbert MVENG (sous dir.), *Spiritualité et libération en Afrique*, Paris, L'Harmattan, 1987 ; Jean-Marc ÉLA, *Repenser la théologie africaine. Le Dieu qui libère*, Paris, Karthala, 2003. Pour un résumé voir Bruno CHENU & Bernard LAURENT (sous dir.), *Théologies de la libération. Documents et Débats*, Paris, Cerf/Centurion, 1985.
51. J. B. CHIPENDA, J. N. K. MUGAMBI, A. KARAMAGA & C. K. OMORI, *Églises d'Afrique. Pour une théologie de la reconstruction*, Nairobi, CETA, 1991 ; KÄ MANA, *Théologie africaine pour temps de crise. Christianisme et reconstruction de l'Afrique*, Paris, Karthala, 1993 ; KÄ MANA, *La nouvelle évangélisation en Afrique*, Yaoundé/Paris, CLÉ/Karthala, 2000 ; Philippe Kanku TUBENZELE, *L'Afrique est à construire. La responsabilité spirituelle*, Bern, Lang, 2007.
52. Voir dans le chap. 11 : « Les résurgences des religions traditionnelles » la première section « Les causes et les implications ».

Pour aller plus loin

Cook, Matthew *et al.* (sous dir.), *L'Église mondiale et les théologies contextuelles. Une approche évangélique de la contextualisation*, Commission théologique de l'Alliance Évangélique Mondiale, Nuremberg/Écublens/Charols, VTR Publications/Alliance Missionnaire Évangélique/Excelsis, 2015.
Dowsett, Rose (sous dir.), *Global Mission. Reflections and Case Studies in Contextualization for the Whole Church*, Commission mission de l'Alliance Évangélique Mondiale, Pasadena, William Carey Library, 2011.
Gilliland, Dean S., « Peut-on appeler «chrétiennes» les églises indépendantes d'Afrique ? », *Perspectives missionnaires* 17, 1989, p. 43-63.
Hiebert, Paul G., « Une contextualisation critique », in *Mission et culture*, Saint-Légier, Emmaüs, 1998, p. 191-216.
Hiebert, Paul G., « La quatrième autonomie », in *Mission et culture*, Saint-Légier, Emmaüs, 1998, p. 217-255.
Käser, Lothar, « Culture et sur-moi », in *Voyage en culture étrangère. Guide d'ethnologie appliquée,* Charols, Excelsis, 2008, p. 129-168.
Käser, Lothar, « Les visions du monde dans les diverses sociétés », in *Animisme. Introduction à la conception du monde et de l'homme des sociétés traditionnelles orales*, Charols, Excelsis, 2010, p. 55-66.
Lingenfelter, Sherwood G. & Mayers, Marvin K., *Missionnaire en culture étrangère. Le défi de l'intégration*, Charols, Excelsis, 2009.
Mbiti, John S., *Religions et philosophies africaines,* Yaoundé, CLÉ, 1972.
Mouvement de Lausanne, *L'Engagement du Cap. Une confession de foi et un appel à l'action*, Marpent, BLF, 2011. En ligne sur : www.lausanne.org/fr.
Tennent, Timothy C., *Invitation to World Missions. A Trinitarian Missiology for the Twenty-first Century*, Grand Rapids, Zondervan, 2010.
Wiher, Hannes, « Qu'est-ce que la contextualisation ? », in *L'Église mondiale et les théologies contextuelles*, sous dir. Matthew Cook *et al.*, Nuremberg/Écublens/Charols, VTR/AME/Excelsis, 2015, p. 15-46.
Wiher, Hannes, « Qu'est-ce que la missiologie ? », *Théologie Évangélique* 11, 2, 2012, p. 143-157.
Wiher, Hannes, « Qu'est-ce que la mission ? », in *La mission de l'Église au XXIe siècle. Les nouveaux défis*, Charols, Excelsis, 2010, p. 9-21. Version révisée et élargie : *Théologie Évangélique* 9, 2, 2010, p. 123-140.
Wiher, Hannes, « Une spiritualité missionnaire », in *Bible et mission, vol. 2. Vers une pratique évangélique de la mission*, Charols, Excelsis, 2012, p. 75-100.
Wiher, Hannes, « Toucher les êtres humains en profondeur (première partie) », *Théologie Évangélique* 12, 1, 2013, p. 69-85.

Wiher, Hannes, « Toucher les êtres humains en profondeur (deuxième partie) », *Théologie Évangélique* 12, 3, 2013, p. 61-88.

Wiher, Hannes, « Vers une théologie trinitaire et missionnaire », in *Bible et mission. Vers une théologie évangélique de la mission*, Charols, Excelsis, 2012, p. 311-326.

Wright, Christopher J. H., *La mission de Dieu. Fil conducteur du récit biblique*, trad. Alexandre Sarran, Charols, Excelsis, 2012.

Zorn, Jean-François, « La contextualisation. Un concept théologique ? », *Revue d'Histoire et de Philosophie religieuses* 77, 2, 1997, p. 171-189.

Annexe

Déclaration de Lausanne[1]

La Déclaration de Lausanne est issue du Congrès international pour l'évangélisation mondiale (CIPEM) qui s'est tenu à Lausanne en juillet 1974 avec une participation de plus de 4000 chrétiens venus du monde entier.

Introduction

Nous, membres de l'Église de Jésus-Christ, venus de plus de 150 nations participer au Congrès International pour l'évangélisation mondiale à Lausanne, nous louons Dieu pour son salut merveilleux, nous nous réjouissons de la communion qu'il nous a donnée avec lui-même et les uns avec les autres. Nous sommes profondément touchés de ce que Dieu accomplit aujourd'hui, nous sommes poussés à nous repentir de nos manquements et stimulés par la tâche qui nous reste à accomplir dans le domaine de l'évangélisation. Nous croyons que l'Évangile est la Bonne Nouvelle de Dieu pour le monde entier. Avec l'aide de sa grâce, nous sommes décidés à obéir au commandement du Christ : proclamer cet Évangile à l'humanité entière et faire de toutes les nations des disciples. C'est pourquoi nous désirons affirmer notre foi et notre résolution et rendre public notre engagement.

1. Le dessein de Dieu

Nous affirmons notre foi au Dieu éternel et unique, créateur et Seigneur du monde, Père, Fils et Saint-Esprit, qui règne sur toutes choses selon le dessein de sa volonté. Il a appelé du milieu du monde un peuple qui lui appartient et il l'a envoyé dans le monde pour servir et témoigner, pour faire avancer son règne, édifier le Corps du Christ et glorifier son nom. Nous confessons avec honte que

---

1. Reproduite avec la permission du Groupe Lausanne France.

nous avons souvent renié notre vocation et failli à notre mission, car nous nous sommes conformés au monde ou bien nous nous en sommes retirés. Cependant, même s'il est porté dans des vases de terre, l'Évangile reste un trésor précieux et nous nous en réjouissons. Nous désirons de nouveau nous consacrer à faire connaître ce trésor au monde, par la puissance du Saint-Esprit.

2. Autorité et puissance de la Bible

Nous affirmons l'inspiration divine, la vérité et l'autorité de l'Écriture, l'Ancien et le Nouveau Testament, dans sa totalité. Il n'y a point d'erreur dans tout ce qu'elle affirme. Elle est la seule Parole écrite de Dieu et l'unique règle infaillible de foi et de vie. Nous affirmons aussi que cette Parole est puissante pour accomplir le dessein de salut de Dieu. Le message de la Bible s'adresse à l'humanité entière car la révélation de Dieu dans le Christ, telle que nous la trouvons dans l'Écriture, ne saurait changer. Par elle, le Saint-Esprit continue à nous parler aujourd'hui ; dans chaque culture il illumine l'intelligence du peuple de Dieu afin qu'il perçoive personnellement et de façon nouvelle la vérité divine et il révèle ainsi à l'Église entière la sagesse infiniment variée de Dieu.

3. Le Christ unique et universel

Nous affirmons qu'il n'y a qu'un seul Sauveur et un seul Évangile, bien qu'il y ait diverses manières d'évangéliser. Nous pensons que tous les hommes ont une certaine connaissance de Dieu, car ils peuvent le reconnaître dans ses œuvres. Mais cette révélation naturelle ne peut les sauver car, par leur injustice, ils retiennent la vérité captive.

Nous rejetons aussi toute espèce de syncrétisme et de dialogue qui sous-entend que le Christ parle de façon équivalente au travers de toutes les religions et idéologies, car cela ne donne pas au Christ ni à son Évangile la place qui leur revient. Jésus-Christ, qui est le seul Dieu-homme et qui s'est livré comme unique rançon pour les pécheurs, est le seul médiateur entre Dieu et les hommes. Il n'y a pas d'autre nom par lequel nous devions être sauvés. Tous les hommes périssent à cause du péché, mais Dieu les aime tous. Il désire qu'aucun ne périsse, mais que tous se repentent. Ceux qui rejettent le Christ refusent la joie du salut et se condamnent eux-mêmes à la séparation éternelle d'avec Dieu. Proclamer Jésus comme « Sauveur du monde » ne veut pas dire que tous les hommes sont automatiquement sauvés ou qu'ils le seront tous en fin de compte. Cela signifie encore moins que toutes les religions offrent le salut dans le Christ. Cela consiste plutôt à proclamer l'amour de Dieu pour un monde pécheur, à inviter tous les hommes à se tourner vers lui comme leur Sauveur et Seigneur et à se donner à lui, chacun personnellement et de tout son cœur dans un acte de repentance et de foi. Jésus-Christ a été élevé au-dessus de tout autre nom : nous attendons ardemment le jour où tout genou fléchira devant lui et où toute langue le confessera comme Seigneur.

4. La nature de l'évangélisation

Évangéliser, c'est répandre la Bonne Nouvelle que Jésus-Christ est mort pour nos péchés, qu'il est ressuscité des morts selon les Écritures, qu'il règne en Seigneur et qu'il offre maintenant, à tous ceux qui se repentent et qui croient, le pardon des péchés et le don du Saint-Esprit pour nous rendre libres. Notre présence chrétienne dans le monde est indispensable à l'évangélisation, de même qu'un dialogue ouvert dans l'amour afin de mieux comprendre le prochain. Mais l'évangélisation elle-même est la proclamation du Christ : persuader les hommes de venir personnellement à lui pour être réconciliés avec Dieu. Lorsque nous transmettons l'invitation de l'Évangile, nous n'avons pas le droit de cacher ce qu'il en coûte d'être un disciple du Christ. Jésus continue d'appeler ceux qui veulent le suivre à renoncer à eux-mêmes, à se charger de leur croix et à s'identifier avec la communauté de ceux qui lui appartiennent. L'obéissance au Christ, l'intégration à son Église et un service responsable dans le monde sont les conséquences de l'évangélisation.

5. Responsabilité sociale du chrétien

Nous affirmons que Dieu est à la fois le Créateur et le Juge de tous les hommes ; nous devrions par conséquent désirer comme lui que la justice règne dans la société, que les hommes se réconcilient et qu'ils soient libérés de toutes les sortes d'oppressions. L'homme étant créé à l'image de Dieu, chaque personne humaine possède une dignité intrinsèque, quels que soient sa religion ou la couleur de sa peau, sa culture, sa classe sociale, son sexe ou son âge ; c'est pourquoi chaque être humain devrait être respecté, servi et non exploité. Là aussi, nous reconnaissons avec humilité que nous avons été négligents et que nous avons parfois considéré l'évangélisation et l'action sociale comme s'excluant l'une l'autre. La réconciliation de l'homme avec l'homme n'est pas la réconciliation de l'homme avec Dieu, l'action sociale n'est pas l'évangélisation, et le salut n'est pas une libération politique. Néanmoins nous affirmons que l'évangélisation et l'engagement sociopolitique font tous deux partie de notre devoir chrétien. Tous les deux sont l'expression nécessaire de notre doctrine de Dieu et de l'homme, de l'amour du prochain et de l'obéissance à Jésus-Christ. Le message du salut implique aussi un message de jugement sur toute forme d'aliénation, d'oppression et de discrimination.

Nous ne devons pas craindre de dénoncer le mal et l'injustice où qu'ils soient. Lorsque les hommes acceptent le Christ, ils entrent par la nouvelle naissance dans son Royaume et ils doivent rechercher, non seulement à refléter sa justice, mais encore à la répandre dans un monde injuste. Le salut dont nous nous réclamons devrait nous transformer totalement dans notre façon d'assumer nos responsabilités personnelles et sociales. La foi sans les œuvres est morte.

6. L'Église et l'évangélisation

Nous affirmons que le Christ envoie son peuple racheté dans le monde, comme le Père a envoyé le Fils et que ceci demande que nous pénétrions profondément dans le monde quel que soit le prix à payer. Nous devons sortir de nos ghettos ecclésiastiques et imprégner la société non chrétienne. Dans sa mission de service sacerdotal, l'Église doit accorder la priorité à l'évangélisation. L'évangélisation du monde exige que toute l'Église apporte l'Évangile dans sa totalité au monde entier. L'Église est au centre même du dessein de Dieu pour l'univers, elle est le moyen choisi par lui pour répandre l'Évangile. Mais une Église qui prêche la Croix, doit porter elle-même la marque de la Croix. Elle fait obstacle à l'évangélisation lorsqu'elle trahit l'Évangile, lorsqu'il lui manque la foi vivante en Dieu, l'amour véritable pour les hommes ou l'honnêteté scrupuleuse en toutes choses. L'Église est la communauté du peuple de Dieu plutôt qu'une institution ; elle ne doit être assimilée à aucune culture particulière, à aucun système politique ou social, à aucune idéologie humaine.

7. Coopération dans l'évangélisation

Nous affirmons que Dieu veut que son Église soit, de façon visible, une dans la vérité. L'évangélisation de son côté nous exhorte à être unis car l'unité renforce notre témoignage, tandis que nos divisions dévaluent l'Évangile de la réconciliation. Nous reconnaissons cependant que l'unité d'organisation peut prendre des formes diverses et ne favorise pas forcément l'évangélisation. Toutefois nous qui partageons la même foi biblique, nous devrions être intimement unis dans la communion fraternelle, dans l'accomplissement de notre tâche et de notre témoignage. Nous confessons que notre témoignage a été parfois déprécié par notre individualisme coupable et par une dispersion inutile. Nous nous engageons à rechercher une unité plus profonde dans la vérité, l'adoration, la sainteté et la mission. Nous préconisons une collaboration intensifiée sur le plan régional, pour aider l'Église à poursuivre sa tâche, élaborer des plans stratégiques, s'encourager mutuellement et partager ressources et expérience.

8. Collaboration des Églises dans l'évangélisation

Nous nous réjouissons de voir se lever une nouvelle ère missionnaire. Nous assistons à la disparition rapide du rôle dominant des missions occidentales. Dieu est en train de susciter dans les jeunes Églises une force puissante et renouvelée pour l'évangélisation du monde. Il démontre ainsi que la responsabilité d'évangéliser appartient au Corps du Christ tout entier. C'est pourquoi toutes les Églises devraient demander à Dieu (et se demander) ce qu'il leur faudrait faire pour évangéliser leur propre contrée et pour envoyer des missionnaires dans d'autres parties du monde. Nous devrions constamment réévaluer notre rôle et notre responsabilité missionnaires. Ainsi se développera une collaboration croissante des Églises et le caractère universel de l'Église du Christ apparaîtra plus clairement. Nous remercions aussi Dieu pour ceux qui traduisent la Bible ou qui sont engagés dans la formation théologique, les mass media, la littérature chrétienne, l'évangélisation, les efforts pour renouveler l'Église et toute autre action spécialisée. Eux aussi devraient constamment s'examiner pour voir s'ils contribuent efficacement à la mission de l'Église.

9. Urgence de l'évangélisation

Plus de 2700 millions de personnes, c'est-à-dire plus des deux tiers de l'humanité, doivent encore être évangélisés. Nous sommes honteux que tant d'hommes aient été négligés ; c'est pour nous et pour toute l'Église un constant reproche. Toutefois nous constatons aujourd'hui dans beaucoup de parties du monde que les hommes sont réceptifs, comme jamais auparavant, au Seigneur Jésus-Christ. Nous sommes convaincus que le temps est venu pour les Églises et pour les organisations para-ecclésiastiques de prier avec insistance pour le salut de ceux qui n'ont pas encore été atteints et pour accomplir de nouveaux efforts en vue d'achever l'évangélisation du monde. Dans un pays déjà évangélisé, il peut être parfois nécessaire de réduire le nombre des missionnaires étrangers et de restreindre l'aide financière pour faciliter la croissance de l'Église indigène et l'aider à acquérir plus de confiance en elle-même, et débloquer ainsi des fonds pour les régions non évangélisées. Les missionnaires devraient se déplacer de plus en plus librement au travers des six continents, animés d'un esprit d'humilité et de service. Notre but : obtenir par tous les moyens et le plus tôt possible que chaque homme puisse entendre, comprendre et accepter la Bonne Nouvelle. Ce but ne sera certainement pas atteint sans sacrifice. Nous sommes tous choqués par la pauvreté de millions d'êtres et troublés par les injustices qui en sont la cause. Ceux d'entre nous qui vivons dans l'abondance acceptons comme un devoir de vivre plus simplement pour contribuer plus généreusement à l'évangélisation et à l'aide aux déshérités.

10. Évangélisation et culture

Le développement de stratégies pour l'évangélisation du monde réclame de l'imagination et des méthodes d'avant-garde. Avec l'aide de Dieu, il en résultera des Églises profondément enracinées dans le Christ et étroitement rattachées à la culture de leur pays. Celle-ci doit toujours être vérifiée et jugée par l'Écriture. L'homme est une créature de Dieu, c'est pourquoi certains aspects de sa culture sont empreints de beauté et de bonté. Cependant, il est également une créature déchue, c'est pourquoi elle est aussi entachée de péché et porte même parfois des traces d'influence démoniaque. L'Évangile ne présuppose nullement la supériorité d'une culture par rapport à une autre, mais il les évalue toutes d'après ses propres critères de vérité et de justice ; il insiste, dans chaque culture, sur les impératifs absolus de la morale. Trop souvent, les missions ont exporté, en même temps que l'Évangile, une culture étrangère et les Églises ont été parfois esclaves de la culture, plutôt que de l'Écriture. Les évangélistes du Christ doivent humblement chercher à se libérer de tout ce qui ne leur est pas authentique et personnel, pour devenir serviteurs des autres. Les Églises doivent chercher à transformer la culture et à l'enrichir pour la plus grande gloire de Dieu.

11. Enseignement et autorité

Nous confessons que nous avons parfois recherché la croissance de l'Église au détriment de sa valeur spirituelle et que nous avons séparé l'évangélisation de l'édification chrétienne. Nous reconnaissons également que certaines de nos missions ont été trop lentes à former des responsables autochtones et à leur demander d'assumer les tâches qui leur incombaient. Nous sommes convaincus que les indigènes doivent prendre en mains la responsabilité de l'Église et nous espérons vivement que, dans chaque pays, l'Église aura ses propres responsables qui dirigeront dans un esprit chrétien, non pas en dominant le troupeau, mais en étant ses serviteurs. Nous reconnaissons qu'il est urgent d'améliorer la formation théologique, surtout celle des responsables d'Église. Dans chaque nation, dans chaque culture, nous souhaitons que soit établi un programme efficace pour la formation des pasteurs et des laïcs (doctrine, évangélisation, édification, service, formation de disciples). De tels programmes ne devraient pas dépendre de méthodes stéréotypées, mais se développer par des initiatives locales conformes aux normes bibliques.

12. Conflits spirituels

Nous croyons que nous sommes engagés dans une lutte spirituelle constante contre les principautés et les puissances du mal qui cherchent à renverser l'Église et à l'empêcher d'évangéliser le monde. Nous savons qu'il nous faut revêtir l'armure de Dieu et combattre avec les armes spirituelles de la vérité et de la prière. Nous discernons l'activité de notre ennemi, non seulement dans les fausses idéologies répandues dans le monde, mais encore à l'intérieur même de l'Église, dans les évangiles falsifiés qui tordent le sens des Écritures et qui mettent l'homme à la place de Dieu. Nous avons besoin de vigilance et de discernement pour maintenir l'Évangile biblique. Nous reconnaissons que nous-mêmes ne sommes pas à l'abri de l'esprit du monde en ce qui concerne notre pensée et notre action, c'est-à-dire que nous cédons au sécularisme. Par exemple, bien que des études attentives de la croissance numérique et spirituelle des Églises soient utiles et justifiées, nous les avons parfois négligées. D'autres fois, dans notre désir de voir les gens répondre à l'Évangile, nous avons engagé notre message dans des compromis, nous avons manipulé nos auditeurs par des pressions psychologiques, nous nous sommes trop préoccupés de statistiques et nous avons manqué d'intégrité en les utilisant. Tout cela porte la marque du monde. L'Église doit être dans le monde ; le monde ne doit pas être dans l'Eglise.

13. Liberté et persécution

Dieu a chargé tous les gouvernements d'assurer des conditions de paix, de justice et de liberté dans lesquelles l'Église peut lui obéir, servir Christ le Seigneur et prêcher l'Évangile sans empêchement. C'est pourquoi nous prions pour les chefs des nations et nous leur demandons de garantir la liberté de pensée et de conscience, ainsi que celle de pratiquer la religion et de la propager selon la volonté de Dieu et conformément à la Déclaration Universelle des Droits de l'Homme. Nous sommes intensément préoccupés de tous ceux qui ont été injustement emprisonnés. Nous pensons particulièrement à nos frères qui souffrent à cause de leur témoignage au Seigneur Jésus. Nous promettons de prier et d'agir pour leur libération. En même temps, nous refusons de nous laisser intimider par leur sort. Avec l'aide de Dieu, nous chercherons aussi à nous opposer à l'injustice et à rester fidèles à l'Évangile, quel qu'en soit le prix. Nous nous souvenons de l'avertissement de Jésus : la persécution est inévitable.

14. La puissance du Saint-Esprit

Nous croyons en la puissance du Saint-Esprit. Le Père a envoyé son Esprit pour témoigner de son Fils ; sans son témoignage, le nôtre est vain. L'Esprit produit en nous la conviction de péché, la foi dans le Christ, la nouvelle naissance et la croissance dans la vie chrétienne. D'autre part le Saint-Esprit est un esprit missionnaire : ainsi l'évangélisation devrait jaillir spontanément d'une Église remplie de l'Esprit. Lorsqu'une Église n'est pas missionnaire, elle est en contradiction avec elle-même et elle éteint l'Esprit. Une évangélisation à l'échelle mondiale ne deviendra une possibilité réelle que lorsque l'Esprit renouvellera l'Église dans la vérité et la sagesse, la foi, la sainteté, l'amour et la puissance. C'est pourquoi nous demandons à tous les chrétiens de prier Dieu pour une telle visitation de son Esprit souverain, afin que son fruit soit manifesté en tous ceux qui lui appartiennent et que tous ses dons puissent enrichir le Corps du Christ. Alors seulement, l'Église entière deviendra un instrument utile dans sa main et toute la terre pourra entendre sa voix.

15. Le retour du Christ

Nous croyons que Jésus, en personne, reviendra de façon visible, dans la puissance et dans la gloire, pour parachever son salut et son jugement. Cette promesse de retour est un stimulant supplémentaire pour notre évangélisation, car nous nous rappelons qu'il a dit que l'Évangile doit être d'abord prêché à toutes les nations. Nous croyons que cette période intermédiaire entre l'ascension et le retour du Christ doit être remplie de l'activité missionnaire du peuple de Dieu qui n'a pas le droit de s'arrêter avant la fin. Nous nous souvenons aussi qu'il nous a avertis : de faux christs et de faux prophètes se lèveront, précurseurs de l'Antéchrist final. C'est pourquoi nous rejetons, comme rêve orgueilleux et présomptueux, l'idée que l'homme puisse jamais édifier sur terre un règne de paix et de bonheur. Nous croyons que Dieu rendra parfait son royaume et, avec un ardent désir, nous attendons ce jour ainsi que les nouveaux cieux et la nouvelle terre où la justice habitera et où Dieu règnera pour toujours. Entre-temps, nous nous consacrons de nouveau au service du Christ et à celui des hommes, en nous soumettant avec joie à son autorité sur nos vies tout entières.

Conclusion

Puisque telle est notre foi et notre résolution, nous nous engageons par une alliance solennelle avec Dieu, et les uns avec les autres, à prier, à dresser des plans et à œuvrer ensemble pour l'évangélisation du monde entier. Nous appelons autrui à se joindre à nous. Que Dieu nous aide par sa grâce et pour sa gloire à être fidèles à cette alliance ! Amen ! Alléluia !

Glossaire

Hannes Wiher

Dans ce glossaire nous vous proposons sous forme de thèses et dans une perspective missiologique la définition de certains termes.

Contextualisation

Dans la perspective évangélique la contextualisation est le processus dynamique et intégral par lequel l'Évangile est « incarné » à l'image de la vie de Jésus-Christ (Jn 1.14) dans une situation concrète, à la fois historique et culturelle. Ceci se fait d'une telle manière que l'Évangile s'exprime authentiquement dans un contexte local, tout en transformant ce contexte de manière prophétique. La contextualisation cherche à rendre le peuple de Dieu capable de vivre selon l'Évangile dans l'obéissance à Christ dans ses cultures et ses situations. Elle implique une rencontre critique et prophétique entre Évangile et culture.

Dialogue

Dans la perspective évangélique le dialogue est une technique efficace de communication qui soutient l'annonce de l'Évangile en vue de persuader l'autre (Jn 16.8). Il implique une ouverture à l'autre tout en gardant une conscience de la différence. Dans la perspective pluraliste le dialoguant s'ouvre au croyant de l'autre religion au risque de se convertir à sa religion. Selon cette position, si l'idée de la persuasion est maintenue, elle instrumentalise le dialogue.

Ecclésiologie

L'ecclésiologie, sujet de la théologie systématique, traite de la doctrine de l'Église (du grec *ekklèsia*).

Église

L'Église est le corps du Christ rassemblant les hommes qui se sont mis à la disposition de Dieu et ont passé par une nouvelle naissance. L'assemblée, peuple de Dieu, est appelée à vivre une communauté alternative démontrant l'intention initiale de Dieu pour l'homme et la société. L'Église s'engagera dans tous les aspects de la vie chrétienne et humaine : adoration de Dieu, communion fraternelle, enseignement et discipulat, visites, témoignage et services socio-politiques en tout genre.

Église missionnaire

L'Église est envoyée dans le monde comme Jésus est envoyé par son Père (Jn 20.21). L'Église existe pour la mission dans le monde, et dans ce sens l'Église est « missionnaire par nature ». La dimension missionnaire de l'Église devrait se manifester dans l'être entier et dans toutes les activités et structures de l'Église. La dimension missionnaire se manifeste surtout quand l'Église se tourne vers les hommes qui l'entourent et s'engage pour eux. Mais dans l'histoire beaucoup d'Églises n'ont pas fait preuve de cet élan missionnaire, contrairement à l'image de l'Église d'Antioche. L'Église devient missionnaire seulement quand ses membres sont remplis de l'Esprit du Dieu missionnaire. Dans ce sens, l'Église n'est pas « missionnaire par nature », mais « missionnaire par vocation », vocation qui doit être actualisée dans l'obéissance de la foi et dans la puissance de l'Esprit.

Évangile

L'Évangile est la Bonne Nouvelle que Dieu règne et qu'il a envoyé le Roi-Messie (Christ) Jésus pour sauver l'humanité. Ainsi le mot « Évangile » décrit le cœur des promesses de salut de l'Ancien Testament, la venue, la souffrance et la résurrection de Jésus de Nazareth comme fondement du salut pour quiconque croit, l'annonce de cet événement et le genre littéraire des évangiles qui en résulte. Dans ce sens toute la Bible est porteuse d'une bonne nouvelle et constitue la Bonne Nouvelle. La Bible entière doit contrôler les critères qui permettent de discerner la Bonne Nouvelle d'une mauvaise qui se déguise en bonne nouvelle.

Évangélique

Le mot « évangélique » désigne ce qui est conforme à l'Évangile. Des chrétiens de sensibilités diverses l'ont utilisé dans ce sens, particulièrement depuis la Réforme au XVIe siècle. Historiquement les évangéliques ont leurs racines dans la Réforme, la « Réforme radicale » des anabaptistes, le Piétisme allemand, le Méthodisme anglais, les réveils anglo-saxons, pentecôtistes et charismatiques. L'identité évangélique n'est pas liée à une dénomination, mais constitue plutôt un mouvement qui traverse les dénominations. Théologiquement les évangéliques se rallient autour de points théologiques fondamentaux comme l'infaillibilité des Écritures, la divinité du Christ, sa naissance virginale, sa mort expiatoire, sa résurrection corporelle et son retour personnel. Dans une perspective socio-théologique les traits communs des évangéliques peuvent être présentés ainsi : biblicisme, crucicentrisme, conversionisme et activisme missionnaire.

Évangélisation

Les données bibliques permettent deux interprétations du mot « évangéliser » (du grec *euangelizomai*) qui se trouvent représentées dans le monde évangélique : d'une part l'évangélisation peut désigner l'annonce verbale de l'Évangile. Dans ce sens, l'évangélisation est synonyme de la prédication (ou proclamation) de l'Évangile (*kèrussô to euangelion*). De ce point de vue l'évangélisation a la priorité sur l'action sociale. Dans cette interprétation l'évangélisation est distinguée de la mission qui elle, englobe toutes les activités verbales et non verbales liées à la proclamation et à la présentation de l'Évangile. D'autre part, l'évangélisation peut désigner toutes les activités du ministère de Jésus-Christ et des apôtres, englobant tous les aspects de la communication de l'Évangile, y compris l'annonce verbale. Cette deuxième interprétation englobe donc la première. Dans cette interprétation l'évangélisation est synonyme des notions de « faire des disciples » et aussi de « mission ». De ce point de vue la priorité revient à la destinée éternelle de l'homme, à l'initiative rédemptrice de Dieu, et non pas à l'activité verbale ou non-verbale. La première interprétation est la position traditionnelle des évangéliques, la dernière est celle du Mouvement de Lausanne. Elle englobe la première et conduit à la notion de « mission intégrale ».

Herméneutique

L'herméneutique a pour objet l'interprétation de tout texte nécessitant une explication, et plus particulièrement des textes sacrés. Du grec *hermèneutikós* (« art d'interpréter »), du nom du dieu grec *Hermès*, nom du messager des dieux et interprète de leurs ordres.

Inculturation

Originellement l'inculturation est un terme anthropologique qui décrit le processus d'adaptation d'un adulte à une culture étrangère avec échange culturel au niveau de la langue et du symbolisme de la communication. À cet effet il est à différencier du terme « enculturation » qui désigne en anthropologie l'apprentissage d'une culture par un enfant. En 1977 le mot fut adopté par l'Église catholique pour remplacer les termes « adaptation » et « accommodation », correspondant ainsi au terme « œcuménique » de contextualisation. La notion catholique d'inculturation se distingue de la notion de contextualisation par un manque de distanciation critique entre Parole de Dieu et culture et une continuité entre l'incarnation du Christ et de l'Église dans le monde : selon elle, en Christ s'amorce l'incarnation du Verbe dans le monde.

Mission

Désignant étymologiquement un « envoi », la mission est plus généralement aujourd'hui le fait de confier une responsabilité ou une tâche à accomplir. Dans la perspective biblique, la mission est fondée sur le fait que Dieu le Père a envoyé le Fils et, avec le Fils, a envoyé l'Esprit dans notre monde dans l'intention de rétablir la relation entre l'homme et lui. Ce Dieu missionnaire veut intégrer tout disciple, donc l'Église, dans sa mission pour que des hommes de tout peuple et de toute culture viennent à sa connaissance, se mettent à sa disposition et se rassemblent dans des Églises. La mission de l'Église implique donc le franchissement de barrières linguistiques, sociales, culturelles et religieuses, mais surtout de la barrière entre la foi et son absence par une communication intégrale et transculturelle de l'Évangile. Elle vise la conversion des hommes à Dieu, le disciplat et l'implantation d'Églises et finalement la gloire de Dieu. Elle commence dans notre localité et va jusqu'aux « extrémités de la terre » (Ac 1.8). La différenciation entre « mission intérieure » et « mission extérieure » ou « mission mondiale » n'a donc qu'une valeur indicative.

Mission de Dieu (*missio Dei*)

Historiquement la « mission de Dieu » désignait dans la théologie catholique médiévale les « processions divines » : l'envoi du Fils par le Père et celui de l'Esprit par le Père et le Fils. C'est Ignace de Loyola, fondateur de la Compagnie de Jésus, qui a adapté la notion à l'« envoi de missionnaires par le pape » désignant ainsi la « mission de l'Église ». Dans la reprise du terme par le mouvement œcuménique la notion de « mission de Dieu » devient le fondement théologique de toute mission. L'Église étant parfois un obstacle à la mission de Dieu dans le monde, la mission de l'Église a été marginalisée et séparée de la mission de Dieu dans certaines positions œcuméniques. Dans la perspective évangélique la mission de Dieu désigne l'initiative rédemptrice de Dieu dans l'histoire envers sa création. Elle inclut donc l'élection et la formation de son peuple Israël, et puis la formation et l'envoi en mission de l'Église. Dans la perspective évangélique la mission de Dieu et la mission de l'Église sont étroitement liées.

Mission intégrale (ou holistique)

Le terme de « mission intégrale » ou « mission holistique » décrit l'idée que la mission de l'Église inclut la proclamation et la présentation de l'Évangile par l'être, le faire et le dire, par la présence des témoins, leurs paroles et leurs actes. Dépassant la simple annonce de l'Évangile la notion de mission intégrale comprend l'idée que l'Église est appelée à refléter la vie du Dieu trinitaire dans le monde.

Missionnaire

L'adjectif « missionnaire » décrit tout ce qui fait partie de la mission. Pour éviter toutes les connotations négatives de la mission liées au mouvement d'expansion de l'Église occidentale dans le cadre du colonialisme et pour distinguer l'adjectif « missionnaire » du nom « missionnaire », qui désigne « l'envoyé » (principalement d'une société missionnaire), le néologisme « missionnel » a été introduit, surtout dans le monde anglophone. En rapport avec cette variante (anglophone) de l'adjectif, le terme « missionné » désigne, dans le monde séculier francophone, celui qui est chargé d'une « mission ».

Missionnel

Voir Missionnaire.

Nations

Le terme « les nations » est dans la plupart des versions bibliques la traduction de l'hébreu *gôyîm*, du grec *ethnè* et du latin *gentiles* signifiant « les peuples (non-juifs) » distingués du « peuple de Dieu (juif) », choisi pour être intermédiaire (« prêtre ») entre Dieu et les nations (Ex 19.5s). Le terme renvoie à la promesse de Dieu que toutes les familles (*mishpehot*) de la terre seront bénies en Abraham (Gn 12.3). Les connotations antiques du terme « nation » comprenaient l'ethnicité, la langue, la parenté, l'histoire, le territoire et la religion. C'est donc un terme qui peut désigner à la fois un état politique et un groupe socio-culturel qui parle la même langue et qui a une même culture et identité, donc « une ethnie ». Le renvoi à Genèse 12 rapproche beaucoup plus du sens d'« ethnie ». En conséquence, quelques versions bibliques traduisent les termes hébreux, grecs et latins dans certains contextes par « les non-Juifs » ou « les Grecs ». Les peuples non-juifs étant des peuples non-croyants, le champ sémantique du terme « les nations » se recoupe avec celui du terme « les païens ».

Païens

Littéralement « le campagnard » (du latin *paganus*), le terme désignait originellement la population paysanne établie en dehors des centres urbains de l'empire romain et non encore gagnée à la foi chrétienne. Le terme désignait donc « les non-croyants ». En opposition à sa connotation péjorative en milieu séculier moderne, le terme est utilisé en milieu évangélique sans connotation négative pour désigner tout « non-croyant ». En analogie, le terme « paganisme » dénote le monde non-croyant. Dans le monde scientifique en dehors des sciences bibliques il est considéré comme obsolète et remplacé par le terme « animisme » ou des termes descriptifs.

Peuple non atteint

Un peuple dont l'Église autochtone n'a pas la taille, le dynamisme et les moyens pour l'évangéliser. Des missionnaires étrangers sont donc nécessaires pour l'évangéliser. Le terme était anciennement défini par des critères chiffrés.

À titre d'exemple : un peuple non atteint est un peuple avec moins de 5 % de chrétiens, moins de 2 % d'évangéliques et plus de 50 % de non évangélisés.

Pour aller plus loin

Blair, P. A., « Païens », *Le Grand Dictionnaire de la Bible*, Charols, Excelsis, 2004, p. 1168-1169.
Goldsworthy, Graeme L., « Évangile », *Dictionnaire de théologie biblique*, Charols, Excelsis, 2006, p. 574-578.
Köstenberger, A. J., « Mission », *Dictionnaire de théologique biblique*, Charols, Excelsis, 2006, p. 754-759.
Kuen, Alfred, *Qui sont les évangéliques ? Identité, unité et diversité du mouvement*, St-Légier, Emmaüs, 1998.
Stott, John, *Mission chrétienne dans le monde moderne*, Lavigny, Groupes Missionnaires, 1977.
Wiher, Hannes, « Qu'est-ce que la mission ? », in *La mission de l'Église au XXIe siècle. Les nouveaux défis*, Charols, Excelsis, 2010, p. 9-21. Version révisée et élargie dans *Théologie Évangélique* 9, 2, 2010, p. 123-140.
Wright, Christopher, *La mission de Dieu. Fil conducteur du récit biblique*, Charols, Excelsis, 2012.

Bibliographie

Cette bibliographie composée par la rédaction présente une sélection d'ouvrages d'introduction et d'approfondissement sur les sujets traités dans cet ouvrage. Les ouvrages en français précèdent les ouvrages en anglais. Les sujets sont classés dans l'ordre alphabétique.

Christianisme en Afrique : sa contribution au christianisme mondial

DANIEL, ROBIN, *L'héritage chrétien en Afrique du Nord*, Torremolinos, Tamaris, 2008.

KÄ MANA, « L'Afrique, une chance pour le christianisme mondial », *Perspectives missionnaires* 34, 1997.

ODEN, Thomas C., *Comment l'Afrique a façonné la pensée chrétienne. La redécouverte du terreau du christianisme occidental*, trad. Alain BOUFFARTIGUES, Saint Albain, Publications pour la Jeunesse africaine, 2011.

Christianisme en Afrique : son histoire

BLANDENIER, Jacques & BLOCHER, Jacques, *Précis d'histoire des missions*, 2 vol., Nogent-sur-Marne/Lavigny, Institut Biblique de Nogent/Groupes Missionnaires, 1998-2003 (chapitres sélectionnés).

FALK, Peter, *La croissance de l'Église en Afrique*, Kinshasa, Institut Supérieur Théologique de Kinshasa, 1985.

FAURE, Jean, *Histoire des missions et Églises protestantes en Afrique occidentale des origines à 1884*, Yaoundé, CLÉ, 1978.

ISICHEI, Elizabeth, *A History of Christianity in Africa*, Londres, SPCK, 1995.

SCHAAF, Ype, *Histoire et rôle de la Bible en Afrique*, trad. A. & M. SPINDLER, Lavigny, Groupes Missionnaires, 1994 (2ᵉ éd. : Saint-Légier, Emmaüs, 2012).

Christianisme en Afrique : sa mission

KÄ MANA, *La mission de L'Église africaine*, Yaoundé, Cipro, 2005.

KOUAKOU, Kouadio, « Les méthodes d'évangélisation en Côte d'Ivoire », Mémoire, Faculté libre de théologie évangélique, Vaux-sur-Seine, 1975.

LYGUNDA, Fohle, *Mission aujourd'hui. Tendances théologiques et enjeux stratégiques dans le contexte africain*, Bruxelles/Kinshasa, Mabiki, 2011.

NAJA, Ben & SY, Moussa, *Bénir les enfants d'Ismaël. Manuel de l'ouvrier travaillant parmi les peuples de culture et de religion différentes*, Nuremberg, VTR, 2012.

NGOY, Mukulu Salvador, « L'évangélisation publique et personnelle en milieu luba-shankadi », Mémoire de Master de recherche présenté à la Faculté de théologie évangélique de Bangui, 2011.

SONGO, N., « L'évangélisation parmi les jeunes du Bas-Zaïre », Mémoire, Faculté libre de théologie évangélique, Vaux-sur-Seine, 1974.

TUBENZELE, Philippe Kanku, *L'Afrique est à construire. La responsabilité spirituelle*, Bern, Lang, 2007.

WIHER, Hannes, « Évangélisation transculturelle », in *Dictionnaire de théologie pratique*, sous dir. Christophe PAYA, Charols, Excelsis, 2011, p. 372-378.

Contextualisation

BOSCH, David, « La mission comme contextualisation », in *Dynamique de la mission chrétienne*, Paris/Genève, Karthala/Labor et Fides, 1995, p. 565-579.

COOK, Matthew et al. (sous dir.), *L'Église mondiale et les théologies contextuelles. Une approche évangélique de la contextualisation*, Commission théologique de l'Alliance Évangélique Mondiale, Nuremberg/Écublens/Charols, VTR/AME/Excelsis, 2015.

DOWSETT, Rose, *Global Mission. Reflections and Case Studies in Contextualization for the Whole Church*, Commission mission de l'Alliance Évangélique Mondiale, Pasadena, William Carey Library, 2011.

FLEMMING, Dean E., *Contextualization in the New Testament. Patterns for Theology and Mission*, Leicester, Apollos, 2005.

HIEBERT, Paul G., « Une contextualisation critique », in *Mission et culture*, Saint-Légier, Emmaüs, 1998, p. 191-216.

KRAFT, Charles H., *Christianity in Culture. A Study in Dynamic Biblical Theologizing in Cross-Cultural Perspective*, éd. rév., Maryknoll, Orbis, 2005 (1re éd. 1979).

KRAFT, Charles H. (sous dir.), *Appropriate Christianity*, Pasadena, William Carey Library, 2005.

TIÉNOU, Tite, « A Three-Dimensional Method for Forming Indigenous Theologies », in *Toward the 21st Century in Christian* Mission, sous dir. James M. PHILLIPS & Robert T. COOTE, Grand Rapids, Eerdmans, 1993, p. 249-250.

Toren, Benno van den, « Une Confession de foi contextualisée pour des chrétiens pygmées Aka. Former des disciples dans la forêt équatoriale », *Perspectives missionnaires* 58, 2, 2009, p. 18-32.

Wiher, Hannes, « Qu'est-ce que la contextualisation ? », et « Une contextualisation critique : méthodologie et exemples pratiques », dans Cook, Matthew *et al.* (sous dir.), *Église mondiale et théologies contextuelles. Une approche évangélique de la contextualisation*, Nuremberg/Écublens/Charols, VTR/AME/Excelsis, 2015, p. 1-39, 283-309.

Wiher, Hannes, « Toucher les êtres humains en profondeur (première partie) », *Théologie Évangélique* 12, 1, 2013, p. 69-85.

Wiher, Hannes, « Toucher les êtres humains en profondeur (deuxième partie) », *Théologie Évangélique* 12, 3, 2013, p. 61-88.

Zorn, Jean-François, « La contextualisation. Un concept théologique ? », *Revue d'Histoire et de Philosophie religieuses* 77, 2, 1997, p. 171-189.

Culture

Badenberg, Robert, *La conception de l'homme dans les cultures étrangères. Guide d'investigation personnelle*, préface de Lothar Käser, Charols, Excelsis, 2011.

Käser, Lothar, *Animisme. Introduction à la conception du monde et de l'homme dans les sociétés axées sur la tradition orale*, préface de Marc Spindler, Charols, Excelsis, 2010.

Käser, Lothar, *Voyage en culture étrangère. Guide d'ethnologie appliquée*, préface de Marc Spindler, Charols, Excelsis, 2008.

Culture africaine

Kagamé, André, *La philosophie Bantu comparée*, Paris, Présence africaine, 1976.

Mbiti, John S., *Religions et philosophies africaines*, Yaoundé, CLÉ, 1972.

Mulago, Vincent, *La religion traditionnelle des Bantu et leur vision du monde*, 2e éd. revue et corrigée, Kinshasa, Faculté de théologie catholique, 1980.

Sanon, A., *Religion et spiritualité africaine. La quête spirituelle de l'humanité africaine*, Kinshasa, Facultés Catholiques, 1990.

Démographie africaine

Johnstone, Patrick, *L'Église mondiale. Quel avenir ?* Nuremberg/Écublens/Charols, VTR/AME/Excelsis (à paraître).

Mandryk, Jason, *Flashes sur le monde*, Nuremberg/Écublens/Charols, VTR/AME/Excelsis (à paraître).

Mugambi, J. N. K., « Christianity in Africa, 1910-2010 » in *Atlas of Global Christianity*, sous dir. Todd Johnson & Kenneth Ross, Édimbourg, Edinburgh University Press, 2009, p. 110-111.

Severino, Jean-Michel & Ray, Olivier, *Le Temps de l'Afrique*, Paris, Odile Jacob, 2010.

Soudan, François *et al.*, « Un milliard d'Africains », *Jeune Afrique* n° 2550, 22 au 28 novembre 2009, p. 24-30.

Diaspora africaine

Adogame, Afe, Gerloff, Roswitha & Hock, Klaus (sous dir.), *Christianity in Africa and the African Diaspora*, London, Continuum, 2009.

Asamoah-Gyadu, J. Kwabena, « African Initiated Christianity in Eastern Europe. Church of the "Embassy of God" in Ukraine », *International Bulletin of Missionary Research* 30, 2, 2006, p. 73-75.

Ter Haar, Gerrie, *Halfway to Paradise. African Christians in Europe*, Cardiff, Cardiff Academic Press, 1998.

Watto, Djamba Albert, « L'engagement des Églises issues de l'immigration pour la mission », in *La mission de l'Église au XXIe siècle. Les nouveaux défis*, sous dir. Hannes Wiher, Charols, Excelsis, 2010, p. 83-92.

Discipulat axé sur la mission

Gatera, Simon Pierre, *Discipulat axé sur la mission. Un moyen de mobilisation efficace de l'Église pour la mission en Afrique francophone*, Nuremberg, VTR Publications, 2009.

Églises d'initiative africaine

Andria, Solomon, « Le christianisme céleste en Côte d'Ivoire », Mémoire, Faculté libre de théologie évangélique, Vaux-sur-Seine, 1987.

Akinyele, Y., *Cherubim and Seraphim*, New York, NOK Publishers, 1982.

Anderson, Allan H., « African Pentecostalism and the Ancestors », *Missionalia* 21, 1, 1993, p. 26-39.

ANDERSON, Allan H., *African Reformation. African Initiated Christianity in the 20th Century*, Trenton, NJ, Africa World Press, 2001.
AYEGBOYIN, Deji & ISHOLA, S. Ademola, *African Indigenous Churches*, Lagos, Nigéria, Greater Heights, 1997.
BARRETT, David B., ed., *African Initiatives in Religion*, Nairobi, East African Publishing House, 1971.
BARRETT, David B., *Schism and Renewal in Africa. An Analysis of 6000 Contemporary Religious Movements*, Nairobi, Oxford University Press, 1968.
GILLILAND, Dean S., « Peut-on appeler "chrétiennes" les églises indépendantes d'Afrique ? », *Perspectives missionnaires* 17, 1989, p. 43-63.
KUTI, Mbuiti, « Étude sur les structures de l'Église de Jésus-Christ sur la terre par le prophète Simon Kimbangu », Mémoire, Faculté libre de théologie évangélique, Vaux-sur-Seine, 1997.
MARTIN, Marie-Louise, *Église sans Européens (Le Kimbanguisme)*, Genève, Labor et Fides, 1972.
MULULENDO, Zola, *Église kimbanguiste et théologie africaine*, Kinshasa, FCK, 1989.
POBEE, John S. & OSITELU, Gabriel II, *African Initiatives in Christianity. The Growth, Gifts and Diversities of Indigenous African Churches. A Challenge to the Ecumenical Movement*, Geneva, WCC, 1998.
SHANK, David, « Bref résumé de la pensée du prophète William Wade Harris », *Perspectives missionnaires* 5, 1983, p. 34-44.
TURNER, Harold W., *History of an African Independent Church. Church of the Lord (Aladura)*, 2 vols., Oxford, Clarendon, 1967.

Église et mission

WIHER, Hannes, « Église et mission », in *Bible et mission. Vers une théologie évangélique de la mission*, sous dir. Hannes WIHER, Charols, Excelsis, 2012, p. 173-194.
WIHER, Hannes, « Relations mission-Église », in *Dictionnaire de théologie pratique*, sous dir. Christophe PAYA, Charols, Excelsis, 2011, p. 597-604.

Évangile et culture

KAPOLYO, Joe M., *L'homme. Vision biblique et africaine*, Marne-la-Vallée, Farel, 2007.
La culture au risque de l'Évangile. Rapport de Willowbank, Lausanne, Presses Bibliques Universitaires, 1978.

MAIRE, Charles-Daniel, *Parole de Dieu – cultures des hommes*, Valence, Ligue pour la Lecture de la Bible, 2006.

MAKANZU, M., *Les ancêtres et ma foi*, Kinshasa, ECZ, 1980.

TARYOR, Nya Kwiawon, Sr., *Impact of the African Tradition on African Christianity*, Chicago, The Struggler's Community Press, 1984.

WALLS, Andrew, « L'Évangile, prisonnier et libérateur de la culture », *Hokhma* 30, 1985, p. 78ss.

WIHER, Hannes, *L'Évangile et la culture de la honte en Afrique occidentale*, Mission scripts 21, Bonn, VKW, 2003.

Implantation d'Églises

HIEBERT, Paul G., « La quatrième autonomie », in *Mission et culture*, sous dir. Paul HIEBERT, St-Légier, Emmaüs, 1998, p. 217-255.

HODGES, Melvin L., *Un guide pour l'implantation d'Églises. Information pratique pour l'établissement d'Églises missionnaires*, trad. de l'anglais, Bruxelles, Assemblées de Dieu, 1977.

ONUNWA, Udobata, « The Ministry in the Local Church. Roles and Involvement », in *Issues in African Christian Theology*, sous dir. Samuel NGEWA, Mark SHAW & Tite TIÉNOU, Nairobi, East African Educational Publishers, 1998.

Islam

GABRIEL, Mark A., *Jésus et Mahomet*, Lausanne, La Maison de la Bible, 2007.

MAURER, Andreas, *L'abc de l'Islam*, éd. revue et augmentée, Romanel-sur-Lausanne, Ourania/La Maison de la Bible, 2008.

SCHIRRMACHER, Christine, *L'islam. Histoire, doctrine, actualité*, Charols, Excelsis, 2016.

Islam en Afrique subsaharienne

BIERSCHENK, Thomas & STAUTH, Georg (sous dir.), *Islam in Africa*, Münster, LIT, 2002.

BONGOYOK, Moussa, « The Rise of Islamism among the Sedentary Fulbe of Northern Cameroon. Implications for Theological Responses », Fuller Theological Seminary, Pasadena, February 2006.

CISSÉ, Seydou, *L'enseignement islamique en Afrique noire*, Paris, L'Harmattan, 1992.

CUOQ, Joseph M., *Les musulmans en Afrique*, Paris, Maisonneuve/Larose, 1975.

LAPIDUS, Ira M., *A History of Islamic Societies*, Cambridge, Cambridge University Press, 1988.

LEVTZION, Nehemia & POUWELS, Randall L. (sous dir.), *The History of Islam in Africa*, Athens, OH, Ohio University Press, 2000.

MONTEIL, Vincent, *L'islam noir. Une religion à la conquête de l'Afrique*, Paris, Seuil, 1980.

MOREAU, René Luc, *Africains musulmans*, Paris/Abidjan, Inades, 1982.

NGOUPANDÉ, Jean-Paul, *L'Afrique face à l'islam. Les enjeux africains de la lutte contre le terrorisme*, Paris, Albin Michel, 2003.

ROBINSON, David, *Muslim Societies in African History*, New York, Cambridge University Press, 2004.

SIDZA, Seti Kwami & ADRAKE, Komi Dzinyefa, *Islam et christianisme en Afrique*, Yaoundé, CLÉ, 2005.

Mission et pauvreté (mission intégrale)

BLANDENIER, Jacques, *Les pauvres avec nous*, Valence, Ligue pour la Lecture de la Bible, 2006.

CHESTER, Timothy, *La responsabilité du chrétien face à la pauvreté. Quel équilibre entre évangélisation et travail social ?* Marne-la-Vallée, Farel, 2006.

COTTERELL, Peter, *Mission and Meaninglessness. The Good News in a World of Suffering and Disorder*, London, SPCK, 1996.

HILLION, Daniel, « Actes 14.8-20 : L'action de Dieu dans le monde. Modèle pour une "mission intégrale" », *Théologie Évangélique* 10, 3, 2011, p. 224-239.

MYERS, Bryant L., *Walking With the Poor*, Maryknoll, Orbis, 2004.

Mission médicale (lutte contre le Sida)

BECKER, Charles, « Les Églises et le sida en Afrique », *Perspectives missionnaires* 27, 1994, p. 66-76.

ERIKSSON, Elisabeth, « Implication of Religious Leaders in the Prevention of AIDS in Africa », in *Swedish Missiological Themes*, Uppsala, Swedish Institute of Mission Research, 2011, p. 119-136 (recension dans *Persectives Missionnaires* n° 63, 1, 2012, p. 75).

HASPEL, Michael, « Christian Sexual Ethics in a Time of HIV/AIDS. A Challenge for Public Theology », *Verbum et Ecclesia* 25, 2, 2004, p. 1-22.

KALEMBA, Mwambazambi, « A Missiological Reflection on: African Ecclesiology », *Verbum et Ecclesia* 32, 1, 2011, p. 1-8.

Massamba ma Mpolo, *Amour, sexualité et mariage*, Kinshasa, CEPROPASKI, 1985.

Ross, Kenneth R., « The HIV/AIDS Pandemic. What Is at Stake for Christian Mission ? », *Missiology* 32, 2004, p. 337-348.

Roulin, Dominique, « SIDA et mission de l'Église », *Perspectives missionnaires* 41, 1, 2001, p. 51-56.

Saayman, Willem, « Le défi persistant du Sida. Un missiologue sud-africain s'interroge », *Perspectives missionnaires* 40, 2, 2000, p. 21-36.

Santedi, Léonard, *La mission prophétique de l'Église-famille de Dieu en Afrique. Perspectives post-synodales dans une théologie prophétique pour l'Afrique*, Kinshasa, Médias Paul, 2004.

Mission urbaine

Bakke, Ray & Pownall, André & Smith, Glenn, *Espoir pour la ville. Dieu dans la cité*, coll. Sentier, Québec, La Clairière, 1994.

Banza, Kabuaya, *Empowering African Elites for Christian Praxis. The Experience of the International Church of Pretoria*, Pretoria, UNISA, 2003.

Coninck, Frédéric de, *La ville. Notre territoire, nos appartenances. L'incarnation de l'Évangile dans le tissu urbain d'hier et d'aujourd'hui*, coll. Sentier, Québec, La Clairière, 1996.

Pownall, André, « La mission urbaine », in *La mission de l'Église au XXIe siècle. Les nouveaux défis*, sous dir. Hannes Wiher, Charols, Excelsis, 2010, p. 121-131.

Racine, Jean-Bernard, *La ville entre Dieu et les hommes*, Genève/Paris, Presses Bibliques Universitaires/Anthropos, 1993.

Smith, Glenn (sous dir.), *L'Évangile et le monde urbanisé*, Montréal, Direction chrétienne, 1994.

Mouvement missionnaire africain

Bonnaz, Pascal, *Flashes sur le monde francophone*, Dijon, Éditions missionnaires francophones, 2006.

Bourdanné, Daniel K., « The Rising Mission Force in French-speaking Africa » in *Lausanne Movement Newsletter*, décembre 2011.

Escobar, Samuel, *La mission à l'heure de la mondialisation du christianisme*, Marne-la-Vallée, Farel, 2005.

Hanciles, Jehu, « Missionaries Sent and Received, Africa, 1910-2010 », in *Atlas of Global Christianity*, sous dir. Todd Johnson & Kenneth Ross, Édimbourg, Edinburgh University Press, 2009, p. 264-265.

KIM, Steve Heung Chan, « A New Missions Paradigm and the Growth of Missions from the Majority World », in *Missions from the Majority World. Progress, Challenges, and Case Studies*, sous dir. Enoch WAN & Michael POCOCK, Pasadena, William Carey Library, 2009, p. 1-34.

LYGUNDA, Fohle, *Mission aujourd'hui. Tendances théologiques et enjeux stratégiques dans le contexte africain*, Bruxelles/Kinshasa, Mabiki, 2011.

LYGUNDA, Fohle, *Missiologie appliquée. Identité, formation et recherche dans le contexte africain*, Bruxelles/Kinshasa, Mabiki, 2011.

MANDRYK, Jason, *Flashes sur le monde*, Nuremberg/Écublens/Charols, VTR/AME/Excelsis (à paraître).

ROBERT, Dana L., « Missionaries Sent and Received, Worldwide, 1910-2010 », in *Atlas of Global Christianity*, sous dir. Todd JOHNSON & Kenneth ROSS, Édimbourg, Edinburgh University Press, 2009, p. 259-260.

Pratique évangélique de la mission

WIHER, Hannes (sous dir.), *Bible et mission, vol. 2. Vers une pratique évangélique de la mission*, Charols, Excelsis, 2012.

Théologie africaine

BUJO, Bénézet, *Introduction à la théologie africaine*, Fribourg (Suisse), Éditions Universitaires, 2008.

BUJO, Bénézet & ILUNGA MUYA, Juvénal (sous dir.), *Théologie africaine au XXIe siècle. Quelques figures*, 3 vols., Fribourg (Suisse), Éditions Universitaires, 2002, 2005, 2013.

EBOUSSI-BOULAGA, F.A., *À contretemps. L'enjeu de Dieu en Afrique*, Paris, Karthala, 1991.

ÉLA, Jean-Marc, *Ma foi d'Africain*, Paris, Karthala, 1985.

KÄ MANA, *La mission de l'Église africaine*, Bafoussm, CIPCRE/CEROS, 2005.

MUDIMBE, V.Y., *L'odeur du Père*, Paris, Présence africaine, 1982.

TSHISHIKU, Tshibangu, *La théologie africaine. Manifeste et programme pour le développement des activités théologiques en Afrique*, Kinshasa, Saint-Paul, 1987.

Théologie de la prospérité

BOURDANNÉ, Daniel K., *L'évangile de la prospérité. Une menace pour l'Église africaine*, Abidjan, Presses Bibliques Africaines, 1999.

Conseil National des Évangéliques de France, *La théologie de la prospérité*, Marpent, BLF, 2012.

Keglo, Simon, « La théologie de la prospérité », Mémoire, Faculté libre de théologie évangélique, Vaux-sur-Seine, 1996.

Mutombo Mukendi, Félix, « Les vestiges de la cosmogonie ancestrale dans la théologie de la prospérité en Afrique », *Perspectives missionnaires* 53, 1, 2007, p. 22-34.

Théologie et quête d'identité en Afrique

Bediako Kwame, *Jésus en Afrique. L'évangile chrétien dans l'histoire et l'expérience africaines*, Yaoundé, CLÉ, 2000.

Blok, Matthijs J. C., « Christianisme et quête d'identité en Afrique. La genèse et l'évolution de la théologie africaine dans la tradition ecclésiale catholique romaine », *La Revue Réformée* LV, 228, 3, juin 2004.

Blok, Matthijs, « Christianisme et quête d'identité en Afrique. La contextualisation par transformation, un plaidoyer », *La Revue Réformée* LVIII, 242, 2, avril 2007.

Mbembe, Achille, *Afriques indociles. Christianisme, pouvoir et État en société postcoloniale*, Paris, Karthala, 1988.

Messina, Jean-Paul, *Christianisme et quête d'identité en Afrique*, Yaoundé, CLÉ, 1999. Rééd. élargie : *Culture, christianisme et quête d'une identité africaine*, Paris, L'Harmattan, 2007.

Messina, Jean-Paul, *Engelbert Mveng. La plume et le pinceau – un message pour l'Afrique du IIIe millénaire (1930-1995)*, Yaoundé, UCAC, 2003.

Mveng, Engelbert, *L'Afrique dans l'Église. Paroles d'un croyant*, Paris, L'Harmattan, 1986.

Théologie évangélique en Afrique

Kalemba, Mwambazambi, « A Missiological Reflection on African Ecclesiology », *Verbum et Ecclesia* 32, 1, 2011, p. 1-8.

Kapteina, Detlef, *Une théologie évangélique en Afrique. Naissance et évolution entre 1970 et 2000*, trad. Jean-Jacques Streng, Nuremberg/Écublens/Charols, VTR/AME/Excelsis, 2013.

Tiénou, Tite, « Biblical Foundations for African Theology », *Missiology* 10, 4, 1982, p. 435-448.

Tiénou, Tite, *Tâche théologique de l'Église en Afrique*, Conférences en mémoire de Byang H. Kato, exposés présentés les 17-20 avril 1978 au Séminaire Théologique d'Igbaja, Nigéria, Abidjan, CPE, 1980.

TUBENZELE, Philippe Kanku, *L'Afrique est à construire. La responsabilité spirituelle*, Bern, Lang, 2007.

Théologie évangélique et mondialisation

OTT, Craig & NETLAND, Harold (sous dir.), *Globalizing Theology. Belief and Practice in an Era of World Christianity*, Grand Rapids, Baker, 2006.

Théologie évangélique de la mission

MOREAU, A. Scott *et al.* (sous dir.), *Introducing World Missions. A Biblical, Historical, and Practical Survey*, Grand Rapids, Baker Academic, 2004.
OTT, Craig *et al.*, *Encountering Theology of Mission*, Grand Rapids, Baker Academic, 2010.
WIHER, Hannes (sous dir.), *La mission de l'Église au XXIe siècle. Les nouveaux défis*, Charols, Excelsis, 2010.
WIHER, Hannes (sous dir.), *Bible et mission. Vers une théologie évangélique de la mission*, Charols, Excelsis, 2012.

Théologie trinitaire et missionnaire

ESCOBAR, Samuel, « Nous croyons en un Dieu missionnaire », in *La Mission. À l'heure de la mondialisation du christianisme*, sous dir. Samuel ESCOBAR, Marne-la-Vallée, Farel, 2005, p. 91-104.
TENNENT, Timothy C., *Invitation to World Missions. A Trinitarian Missiology for the Twenty-first Century*, Grand Rapids, Zondervan, 2010.
WIHER, Hannes, « Vers une théologie trinitaire et missionnaire », in *Bible et mission. Vers une théologie évangélique de la mission*, sous dir. Hannes WIHER, Charols, Excelsis, 2012, p. 311-326.
WRIGHT, Christopher J. H., « La Bible et la mission », in *La mission de Dieu. Fil conducteur du récit biblique*, trad. Alexandre Sarran, Charols, Excelsis, 2012, p. 21-69.

Liste des auteurs

Albert Kabuaya Banza est actuellement enseignant de missiologie à l'Institut Facultaire de Théologie et des Sciences Appliquées (IFTSA) à Kinshasa (Congo Démocratique). Il a fait un Master en missiologie à l'Université d'Afrique du Sud (UNISA) à Pretoria avec un mémoire sur le sujet de la mission urbaine intitulé « Empowering African Elites for Christian Praxis. The Experience of the International Church of Pretoria ». Il est responsable du département « Intercession et évangélisation » à l'Église Internationale de Pretoria depuis 1996. Il est en cours de doctorat en missiologie à la même université.

Moussa Bongoyok est titulaire d'un doctorat (Ph.D.) en études interculturelles de Fuller Theological Seminary en Californie aux États-Unis. Il enseigne actuellement dans plusieurs universités américaines dont Biola University et William Carey International University. Il est aussi le Président-Fondateur de l'Institut Universitaire de Développement International (IUDI).

Fohle Lygunda li-M (D.Min. Asbury, États-Unis) est Professeur et chercheur en missiologie, leadership et éducation, et Directeur Académique à l'International Leadership University Burundi. Il est aussi Professeur associé de recherche à North-West University (Afrique du Sud). Auteur de quelques articles et ouvrages dont *Missiologie. Identité, formation et recherche dans le contexte africain*, Dr Lygunda fait son deuxième doctorat (Ph.D.) en missiologie également à North-West University (Afrique du Sud). Il a la passion de promouvoir les études missiologiques en Afrique centrale francophone. Lui et d'autres amis sont en train de mettre sur pied l'Association d'Études Missiologiques en Afrique Centrale (AEMAC).

Simon Pierre Gatera est Président fondateur de la Mission Mondiale la Trompette au Togo (M.M.T.T.) et enseigne le cours sur le Leadership de Development Associates International (D.A.I.) au Togo et dans quelques pays du monde francophone. Il est l'initiateur du cours « Discipulat axé sur la mission » et celui de « Pédagogie appliquée au discipulat axé sur la mission » à l'Institut Missiologique du Sahel (Ouagadougou, Burkina Faso).

Harimenshi Privat-Biber a obtenu son master en théologie à l'Université d'Afrique du Sud (UNISA) en juillet 2011. Actuellement il est en cours de doctorat à la même université. Pendant dix ans il a travaillé avec Campus pour Christ au

Burundi, et a servi comme missionnaire-formateur à Kinshasa pendant cinq ans. Il est fondateur de l'Académie Panafricaine de la Mission à Bujumbura (Burundi). En 2005 il a été professeur assistant au Centre Universitaire de Missiologie (CUM) à Kinshasa (Congo RDC). Aujourd'hui il est professeur visiteur des langues bibliques à l'International Leadership University (ILU) à Bujumbura (Burundi). Il est missionnaire au sein de l'Église évangélique de l'Afrique centrale et membre de son comité exécutif.

Kalemba Mwambazambi est docteur en missiologie (Ph.D. à l'Université d'Afrique du Sud, UNISA), professeur de missiologie à la Faculté de théologie évangélique de Bangui (FATEB) en République centrafricaine, et professeur et chercheur au département de théologie pratique et de missiologie « *Practemus* » à l'Université de Stellenbosch (Afrique du Sud).

Fara Daniel Tolno, doctorant en missiologie à la Faculté Jean Calvin d'Aix-en-Provence (France), est pasteur de l'Église Protestante Évangélique de Guinée (EPEG) et chercheur en implantation d'Églises parmi les musulmans. Depuis 2007 il est professeur d'apologétique et de missiologie à l'Institut de Théologie Évangélique de Conakry (ITEC), au Centre Évangélique de Formation Missiologique (CEFOM), et à l'Institut Biblique de Télékoro (IBT) en République de Guinée, et coordinateur du département Mission-Recherche de l'Alliance des Églises et Missions Évangéliques de Guinée (AEMEG). Titulaire d'un DESS en gestion des ressources humaines il est également professeur associé de ce sujet à l'Institut Supérieur de Formation à Distance (ISFAD), à l'Université Nongo Conakry, à l'Université Monibo Djara et à l'Université Titi Camara de Conakry (République de Guinée).

Hannes Wiher est docteur en théologie et en médecine. Il est professeur associé de missiologie à la Faculté Libre de Théologie Évangélique de Vaux-sur-Seine et à la Faculté Jean Calvin d'Aix-en-Provence (France), professeur visiteur à la Faculté de Théologie Évangélique de Bangui (Centrafrique), et Yaoundé (Cameroun). Il a passé plus de vingt ans en République de Guinée et a enseigné dans plusieurs institutions théologiques en Asie, Afrique et Europe. Il est Coordinateur du Réseau de missiologie évangélique pour l'Europe francophone (REMEEF, www.missiologie.net), et Consultant du Réseau international de réflexion sur les cultures orales (*International Orality Network*, www.orality.net).

Index des noms de personnes

Abraham, Viju 132
Anderson, Rufus 34
Antonien 52
Apollos 30, 86
Athanase 30, 62, 87
Augustin 87, 119

Banza, Albert 1, 133
Barrett, David 35, 113
Batende, Mwene 54
Bebbington, David 18
Bediako, Kwame 35, 63, 64
Bellagamba, Anthony 132, 134
Blandenier, Jacques 1
Boer, Harry 42
Bongoyok, Moussa 1, 64
Bore, Tristan Anne 136
Bosch, David 57, 154, 175
Buxton, Thomas Fowell 27

Clément 87
Cornevin, Marianne 41
Cornevin, Robert 41
Crowther, Samuel Ajayi 32, 64
Cyprien 30, 87, 119

Daïdanso, René 120
Diop, Cheikh Anta 62

Éboussi-Boulaga, Fabien 157
Éla, Jean-Marc 56
Escobar, Samuel 106

Flemming, Dean E. 197
Freeman, Thomas Birch 32, 64

Gatera, Simon Pierre 2

Hammami, Abderrazaq 47
Harimenshi, Privat-Biber 2

Hiebert, Paul G. 199, 205

Jenkins, Philip 121
Johnson, Todd 70
Johnstone, Patrick 21, 113

Kä Mana 62, 157
Käser, Lothar 152
Kimbangu, Simon 32, 52
Koulagna, Jean 33

Lee, Paul 110
Lingenfelter, Sherwood 203, 205
Love, Richard 47
Lovemore, Mbigi 135
Lygunda, Fohle 1, 112

Malphurs, Aubrey 118
Mandryk, Jason 113
Massamba ma Mpolo 173
Matthey, Jacques 8
Mayers, Marvin 203, 205
Mbeki, Thabo 134
Mbiti, John 25, 64, 88, 201, 204
McGavran, Donald 189, 190
McNulty, L. M. 88
Modio, Zambwa 155
Mpadi, Simon-Pierre 52
Mugambi, Joseph 89
Mululendo, Zola 156
Mveng, Engelbert 65
Mwambazambi, Kalemba 1, 65

Ngoupandé, Jean-Paul 65
Nida, Eugène 142
Nyirongo, Léonard 204
Nzongola-Ntalaja, Georges 135

Origène 30, 87

Padilla, René 106
Parshall, Phil 14
Perkins, John 135
Peters, George W. 20
Phan, Peter C. 131
Ponraj, Devasagayam 121
Protten, Jacob 32

Quenum, Alphonse 27

Ray, Olivier 70, 73
Renton, David 135
Robert, Dana 99
Ross, Cathy 113
Ross, Kenneth 70
Rubingh, Eugene 130
Russ, J. 162
Rutter, Ian 5

Sa'a, Yehia 201
Sanneh, Lamin 63
Sanon, A. 155
Santedi, Léonard 177
Severino, Jean-Michel 70, 73
Shembe, Isaiah 52
Sidza, Seeti Kwami 47
Souley, Niandou 167
Spiro, Melford 202
Stott, John 13, 21

Tennent, Timothy C. 13
Tertullien 30, 62, 87, 119
Thomas, M. M. 13
Tolno, Daniel 1, 18, 19, 62, 63
Touré, Sékou 33
Travis, John 14
Tshilenga, Emmanuel 132

van der Walt, Bennie 204
Vanhoozer, Kevin 63
Venn, Henry 34

Walls, Andrew 34
Wiher, Hannes 2, 6, 7, 11, 35, 53, 154
Winter, Ralph 21

Wright, Christopher 186, 192

Zinzendorf, Nicolas de 194
Zorn, Jean-François 195, 196

Index des noms géographiques

Achimota 9
Afrique
    australe 42, 46, 54, 75, 88, 104, 136
    centrale 42, 46, 54, 75, 88, 89, 239, 240
    francophone 1, 2, 39, 40, 45, 46, 47, 48, 49, 85, 88, 89, 90, 92, 93, 94, 95, 96, 97, 118, 119, 120, 121, 122, 124, 125, 126, 127, 129, 130, 131, 132, 134, 135, 139, 140, 142, 146, 149
    occidentale 53, 75, 87, 88, 90
    orientale 49, 75, 88, 92
    septentrionale 42, 75, 88

Bangkok 7, 9
Berlin 10, 29
Béthanie 53

Carthage 87
Chalcédoine 41
Cité Béthel 53

Édimbourg 7, 74
Égypte 40, 41, 42, 43, 48, 62, 86, 119, 123
Éthiopie 41, 43, 86, 88

Herrnhut 194

Ibadan 33

Jérusalem 7, 78, 86, 121, 192

Le Cap 10

Manille 10, 120
Mexico 9

Pattaya 10
Pays berbère 42, 43

Tambaram 8

Wheaton 10
Whitby 8
Willingen 6, 8, 19

Index des sujets

acculturation 144
action missionnaire 28, 100, 124
action sociale 12, 13, 15, 21, 211, 221
Al-Qaeda 48
Aladura 53
Alliance chrétienne et missionnaire 31
Alliance Évangélique Mondiale 31, 196
animisme 97, 152, 153, 156, 157, 158, 199, 224
animiste 43, 44, 70, 152, 156, 199
apôtre 11, 20, 21, 81, 86, 118, 133, 168, 173, 174, 191, 192, 221
Assemblée Chrétienne de Kinshasa 53
Atlas of Global Christianity 70, 74, 75, 76, 101, 103, 104, 112, 113
autonomie 8, 19, 33, 197
autorité 18, 29, 30, 144, 156, 162, 210, 217
autres religions 8, 15, 45, 49, 122, 130, 137

Bible 10, 14, 15, 18, 21, 52, 62, 64, 86, 118, 124, 131, 136, 138, 139, 146, 148, 154, 156, 174, 182, 183, 184, 186, 189, 190, 192, 193, 194, 198, 199, 200, 201, 202, 205, 210, 213, 220
Boko Haram 48
bouddhiste 117, 130

Calvary Ministries 53, 105
Campus pour Christ 120, 239
canon des Écritures 62
catholique 5, 6, 10, 15, 19, 20, 21, 29, 33, 51, 52, 53, 62, 106, 112, 120, 178, 194, 195, 196, 199, 201, 222, 223
centres urbains 43, 129, 130, 224
charismatique 109, 112, 113, 182, 221
christologie 62, 152, 153, 154, 156, 157
Church Missionary Society 31
CIPEM 10, 209

cohabitation 49, 80, 112
collaboration 1, 112, 129, 134, 136, 178, 186, 213
colonialisme 65, 153, 168, 223
colonisation 26, 28, 29, 32, 43, 52, 54, 88, 152, 153, 158
communication 15, 20, 43, 88, 119, 143, 190, 191, 219, 221, 222
congrès missionnaire 95
consécration 194, 198
Conseil œcuménique des Églises 6, 9, 136
contexte 9, 10, 26, 36, 39, 40, 47, 49, 51, 57, 58, 59, 78, 80, 88, 97, 99, 101, 107, 110, 120, 125, 126, 127, 129, 135, 137, 144, 148, 149, 154, 155, 156, 157, 175, 178, 179, 189, 190, 191, 195, 196, 200, 202, 219
contextualisation 34, 53, 65, 127, 148, 153, 191, 194, 195, 196, 197, 198, 201, 205, 206, 219, 222
contextualiser 53, 80, 110
conversion 18, 30, 93, 131, 133, 156, 157, 158, 201, 222
copte 41, 43, 62
Coran 14, 47, 200
corruption 2, 32, 35, 132, 142, 161, 162, 163, 164, 165, 166, 167, 168, 177, 202
couche profonde 198, 201, 205
crise d'identité 152, 158
Croisade pour l'évangélisation du monde 31
croissance 14, 35, 58, 63, 70, 71, 73, 81, 94, 118, 119, 121, 124, 140, 168, 172, 178, 182, 189, 213, 214, 215, 216
culpabilité 163, 202, 203
culture 11, 34, 36, 48, 57, 62, 63, 64, 65, 73, 80, 87, 124, 129, 137, 142, 145, 146, 147, 148, 152, 153, 154, 155, 156, 172, 173, 190, 191, 194, 195,

196, 200, 201, 203, 205, 206, 210, 211, 212, 214, 215, 219, 222, 224
   traditionnelle 2, 64, 139, 142, 143, 144, 145, 149
œcuménique 5, 7, 10, 15, 19, 20, 79, 89, 106, 194, 195, 196, 223

Dawn Ministries 120
définition 2, 6, 8, 13, 18, 19, 20, 21, 22, 30, 197, 205, 219
démocratisation 51
démographie 1, 70, 112
démographique 69, 71, 72, 75, 78, 79, 81, 82, 94
dénomination 105, 118, 134, 181, 221
dénominationnel(le) 95, 105
dérive 46, 48
développement 9, 21, 26, 32, 40, 46, 58, 62, 65, 69, 70, 71, 72, 78, 82, 112, 129, 138, 145, 152, 153, 157, 159, 161, 164, 165, 166, 167, 168, 171, 174, 175, 176, 178, 189, 190, 202, 214
dialogue 7, 13, 14, 15, 106, 146, 148, 152, 210, 219
diaspora 100, 101, 112, 125
Dieu trinitaire 8, 11, 19, 223
disciplulat 21, 108, 112, 124, 146, 194, 201, 220, 222
droits de l'homme 80, 204

ecclésiologie 58, 219
éducation 2, 30, 41, 70, 132, 136, 139, 143, 144, 146, 147, 148, 149, 166, 178, 179, 203
Église 1, 6, 7, 8, 9, 11, 12, 13, 15, 18, 19, 20, 21, 22, 27, 31, 33, 34, 43, 49, 52, 53, 55, 59, 62, 63, 69, 70, 78, 79, 80, 81, 110, 112, 117, 119, 121, 124, 126, 127, 130, 132, 133, 134, 136, 137, 139, 140, 143, 145, 155, 161, 165, 171, 173, 175, 176, 177, 178, 179, 183, 189, 191, 192, 209, 211, 212, 213, 214, 215, 220, 222, 223
   africaine 1, 31, 33, 34, 35, 36
   d'initiative africaine 1, 51, 52, 53,
54, 56, 57, 58, 64, 154, 197
   missionnaire 1, 5, 10, 15, 18, 19, 22, 53, 220
   post-conciliaire 7
émigration 75, 93, 100, 101, 112, 178
Engagement du Cap 193
engagement missionnaire 18, 51, 56, 69, 82, 85, 89, 100, 101, 105
enseignement de la prospérité 181, 182, 183, 184
évangélique 1, 5, 6, 7, 10, 12, 13, 15, 18, 19, 20, 40, 46, 52, 55, 57, 58, 63, 72, 79, 82, 85, 88, 89, 96, 106, 109, 112, 113, 120, 140, 142, 153, 158, 178, 182, 185, 189, 191, 193, 194, 195, 196, 219, 221, 223, 225
évangélisation 1, 8, 10, 11, 12, 21, 31, 32, 34, 35, 36, 49, 51, 55, 56, 58, 63, 65, 76, 77, 82, 102, 109, 119, 120, 124, 126, 131, 133, 143, 145, 156, 157, 199, 201, 209, 211, 212, 213, 214, 215, 216, 217, 221
   en profondeur 58, 171
Évangile 8, 9, 11, 12, 13, 14, 15, 29, 30, 34, 36, 53, 55, 57, 59, 64, 78, 94, 101, 112, 113, 117, 119, 120, 125, 127, 140, 144, 145, 156, 158, 189, 191, 194, 196, 198, 209, 210, 211, 212, 214, 215, 216, 219, 220, 221, 222, 223
évangile de la prospérité 2, 182
exclusiviste 13
exode rural 71, 75, 79, 112
expansion chrétienne 44

famille 25, 54, 57, 80, 86, 101, 112, 121, 143, 153, 171, 172, 173, 175, 177, 202, 203
faux prophète 186, 216
Fédération de Pentecôtistes au Congo 53
Fenêtre 10/40 120
formation 11, 21, 30, 31, 32, 96, 101, 108, 109, 110, 112, 118, 121, 122, 126, 129, 137, 138, 146, 149, 166, 178, 179, 185, 194, 213, 215, 223
former 15, 30, 57, 96, 108, 112, 133,

144, 165, 214
francophone 1, 39, 40, 45, 46, 47, 48, 85, 88, 89, 90, 92, 93, 94, 95, 96, 97, 118, 119, 120, 121, 122, 124, 125, 126, 127, 129, 130, 131, 134, 135, 139, 140, 142, 146, 149, 223, 239
francophonie 88
Frères moraves 193

GCOWE 395 121
groupe ethnique 126

herméneutique 184, 192, 222
hindou 117, 124, 200
holistique 21, 131, 199, 223
honte 173, 179, 202, 203
humanisation 9
humanitaire 21, 100, 107, 134, 179

identité 10, 14, 18, 29, 30, 32, 34, 62, 63, 80, 89, 99, 152, 198, 202, 205, 206, 221, 224
idéologie 76, 152, 210, 212, 215
immigration 76, 93, 112
implantation 1, 21, 33, 54, 101, 117, 118, 119, 120, 121, 124, 126, 129, 130, 222
inclusif 13, 195
inculturation 53, 64, 152, 194, 195, 196, 197, 206, 222
indépendance 12, 32, 43, 44, 53, 63, 65, 103, 120, 151, 194
indépendant 29, 134
indigène 19, 34, 197, 213
indigénisation 195
injustice 35, 130, 177, 210, 212, 214, 216
intégrisme 49
interdénominationnel 95, 105, 107, 110
Interdev 120
International Review of Mission 106
islam 14, 27, 35, 39, 40, 41, 42, 43, 44, 46, 47, 48, 49, 54, 64, 73, 97, 124, 199, 200
    avancée de l' 40, 52
    expansion de l' 42, 43, 44, 45
    pénétration de l' 40, 43

    propagation de l' 41, 44, 45
islam populaire 46, 47
islamisation 41, 42, 45
islamisme 46, 47, 48
islamiste 35, 47, 48

Jeune Afrique 70, 71, 72
jeunesse 71, 76, 79, 112, 205
Jeunesse en Mission 120, 194
justice 9, 12, 15, 32, 58, 131, 162, 164, 167, 211, 212, 214, 215, 217
    économique 9
    sociale 80, 131, 165, 166, 176

Lausanne
    Déclaration de 2, 10, 11, 12, 13, 181, 209
    Mouvement de 2, 181, 182, 186, 193, 221
libéralisme 109
liberté 7, 32, 33, 70, 80, 167, 215
lutte 9, 12, 28, 54, 55, 59, 166, 168, 171, 174, 176, 179, 215

mandat
    créationnel 21, 22
    missionnaire 11, 20, 21, 59, 118, 151, 191, 193
migration 70, 74, 75, 79
missio Dei 6, 7, 8, 9, 11, 15, 19, 64, 106, 191
missiologie 1, 96, 107, 110, 144, 147, 189, 190, 193, 206
missiologue 1, 6, 18, 19, 20, 34, 52, 58, 80, 105, 106, 127, 157, 158, 176, 177, 178, 190, 200, 201
mission
    centrifuge 74, 86
    centripète 74
    de Dieu 7, 10, 11, 15, 19, 106, 107, 108, 177, 191, 223
    intégrale 21, 65, 81, 85, 95, 97, 106, 171, 177, 221, 223
    mondiale 1, 85, 95, 99, 107, 109, 110, 222

transculturelle 94, 96
urbaine 129, 130, 131, 132, 134, 135, 137, 239
Mission à l'intérieur de l'Afrique 31
Mission biblique en Côte d'Ivoire 31
Mission de Bâle 31
Mission Evangélique de la Délivrance 53
Mission Philafricaine 31, 193
Mission unie du Soudan 31
missionnaire africain 110
modèle stratigraphique 198, 200
monachisme 62
mondialisation 57, 58
Mouvement AD 2000 120, 121
Mouvement de la croissance de l'Église 189
Mouvement d'Initiatives Nationales Africaines 121
mouvement missionnaire 1, 31, 85, 88, 89, 95, 96, 103, 109, 112, 113, 191
multitudiniste 139
musulman 14, 40, 41, 42, 43, 44, 45, 46, 47, 48, 49, 65, 109, 117, 122, 124, 130, 200

narrative 200

occultisme 14, 73, 97
Opération Mobilisation 194
Operation World 109
orientation 15, 94, 109, 144, 158, 198, 201, 203, 204

paganisme 8, 151, 224
partage 7, 9, 125, 168
partenariat 97, 105, 107, 134, 136
pauvreté 35, 79, 86, 130, 132, 163, 177, 178, 183, 184, 214
pentecôtiste 106, 109, 112, 113, 130, 181, 221
persécution 40, 41, 119, 121, 216
Peul 27, 45
peuple non atteint 225
Pew Forum 35
polygamie 45

Printemps arabe 48
proclamation 12, 13, 14, 15, 29, 36, 78, 106, 211, 221, 223
profondeur 55, 56, 57, 58, 59, 145, 155, 157, 171, 190, 198, 206
programme missionnaire 105
Projet Josué 117, 122
prosélytisme 44
proto-ancêtre 154, 156

réconciliation 19, 58, 59, 204, 211, 212
reconstruction 58, 152, 158, 206
règle 25, 29, 62, 202, 203, 210
relation 7, 20, 29, 43, 126, 134, 137, 172, 173, 202, 204, 222
relationnel 112, 202, 203, 204
religion 35, 40, 44, 45, 46, 76, 80, 117, 142, 144, 158, 190, 201, 211, 215, 219, 224
religions
    non-chrétiennes 7, 13
    traditionnelles 2, 48, 63, 64, 124, 144, 146, 151, 152

salut 9, 11, 12, 14, 15, 27, 29, 34, 53, 78, 85, 131, 182, 199, 200, 209, 210, 211, 213, 216, 220
sectaire 46, 48, 53
secte 48, 54, 55, 58, 157, 171
sexe 70, 173, 174, 175, 211
sexualité 171, 173, 174, 179
Sida 132, 171, 172, 173, 174, 175, 176, 177, 178, 179
Société des missions évangéliques de Paris 31
Société Internationale de Linguistique 120
société missionnaire 193, 223
société traditionnelle 25, 26
socio-économique 21, 25, 26, 74, 78, 79, 162, 178
socioculturel 29, 87, 96, 125, 189, 190, 194
sociopolitique 130, 131, 132, 133, 135, 136, 138, 175, 212

solidarité 9, 59, 112, 143, 157, 168, 172
sotériologique 198, 199, 200, 203
Sourate 200
spiritualité 18, 55, 81, 152, 153, 156,
    189, 190, 193, 194, 198
statistique 69, 72, 74, 85, 89, 99, 103,
    107, 112, 113, 117, 118, 121, 129,
    185, 189, 190, 215
stratégie missionnaire 89, 96
subsaharien 47, 63, 65, 70
syncrétisme 13, 14, 47, 48, 198, 210
syncrétiste 10, 47, 48, 140, 143, 145,
    149, 197

témoignage 11, 13, 14, 20, 30, 82, 149,
    185, 213, 216, 220
terroriste 48
théologie de la libération 106, 152, 158
théologie de la prospérité 48, 181
tolérance 47
traduction 62, 64, 124, 144, 224
traduire 43, 213, 224
transparence 32, 161, 164, 166, 167
triangle de formation 146
trithérapie 175
types idéaux wébériens 199, 203
typologie 190, 203

urbanisation 1, 71, 74, 75, 96, 112

valeur éthique 178
Vatican II 5, 6, 19, 195
violence 32, 33, 48, 49, 57, 164, 177
vision du monde 107, 152, 153, 154,
    185, 190, 198, 199, 201, 202

Zion 53

Table des matières

Avant-propos 1

Première Partie : Aspects théologiques

1   L'Église missionnaire 5
Fara Daniel Tolno
Le point de vue catholique 5
Le point de vue œcuménique 7
Le point de vue évangélique 10
Conclusion 15
Pour aller plus loin 16

Deuxième Partie : Aspects historiques

2   Arrière-plan historique de l'évangélisation de l'Afrique 25
Fara Daniel Tolno
Organisation socio-économique de la société traditionnelle 25
La traite négrière aux prises avec la mission 27
Colonisation et mission 29
Historique de l'installation des sociétés missionnaires en Afrique 30
La mission de l'Église en Afrique au lendemain des indépendances 32
Pourquoi l'évangélisation des Africains par les Africains ? 34
Conclusion 36
Pour aller plus loin 36

3   Avancée de l'islam et du christianisme en Afrique francophone 39
Moussa Bongoyok
Introduction 39
Pénétration de l'islam et du christianisme en Afrique 40
    Les débuts de l'islam en Afrique 40
    La suite 41
    Similitudes et divergences entre les débuts de l'islam et la pénétration du
       christianisme en Afrique 43
    Facteurs d'expansion de l'islam en Afrique 43
    Approches islamiques et chrétiennes comparées 45
Islam et christianisme contemporains en Afrique francophone 46
    L'islam contemporain 46
    Dynamismes actuels comparés de l'islam et du christianisme 48

	Conclusion	48
	Pour aller plus loin	49
4	Les Églises d'initiative africaine	51
	Les causes du phénomène et ses implications missiologiques	
	Kalemba Mwambazambi	
	Introduction	51
	Les causes de ce phénomène et l'évolution des Églises d'initiative africaine	52
	Les implications missiologiques de ce phénomène	56
	Suggestions	58
	Conclusion	59
	Pour aller plus loin	60

Troisième Partie : Constat actuel

5	L'Afrique milliardaire, les Églises, les peuples non atteints et la société africaine	69
	Fohle Lygunda li-M	
	La société africaine face à une Afrique milliardaire : Les réalités actuelles	69
	Jeune Afrique et la démographie africaine : jeunesse, exode rural et urbanisation	71
	Le temps de l'Afrique et la démographie africaine : avenir économique et politique	73
	L'*Atlas of Global Christianity* et la démographie africaine : urbanisation, émigration et immigration	74
	Le développement démographique et la responsabilité de l'Église	78
	Le développement démographique et la tâche inachevée	81
	Pour aller plus loin	82
6	Le mouvement missionnaire évangélique contemporain en Afrique francophone	85
	Fohle Lygunda li-M	
	Arrière-plan historique du mouvement missionnaire	85
	Un mouvement missionnaire dans une Afrique plurielle	87
	Mouvement missionnaire évangélique en Afrique centrale francophone	89
	Mouvement missionnaire évangélique en Afrique occidentale francophone	90
	Mouvement missionnaire évangélique en Afrique du Nord francophone	91
	Mouvement missionnaire évangélique en Afrique orientale francophone	92
	Synthèse	92
	Conclusion et recommandations	95
	Pour aller plus loin	97

7   L'apport des missionnaires africains à la mission mondiale............ 99
Fohle Lygunda li-M
    Les raisons de la présence de missionnaires africains à travers le monde 100
    L'engagement actuel des Africains dans la mission............................. 101
    Les Églises d'Afrique ont besoin de clarifier leur conception de la mission **105**
        Le besoin de bien saisir la « mission de Dieu » 106
        Le besoin de faire émerger des sociétés missionnaires africaines 107
        Le besoin d'une mission vraiment transculturelle........................... 108
        Le besoin d'une mission intégrale... 108
        Le besoin de centres de formation missionnaire 108
    Conclusion... 109
    Pour aller plus loin... 111

Quatrième Partie : Les défis de la missiologie au XXIᵉ siècle

8   L'implantation d'Églises dans chaque peuple et chaque village 117
Moussa Bongoyok
    Pourquoi est-il important d'implanter des Églises ?............................. 118
    Le travail abattu en Afrique francophone 119
    La tâche qui reste à accomplir en Afrique francophone....................... 122
    Quelques recommandations pratiques... 125
    Conclusion... 127
    Pour aller plus loin.. 128

9   L'implantation d'Églises dans les centres urbains africains 129
Albert Kabuaya Banza
    Les villes africaines et leur développement 129
    L'implantation d'Églises dans les centres urbains 130
    Le caractère et les défis de la mission urbaine en Afrique francophone......... 131
        La dimension essentielle de la mission...................................... 131
        La justice sociale 131
        La mission intégrale 132
        La formation des laïcs 133
        La politique internationale.. 134
        Les autres religions 137
        Les différentes couches sociales 137
    Conclusion 137
    Pour aller plus loin.. 138

| 10 | Jésus le lundi | 139 |

L'éducation chrétienne en Afrique francophone et la culture traditionnelle
Simon Pierre Gatera

Constat sur la pratique de la foi chrétienne en Afrique francophone	139
Les causes	142
Le christianisme et la culture traditionnelle africaine	142
Qu'est-ce que la culture ?	142
La culture traditionnelle et les méthodes éducatives en Afrique	143
Les méthodes éducatives traditionnelles	143
L'éducation chrétienne en Afrique francophone	144
Le contenu de l'éducation chrétienne	144
Les méthodes utilisées dans l'éducation chrétienne	145
Solutions au christianisme superficiel et syncrétiste en Afrique francophone	145
Tenir compte de la culture traditionnelle	145
Programmation du contenu de l'enseignement dans l'Église	146
L'utilisation des méthodes interactives contextualisées	146
L'utilisation du triangle de formation	146
La réforme des institutions de formation théologique et missiologique	147
Les étapes d'une séance d'éducation chrétienne contextualisée	148
Le point de départ	148
L'exploration de la Parole de Dieu	148
L'appropriation	**148**
L'application à la vie	148
Conclusion	149
Pour aller plus loin	149

| 11 | La résurgence des religions traditionnelles | 151 |

Kalemba Mwambazambi

Les causes et les implications	151
La nécessité d'un christianisme d'expression africaine	153
Recommandations	158
Conclusion	158
Pour aller plus loin	159

| 12 | La corruption | 161 |

Harimenshi Privat-Biber

Définition et processus	162
Deux constats alarmants	163
Les effets négatifs de la corruption en Afrique	163
La corruption est un virus qui gangrène tous les aspects de la vie	163
La corruption face à la culture	164
La corruption face à la politique	164

	La corruption face à l'économie... 165
	Le combat contre la corruption est l'affaire de tous 165
	Le rôle de l'Église dans la lutte contre la corruption...................... 165
	Le rôle des États dans la lutte contre la corruption 166
	La transparence 166
	La bonne gestion 166
	La bonne gouvernance.. 168
	Conclusion.. 168
	Pour aller plus loin... 169
13	Le VIH/SIDA 171
	Analyse, développement et implications
	Kalemba Mwambazambi
	Les conceptions africaine et biblique de la famille, de la sexualité et du Sida..... 172
	La conception africaine de la famille 172
	La conception biblique de la famille... 172
	La conception africaine de la sexualité... 173
	La conception biblique de la sexualité.. 174
	La conception africaine du Sida... 174
	La conception biblique du Sida 174
	Définition et développement du Sida.. 175
	Implications missiologiques et recommandations............................. 178
	Conclusion 179
	Pour aller plus loin... 179
14	Déclaration de Lausanne sur l'évangile de la prospérité 181
	Groupe de travail théologique du Mouvement de Lausanne
	Pour aller plus loin... 187
	Conclusion: La réponse de la missiologie à ces défis................. 189
	Hannes Wiher
	Une missiologie compétente en sciences bibliques, théologiques et humaines .. 189
	Une missiologie enracinée dans la Bible et ancrée dans une spiritualité
	évangélique 192
	Une foi chrétienne d'expression africaine 194
	Une vie transformée 198
	Un impact dans la société 205
	Conclusion.. 206
	Pour aller plus loin... 207
	Annexe: Déclaration de Lausanne.. 209
	Introduction 209
	1. Le dessein de Dieu 209

2. Autorité et puissance de la Bible 210
  3. Le Christ unique et universel 210
  4. La nature de l'évangélisation 211
  5. Responsabilité sociale du chrétien.. 211
  6. L'Église et l'évangélisation 212
  7. Coopération dans l'évangélisation 212
  8. Collaboration des Églises dans l'évangélisation 213
  9. Urgence de l'évangélisation 213
  10. Évangélisation et culture 214
  11. Enseignement et autorité 214
  12. Conflits spirituels 215
  13. Liberté et persécution 215
  14. La puissance du Saint-Esprit 216
  15. Le retour du Christ 216
  Conclusion 217

Glossaire 219
  Hannes Wiher
  Contextualisation 219
  Dialogue 219
  Ecclésiologie 219
  Église 220
  Église missionnaire 220
  Évangile 220
  Évangélique 221
  Évangélisation 221
  Herméneutique 222
  Inculturation 222
  Mission 222
  Mission de Dieu (*missio Dei*) 223
  Mission intégrale (ou holistique) 223
  Missionnaire 223
  Missionnel 224
  Nations 224
  Païens 224
  Peuple non atteint 224
  Pour aller plus loin 225

Bibliographie 227
  Christianisme en Afrique : sa contribution au christianisme mondial 227
  Christianisme en Afrique : son histoire 227
  Christianisme en Afrique : sa mission 227

Contextualisation 228
  Culture 229
  Culture africaine 229
  Démographie africaine 230
  Diaspora africaine 230
  Discipulat axé sur la mission 230
  Églises d'initiative africaine 230
  Église et mission 231
  Évangile et culture 231
  Implantation d'Églises 232
  Islam 232
  Islam en Afrique subsaharienne 232
  Mission et pauvreté (mission intégrale) 233
  Mission médicale (lutte contre le Sida) 233
  Mission urbaine 234
  Mouvement missionnaire africain 234
  Pratique évangélique de la mission 235
  Théologie africaine 235
  Théologie de la prospérité 235
  Théologie et quête d'identité en Afrique 236
  Théologie évangélique en Afrique 236
  Théologie évangélique et mondialisation 237
  Théologie évangélique de la mission 237
  Théologie trinitaire et missionnaire 237
Liste des auteurs 239
Index des noms de personnes 241
Index des noms géographiques 243
Index des sujets 245

Langham Partnership est un organisme chrétien international et interdénominationnel qui poursuit la vision reçue de Dieu par son fondateur, John Stott -

promouvoir la croissance de l'église vers la maturité en Christ en relevant la qualité de la prédication et de l'enseignement de la Parole de Dieu.

Notre vision est de voir des églises équipées pour la mission, croissant en maturité en Christ, par le ministère de pasteurs et de responsables qui croient, qui enseignent et qui vivent la Parole de Dieu.

Notre mission est de renforcer le ministère de la Parole de Dieu de trois manières:
- par la mise en place de mouvements nationaux de formation à la prédication biblique
- par la rédaction et la distribution de livres évangéliques
- par la formation d'enseignants théologiques évangéliques qualifiés qui formeront ensuite des pasteurs et responsables d'églises dans leurs pays respectifs

Notre ministère

Langham Preaching collabore avec des responsables nationaux en vue de la création de mouvements de prédication biblique dirigés par les nationaux eux-mêmes. Ces mouvements, qui naissent progressivement un peu partout dans le monde, rassemblent non seulement des pasteurs mais aussi des laïcs. Nos équipes de formateurs venus de beaucoup de pays différents proposent une formation pratique qui comporte plusieurs niveaux, suivie d'une formation de facilitateurs locaux. La continuité est assurée par des groupes de prédicateurs locaux et par des réseaux régionaux et nationaux. Ainsi nous espérons bâtir des mouvements solides et dynamiques, constitués de prédicateurs entièrement consacrés à la prédication biblique.

Langham Literature fournit des livres évangéliques et des ressources électroniques par la publication et la distribution, par des subventions et des réductions à des leaders et futurs leaders, à des étudiants et bibliothèques de séminaires dans le monde majoritaire. Nous encourageons aussi la rédaction de livres évangéliques originaux dans de nombreuses langues nationales par le biais de bourses pour des écrivains, en soutenant des maisons d'éditions évangéliques locales, et en investissant dans quelques projets majeurs comme *le Commentaire Biblique Contemporain* qui est un commentaire de la Bible en un seul volume rédigé par des auteurs africains pour l'Afrique.

Langham Scholars soutient financièrement des doctorants évangéliques du monde majoritaire dans le but de les voir retourner dans leurs pays d'origine pour former des pasteurs et d'autres chrétiens nationaux en leur proposant un enseignement biblique et théologique solide. Cette branche de Langham cherche donc à équiper ceux qui en équiperont d'autres. Langham Scholars travaille aussi en partenariat avec des séminaires dans le monde majoritaire afin de renforcer l'éducation théologique évangélique sur place. De ce fait, un nombre croissant de « Langham Scholars » (le nom « Scholars » signifie « boursiers ») peut aujourd'hui suivre des programmes doctoraux de haut niveau au cœur même du monde majoritaire. Une fois leurs études terminées, ces « Langham Scholars » vont non seulement former à leur tour une nouvelle génération de pasteurs mais exercer une grande influence par leurs écrits et par leur leadership.

Pour plus d'informations, consultez notre site: langham.org

www.ingramcontent.com/pod-product-compliance
Lightning Source LLC
Chambersburg PA
CBHW071227170426
43191CB00032B/1064